Alexandros Stefanidis erzählt die Geschichte seiner Familie, in deren Zentrum sein Vater Christoforos und das familiengeführte Restaurant »Der Grieche« in Karlsruhe stehen. Seit 1970 spielt sich dort – im »Wohnzimmer« der Stefanidis' – nicht nur das Leben der Familie ab, es ist gleichzeitig eine einzigartige Bühne für deutsche Zeitgeschichte: Von der Gründerszene der Grünen bis zu absurden Situationen mit rassistischen Stammgästen, von der Zeit, als griechisches Essen fast schon ein politisches Statement war, bis zur Kapitulation vor der Döner-Welle hat die Geschichte des »Griechen« neben todkomischen Alltagsgeschichten alle Elemente einer griechischen Tragödie.

Alexandros Stefanidis, Jahrgang 1975, hat in Heidelberg, Thessaloniki und Toronto Germanistik, Politikwissenschaft und Soziologie studiert und anschließend die Deutsche Journalistenschule in München besucht. Er schrieb als freier Autor für Die Zeit und den Stern. Seit 2005 arbeitet er für das Magazin der Süddeutschen Zeitung. Dort betreut er als verantwortlicher Redakteur die Rubrik »Sagen Sie jetzt nichts«. 2007 wurde er vom MediumMagazin zum »Journalist des Jahres« gekürt. 2008 gewann er den CNN Journalist Award in der Kategorie Print.

Unsere Adresse im Internet: www.fischerverlage.de

Alexandros Stefanidis

Beim Griechen

Wie mein Vater in unserer Taverne
Geschichte schrieb

Fischer Taschenbuch Verlag

FSC
Mix
Produktgruppe aus vorbildlich bewirtschafteten Wäldern und anderen kontrollierten Herkünften

Zert.-Nr. GFA-COC-001278
www.fsc.org
© 1996 Forest Stewardship Council

2. Auflage: Oktober 2010

Originalausgabe
Erschienen im Fischer Taschenbuch Verlag,
einem Unternehmen der S. Fischer Verlag GmbH,
Frankfurt am Main, Oktober 2010

Satz: Dörlemann Satz, Lemförde
Druck und Bindung: CPI – Ebner & Spiegel, Ulm
Printed in Germany
ISBN 978-3-596-18758-4

Inhalt

Für meine Familie

Prolog

Ich wurde 1975 in Karlsruhe geboren, da hatten meine Eltern bereits zwei ältere Söhne und führten seit fünf Jahren ein griechisches Restaurant namens »Der Grieche«. Unser Wohnzimmer. Neununddreißig Jahre arbeitete meine Mutter in der Küche, mein Vater am Tresen. Im Mai 2009 fassten meine Eltern den Entschluss, das Wohnzimmer inklusive Küche und Garten abzugeben. Sie erhielten von zwei freundlichen irakischen Brüdern eine kleine Ablöse für die Einrichtung, der »Grieche« ist jetzt ein Döner-Imbiss. Es ist der achte Dönerladen im Umkreis von dreihundert Metern. Mit ein Grund, warum meine Eltern unser Restaurant nicht mehr halten konnten.

Deutschland hat sich verändert, seitdem meine Eltern 1963 aus Griechenland hierher kamen. Knapp vierzig Jahre, sieben Tage die Woche, fünfzehn Stunden am Tag war ihr Wohnzimmer für jeden geöffnet, Einlass frei. Davon will ich erzählen.

»Der Grieche« lag nur einen Steinwurf vom Bundesverfassungsgericht entfernt, Generalbundesanwalt Siegfried Buback aß in unserem Wohnzimmer zu Mittag und saß abends manchmal bei einem Glas Wein im Garten, daneben feilten Grüppchen der Grünen in den Siebzigern an Protestaktionen und ihrer Parteigründung. Petra Kelly trank damals gern einen trockenen Demestica oder den süßen Mavrodafni, Joschka Fischer Bier, Zuhälter aus dem benachbarten Rotlicht-Milieu führten ihre Neuerwerbungen aus Osteuropa oder Südamerika zum Essen aus, Professoren der Karlsruher Universität ihre blondierten Sekretärinnen, Gregor Gysi erzählte nach der Wiedervereinigung meinem Bruder von der

DDR, obwohl der nichts davon wissen wollte, Hooligans von Borussia Dortmund stürmten nach einer Niederlage gegen den Karlsruher SC mit Baseballschlägern das Lokal, mein Vater hielt ihnen ein paar Pils entgegen und erzählte ihnen zwei Stunden lang Geschichten aus der griechischen Mythologie. Hunderte deutscher Stammgäste feierten bei uns – auch weil mein Vater ein Meister im Geschichtenerzählen ist – ihre Hochzeit, die Taufe ihrer Kinder, Geburtstage, viele betranken sich hemmungslos nach einer Scheidung, schenkten uns gerahmte Bilder ihrer Liebsten nach deren Tod, tranken mit uns auf ein Leben danach.

Einen Zentimeter zu kurz für Brasilien

Wenn ich nun sage, dass unsere Geschichte um ein Haar anders verlaufen wäre, ist das nicht gelogen, aber eben auch nicht die ganze Wahrheit. In Wahrheit geht es nicht um ein Haar, sondern um einen Zentimeter: Es war also verdammt knapp, denn wenn mein Vater einen Zentimeter größer wäre, also 175 Zentimeter statt der gemessenen 174 Zentimeter, wäre ich vielleicht in Rio de Janeiro aufgewachsen und nicht in Karlsruhe; und ich hätte diese Geschichte vielleicht auf Portugiesisch oder nie geschrieben, ganz sicher aber nicht auf Deutsch. Doch der dicke griechische Staatsbeamte, der Anfang der sechziger Jahre, kurz nach dem Anwerbeabkommen mit Deutschland 1960, in einem hitzigen Kabuff Thessalonikis stark schwitzend tausende Anmeldeformulare für arbeitswillige Auswanderer austeilte und annahm, tischte meinem Vater eine Geschichte auf, die haarsträubender nicht hätte sein können: Er erzählte ihm, dass Brasilien ein Embargo für kleinwüchsige Griechen verhängt hätte. Jeder Grieche unter 175 Zentimeter hätte keine Chance, als Einwanderer in das südamerikanische Land gelassen zu werden. Er müsse deshalb nach Deutschland auswandern. Deutschland würde auch kleinen Griechen einen Job geben.

»So sind die Regeln, da kann ich nichts machen«, sagte der dicke Mann und taxierte meinen Vater auf 174 Zentimeter. Ein Zentimeter zu kurz. Oder anders gesagt: Der Staatsbeamte log, wollte für ein Anmeldeformular nach Brasilien geschmiert werden, mein Vater hatte aber kein Geld, um ihn zu bezahlen. Deutschland hatte also Glück: Es erteilte einem vierundzwanzigjährigen Griechen um ein Haar eine einjährige Arbeitserlaubnis – und erhielt sechsundvierzig Jahre lang Steuern.

Vielleicht hätte eine damals zwar unmoderne, aber heute bei Mittzwanzigern durchaus übliche Igelfrisur meinen Vater um ein Haar einen Zentimeter größer erscheinen lassen und das angebliche brasilianische Embargo hätte seine wegweisende Bedeutung eingebüßt.

Von der Bedeutung her und auf den ersten Blick ist diese erste Episode ein Zentimeter deutsch-griechische Familiengeschichte, möglicherweise basierend auf einem braven Linksscheitel. Ich habe es aus Jux einmal nachgemessen: Mein Vater kam gerade aus dem Bad, und seine Haare standen ihm vom Kopf ab: Igelfrisur, 178 Zentimeter. 178 Zentimeter hätten für Brasilien locker gereicht. Aber weil eben alles so kam, wie es sich der korrupte dicke Grieche ausgerechnet hatte, erhielt mein Vater eine einjährige Arbeitserlaubnis für Deutschland. Das war im Sommer 1963, zwölf Jahre vor meiner Geburt, siebenundvierzig Jahre vor dem Erscheinen dieses Buches.

Christoforos Stefanidis, ein junger Mann, aufgewachsen in einem Waisenhaus, war an jenem Septemberabend 1963 auf einer Parkbank eingeschlafen, bevor es am nächsten Tag frühmorgens vom Blutturm Thessalonikis mit dem Bus zum Hauptbahnhof ging, wo ein ungeduldig schnaufender Auswandererzug auf seine Gäste wartete. Mit 100 Drachmen in der Tasche war er losgefahren in ein neues Leben.

Mein Onkel Nikos, der vergangenes Jahr an Darmkrebs starb (bei uns in der Familie stirbt man entweder an gebrochenem Herzen oder an einer der Krebsvariationen. Es ist – soweit ich mich erinnere – noch nie einem Stefanidis gelungen, bei einem Verkehrsunfall, Flugzeugabsturz oder gar an Altersschwäche zu sterben), Onkel Nikos jedenfalls hat mir kurz vor seinem Tod erzählt, dass meine Großmutter Kyriaki nachts oft allein in ihrem Schlafzimmer lag und weinend ihren von bulgarischen Nazi-Kollaborateuren getöteten Mann besang. »Dein Vater war im Waisenhaus, weil unsere Mutter ihre vier Kinder nicht allein ernähren konnte, er wusste von alledem nichts. Aber wir anderen haben sie erlebt. Wir haben zunächst nie daran gedacht, nach Deutschland auszuwandern. Deutschland war doch der Ursprung des Terrors, der unsere Familie zerstört hat.«

Diese Geschichte über den »Ursprung des Terrors«, wie es mein Onkel Nikos nannte, liegt so weit zurück, dass ich sie bestimmt schon tausend Mal erzählt bekommen habe. Anlass ist meist ein Familientreffen, zum Beispiel ein Begräbnis. Denn bei Begräbnissen kommen bei uns immer mehrere hundert Menschen aus allen Teilen der Welt zusammen, alle gehören irgendwie zur Familie. Ich kenne – wenn's hochkommt – vielleicht gerade mal die Hälfte. Da kann es dann schon mal passieren, dass mir eine fremde alte Frau mit dunklem Kopftuch und vielen tiefen Falten im Gesicht, eine Frau, die ich noch nie in meinem Leben gesehen habe, sich als meine Großtante aus Australien vorstellt, mir die Geschichte meines Großvaters erzählt und in Tränen ausbricht. Deshalb habe ich es mir auch angewöhnt, Großtanten und Großonkel bei Begräbnissen nur schnell zu begrüßen, ihnen gegebenenfalls mein Beileid auszusprechen und dann kommentarlos in der nächstgelegenen Menschentraube zu verschwinden. Ich weiß, nicht besonders anständig. Aber wenn ich es nicht tue, sitze ich auch noch Stunden später mit einer in Tränen aufgelösten Großtante am Tisch. Weil es ja nicht bei dieser einen Geschichte über meinen Großvater bleibt. Ältere Menschen greifen auch bei uns sofort in die unsichtbare Kiste ihrer Erinnerungen, die sie immer mit sich schleppen und kramen unendlich viele Storys aus ihrem Gedächtnis: Wie ihr erster Hund starb, wie ihnen beim Busfahren so ein Lümmel den Sitz wegschnappte, wie der zweite Hund starb, warum die Tomaten aus dem eigenen Garten dieses Jahr nicht schmecken und so weiter. Und wenn dann eine nette alte Frau vor mir sitzt und mir so offenherzig ihr Leben erzählt, fällt es mir einfach doppelt schwer aufzustehen. Jedenfalls haben all diese Nachfolge-Geschichten nie etwas mit der Geschichte meines Großvaters zu tun. Die geht nämlich so:

Sommer 1941. Mein Großvater Aristidis hatte zwei Jahre an der griechisch-albanischen Grenze gegen Mussolinis Italiener gekämpft. Er wurde verwundet und brauchte zwei Monate für den Rückweg in sein Dorf Megalokampos (»Großes Feld«), wo meine Großmutter mit ihren vier Kindern auf ihn wartete. In der Zwischenzeit fiel Griechenland an Deutschland, was aber trotz aller familiären Legendenbildung nichts mit dem Fehlen meines Großvaters an der Front zu tun haben dürfte. Nach der Kapitulation wurden ein paar hundert deutsche Soldaten nahe Megalokampos in der nordgriechischen Stadt Drama stationiert. Die Wehrmachtssoldaten verließen ihre Posten aber nur selten. Für die »Drecksarbeit«, wie die Deutschen damals die Raubzüge durch die umliegenden Dörfer nannten, waren bulgarische Soldaten verantwortlich. Bulgarien hatte sich Nazi-Deutschland angeschlossen, weil Hitler den Bulgaren einen Teil Makedoniens versprochen hatte, wenn sie ihm helfen würden. Und die Bulgaren »halfen« gern. Sie plünderten, stahlen und verlangten von jedem Bauern die Hälfte seiner Ernte. Außerhalb Dramas organisierten junge Griechen deshalb einen Widerstand. Sie sabotierten Wasserleitungen zu den bulgarischen Militärbaracken, verseuchten die eigene Ernte, griffen Patrouillen in der Dunkelheit mit selbstgebastelten Wurfgeschossen an, solche Dinge. »Eigentlich Kinderkram, aber sie wollten was tun«, sagte mein Vater oft, wenn er die Geschichte in den vergangenen Jahren im »Griechen« interessierten Gästen, die etwas über sein Leben erfahren wollten, zum Besten gab. »Diese Jungs waren voller Heldendrang. Und einer dieser Jungs, kaum von seiner Verwundung genesen, war mein Vater. Er hat sein Heldentum mit dem Leben bezahlt. Es soll ein heißer Sommertag gewesen sein, als ein Bataillon bulgarischer Soldaten in Megalokampos einmarschierte und das Haus meiner Eltern umzingelte. Jemand, sehr wahrscheinlich ein Grieche, hatte meinen Vater als Rädelsführer verraten. Sie drohten damit, das Haus anzuzünden, wenn er sich nicht stellen würde. Meine Mutter, meine drei Geschwister und ich, damals zwei Jahre alt, ein Baby, waren alle im Wohnzimmer versammelt, niemand traute sich vor die Tür. Mein Vater Aristidis versteckte sich im Dachboden. Als er durch eine Ritze sah, wie die Bulgaren ihre Fackeln anzündeten, rief er: »Wartet! Zündet das Haus nicht an! Ich komme raus.« Es war sein Todesurteil. Die Bulgaren stellten ihn an die Wand. Mich in ihren Armen haltend bettelte meine Mutter den bulgarischen Offizier noch um Gnade an, er stieß sie mit seinem Gewehrkolben zu Boden – und gab den Feuerbefehl.«

Wenn mein Vater diese Geschichte erzählte, wurde seine Stimme immer sehr leise. Dann hörten ihm seine Gäste umso konzentrierter zu. »Ein alter Trick«, hat er mir mal verraten. »Je leiser du sprichst, desto wichtiger erscheint das, was du sagst, deinen Zuhörern. Sehr wichtig für einen Wirt.«

Mein Vater wirkte beim Erzählen seiner Familiengeschichte aber nie wie ein Mann, der sich verstellen muss. Vielmehr wirkte er wie jemand, der sich die unausgesprochene Frage stellt, warum Menschen sich gegenseitig so etwas antun. Aber auch Onkel Nikos hatte Tränen in den Augen, als er mir diese Geschichte zum ersten Mal erzählte. Es war bei ihm zu Hause. Ich war damals sieben Jahre alt, hockte auf seinem Schoß, und er sagte, ich wäre jetzt alt genug, um die Geschichte zu erfahren. Als er sieben Jahre alt war, lief er zu seinem erschossenen Vater, kniete sich neben den Leichnam und merkte nicht, wie das Blut, das aus dem Kopf floss, eine riesige Lache um ihn gebildet hatte. »›Es lebe das freie Griechenland!‹, hat dein Großvater noch gerufen, bevor sie ihn abknallten«, sagte Onkel Nikos. Und als würde er den Moment noch einmal erleben, schob er mich damals von seinem Knie, ging ins Bad, wusch sich die Hände und wechselte seine Hose. (Er tat das übrigens immer, wenn er die Geschichte erzählte, eine Zwangsstörung, er dachte an seinen Händen und auf seiner Hose würde immer noch das Blut seines Vaters kleben.) Ich stand damals da, und obwohl ich erst sieben Jahre alt war, fühlte ich tief in mir, dass dieser Tag im Sommer 1941 wohl das Leben von Onkel Nikos, meines Vaters und seiner Familie völlig verändert hat. Dieser Tag war für alle eine Zäsur. Großmutter Kyriaki sprach für mehr als zwei Jahre kein Wort. »Ihre Seele fand keinen Weg, ihre Gedanken in Worte zu fassen«, sagte Onkel Nikos.

Sein ältester Bruder Kostantinos, damals auch erst zehn, elf Jahre alt, wurde automatisch zum neuen Oberhaupt der Familie. Er kümmerte sich um die Arbeit auf dem Feld, verkaufte den Ertrag, dirigierte Onkel Nikos, der jetzt zu seinem älteren Bruder aufsah, als wäre es sein Vater. Tante Eleonora, 1935 geboren, half meiner Großmutter fortan im Haushalt. Nur mein Vater war noch zu jung, um irgendetwas zu tun. Meist kümmerte sich Tanta Eleonora um ihn, weil meine Großmutter, stumm vor Kummer, ihrem Sohn Konstantinos auf dem Acker half. Die Familie meines Vaters war auch vor dem Krieg nie das, was man heute wohlhabend nennt. Das Haus hatte zwei Zimmer, und auf dem Feld bauten sie Mais, Getreide, ein bisschen Bohnen und Erbsen an. Viel blieb da am Ende des Monats nicht übrig. Eine richtige Schulbildung bekam weder Onkel Kostantinos, der die Schule nach dem Tod seines Vaters abbrach, noch Onkel Nikos oder Tante Eleonora, die schon in jungen Jahren hart mit anpacken mussten. Sie konnten gerade so lesen und schreiben.

Vier Jahre später, als der Weltkrieg vorbei war und mein Vater eingeschult werden sollte, bot die lokale Verwaltung in der Region den Familien von Kriegsopfern Kinderplätze in einem Waisenhaus in Thessaloniki an. Thessaloniki lag gute 120 Kilometer entfernt. Die Familie beschloss trotzdem, meinen Vater im Alter von sechs Jahren ins Waisenhaus zu geben. Eine wegweisende Entscheidung. Denn er sollte nie wieder nach Megalokampos zurückkehren.

Mein Vater kam in das damals berühmteste Waisenhaus Griechenlands: das Papafi. Um die Jahrhundertwende von Ioannis Papafis gegründet, einem zu Reichtum gekommenen Unternehmer, der all sein Vermögen in diese Schule gesteckt hatte. Papafi war einst selbst ein Waisenkind. Das klassizistische Gebäude in U-Form steht noch heute im Zentrum Thessalonikis: Ein Park mit hochgewachsenen Zypressen gehört zum Anwesen, eine kleine orthodoxe Kirche, ein Basketball- und ein Fußballfeld – alles so wie vor sechzig, siebzig Jahren. Früher muss es hier wunderschön gewesen sein. Aber heute sind das Haus und der Park stark heruntergekommen, eigentlich beschämend, was daraus geworden ist. Mein Vater und ich haben das Papafi Ende 2009 besucht, durften aber nicht hinein. Wir haben uns dennoch hineingeschlichen, sind durch ein Loch im Zaun gestiegen. Da lagen Scherben auf dem Basketballfeld, zerbrochene Fenster im Erdgeschoss, ein Abfallcontainer voll ausgenommener Wasch- und Nähmaschinen von Miele oder Pfaff aus den sechziger Jahren. Ein Bild des Jammers. Im Blick meines Vaters aber strahlte noch die Erinnerung an eine Zeit, in der es hier für einen kleinen Jungen nach dem Paradies aussah. Er zeigte auf verschiedene Fenster im ersten und zweiten Stock, »dort war unser Schlafraum«, »da war die Küche, wo ich Kartoffeln schälen musste«, »da war die Bibliothek, ein wunderschönes Zimmer mit dunklen Regalen aus Massivholz, in der Mitte standen schwere Tische mit gebogenen Tischbeinen, verschnörkelt, und tausende von Büchern. Von Comics bis zu den Schriften des Aristoteles. Die Bibliothek war mein Lieblingsraum. Lass uns mal reingehen und sehen, wie es innen aussieht.«

»Aber Papa, wir dürfen da nicht rein«, sagte ich.

»Wir dürften auch nicht hier stehen und trotzdem stehen wir hier, oder? Sei nicht immer so ängstlich und korrekt, das ist ja grauenhaft! Wir gehen jetzt da rein!«

Eine Tür stand offen. Mein Vater ging auf sie zu und verschwand im Dunkeln. Ich stand da wie angewurzelt und fragte mich gerade, ob ich wirklich so ein ängstlicher Pedant war, als mein Vater wieder im Türrahmen auftauchte: »Was ist? Kommst du jetzt, oder was?«

Wir gingen durch einen Raum, der aussah wie eine alte Werkstatt, in der seit Jahren nicht mehr gearbeitet wurde. Auf einer Sägemaschine lag millimeterdicker Staub, auf einem Tisch sah ich das Muster eines Hammers, der erst vor kurzem entwendet wurde. »Das ist die Werkstatt, in der ich meinen Beruf erlernt habe«, sagte mein Vater. »Deinen Beruf?«, fragte ich verwundert. Ich sah nirgends eine Theke. Aber bevor ich meine Frage aussprechen konnte, sagte er im Vorbeigehen: »Ich bin Zimmermann. Hast du das vergessen, du Dummkopf?« In der Tat. Ich habe meinen Vater mein Leben lang hinter der Theke oder beim Servieren im »Griechen« gesehen. Dass er eigentlich Zimmermann war, hatte ich völlig verdrängt. »Ach so, ja«, antwortete ich leicht verlegen.

Wir gelangten auf den Flur. Das Muster des Marmors zeigte schwarz-weiße Quadrate mit einem dicken schwarzen Rand. Von den Wänden blätterte der gelbliche Putz, alle sechs, sieben Meter hingen riesige vergoldete Holzrahmen mit Porträts von griechischen Philosophen, Heerführern, Architekten und Politikern. Ich stellte mir gerade vor, wie erhaben diese Bilder früher wohl auf die Schüler gewirkt haben müssen, als wir auf einmal eine laute und feste Frauenstimme hörten, die uns in strengem Ton fragte, was wir hier suchen würden. Mein Vater drehte sich zu der Frau, die ihr graues Haar straff nach hinten gebürstet hatte, wo es in einem Knoten gebündelt war, ähnlich dem Knoten in meinem Magen, der sich noch dicker anfühlte, als hinter ihr ein breitschultriger Mann in einer dunklen Uniform auftauchte, der Sicherheitsdienst. Toll, dachte ich, jetzt kriegen wir Ärger.

Aber mein Vater ging strahlend auf die Frau zu, sagte seinen Namen und eine Nummer: »Christoforos Stefanidis, 28101940.« Die alte Frau erschrak, als sie die Nummer aus dem Mund meines Vaters hörte. Jede Schülerakte hatte damals eine Nummer und wenn der Direktor einen ermahnte, zum Beispiel weil sich die

Jungs auf dem Hof geprügelt hatten, mussten sie sich mit vollem Namen und Nummer bei ihm melden. »Ach du lieber Himmel!«, rief sie und der Hall im Flur war fast ebenso laut. Ihre ernsten Gesichtszüge wurden weicher, die zuvor zugespitzten schmalen Lippen wichen einem fast unscheinbaren Lächeln, wie das von Großmüttern, wenn sie ihren Enkeln beim Spielen zusehen, den Kopf leicht zur Seite geneigt. »Christo?«, fragte sie mit leicht zitternder Stimme.

Und in diesem Moment, ich blickte gerade in seine Richtung, entfuhr auch dem Gesicht meines Vaters alle Muskelkraft, er wurde fahl und blass, als hätte er einen Geist gesehen. Er fasste sich mit der rechten Hand an den Mund, als würde er sich den Schreck wegputzen, und fragte zurück: »Kyria Mandraki?« Sie breitete ihre Arme aus, lief auf ihn zu und drückte meinen Vater wie einen kleinen Jungen an ihre Brust. Tränen standen ihr in den Augen, die meines Vaters konnte ich nicht sehen. 1956 verließ mein Vater als Sechzehnjähriger das Papafi, es war Kyria Mandrakis erstes Jahr als Erzieherin, dreiundfünfzig Jahre lagen zwischen dieser und der letzten Umarmung. Gänsehaut.

Die beiden verbrachten den ganzen Nachmittag zusammen. Ich machte in der Zwischenzeit ein paar Fotos vom Haus. Mit offizieller Genehmigung versteht sich, denn Kyria Mandraki war nun die Direktorin. Als ich wieder zurückkam, saßen die beiden in der Bibliothek, zumindest schien das der Raum zu sein, von dem mir mein Vater zuvor erzählt hatte: Dunkle Regale aus Massivholz, hohe Fenster, der Tisch mit den verschnörkelten Tischbeinen, nur: Die Regale standen nicht voller Bücher, es war eher so, als ob sich hier und da ein Buch dorthin verirrt gehabt hätte. Zerfleddert. Oder mit abgerissenem Buchrücken, bekritzelt mit Filzstiften lagen viele angeschlagen und einsam zwischen dem dunklen Holz. Auch in Kyria Mandrakis Erzählungen spiegelte sich der Niedergang des Hauses wieder. Immer weniger Gelder, immer weniger Personal, immer weniger Schüler. Der neue Eigentümer, die Stadt Thessaloniki, ließ das Papafi langsam elend zugrunde gehen.

»Nachts steigen die Asylsuchenden durch die Fenster im Erdgeschoss, weil sie ein Dach über dem Kopf brauchen«, sagte sie leicht resigniert. »Ich habe keine Mittel, um einen Sicherheitsdienst zu engagieren. Deshalb hilft mir mein Neffe Pavlos.« Sie zeigte auf den breitschultrigen Mann in Uniform. Wie viele andere Sozialprojekte auch suchte das Waisenhaus lange nach neuen Geldgebern, stieß aber nicht auf die erhoffte Quelle. Sinnbildlich stand in der Bibliothek ein Computer mit einem kleinen Monitor. Es war ein Commodore 128D mit Floppy-Laufwerk. So einen hatte ich Ende der achtziger Jahre nach langem Betteln von meinen Eltern geschenkt bekommen, heute war das ein Museumsstück, die Firma Commodore existiert seit fast zwanzig Jahren nicht mehr. Floppy-Disketten natürlich auch nicht. Aber das Treffen zwischen meinem Vater und Kyria Mandraki katapultierte die beiden in Sekundenbruchteilen in eine andere Zeit, und als sie sich wieder auf dem Rückweg ins Jetzt befanden, wurde ihnen die Grausamkeit der Museumsgegenwart so sehr bewusst, dass sie sich zum Abschied nur noch die Hand gaben. Zwar herzlich und mit einem dankbaren Blick für die schönen Erinnerungen, aber eben auch mit den üblichen Floskeln: »Bis bald«, sagte Kyria Mandraki. »Bis bald«, sagte mein Vater. Aber beiden war klar, dass ein »Lebe wohl« angemessener gewesen wäre. Manchmal, wenn man etwas für immer loslassen muss, verdrängt man bewusst die Wahrheit, flüchtet sich in Parolen, nur um ein diffuses Gefühl der Glückseligkeit, so weit es auch zurückliegen mochte, nicht vollends zu zerstören.

Als mein Vater aus dem Papafi heraustrat und die griechische Wintersonne auf sein Gesicht fiel, sah er um Jahre gealtert aus. Es hatte den Anschein, als hätte eine Zeitmaschine den sechzehnjährigen Christoforos geschluckt und den fast siebzigjährigen wieder ausgespuckt. Er zog seine Zigarettenschachtel aus der Tasche, steckte sich eine Zigarette in den Mund. Er wirkte traurig. Ich gab ihm Feuer. Er zog den Rauch tief in die Lungen, stieß ihn aus der Nase – und sagte für Sekunden, die wie Minuten wirkten, kein Wort. Ich wollte ihn in den Arm nehmen, aber er kam mir zuvor, legte seinen Arm um meine Schultern, als wäre ich ein alter Schulfreund, und fragte mich mit einem Lächeln: »Und Kleiner, wie wär's jetzt mit einem Kaffee?«

Und das ist so verdammt typisch für ihn! Da hat man in einem Moment Angst, er fällt gleich auseinander und im nächsten Augenblick spült er mit einem Lächeln all die Gedanken um zerbrochene Fenster, leere Bücherregale, Kyria Mandraki, Museumscomputer und Zeitmaschinen einfach weg – als wäre das ganze Leben nur ein Spiel, bei dem man gar nicht verlieren kann. Wenn etwas typisch griechisch an meinem Vater ist, dann ist es nicht sein Aussehen, nicht die dunklen Haare und Augen, nicht die vielen kleinen runden Muttermale in seinem Gesicht. Es ist diese Eigenschaft, auch den traurigsten Momenten etwas Gutes abzugewinnen.

»Weißt du«, hat er mir mal erzählt, als wir am Grab seiner Eltern standen, »ich habe mein Leben immer so gelebt, als wäre ich unsterblich. Das war ein Fehler. Du musst denken wie ein Unsterblicher, aber du musst handeln, als würdest du am nächsten Tag schon sterben. Die meisten Menschen sterben nicht am Tag ihres Todes. Die meisten Menschen sterben an dem Tag, an dem sie ihre Hoffnungen und Träume aufgeben. Ich war immer voller Hoffnung, immer voller Träume.«

Beim Kaffee sagte er später: »Trotz der fast einen Tag dauernden An- und Abreise kam meine Mutter mich fast jeden Montag im Papafi besuchen und wusch mich. Es war der schönste Tag der Woche, auch wenn ich es eigentlich hasste, gewaschen zu werden. Aber ich mochte es, von ihr berührt zu werden, verstehst du, ihre rauen Finger auf meiner Haut zu spüren. Diese Nähe zu ihr, mein Gott, wie ich diese Montage herbeigesehnt habe!«

Er nippte an seinem Kaffee und lächelte, als würde er sie vor sich sehen. Meine Großmutter Kyriaki war eine großgewachsene Frau, mit großen dunklen Augen, langen schwarzen Haaren, die durch den miterlebten Tod ihres Mannes innerhalb weniger Monate ergrauten. Nachdem sie im November 1948 ihre Stimme wiedergefunden hatte, lebte sie nur für ihre Kinder, ging morgens um fünf aufs Feld, kam mittags zurück, bereitete das Mittagessen vor, putzte, wusch die Wäsche und ging bis Einbruch der Dunkelheit wieder aufs Feld oder bestellte ihren Garten, in dem sie Tomaten, Gurken und Auberginen anbaute.

»Der Geruch der Seife, der ihre Besuche zwangsläufig begleitete, blieb mir ein Leben lang als Duft in der Nase«, sagte mein Vater im Café. »Selbst als Jahrzehnte später diese neumodischen Duschgels und Wash&Go-Produkte, die ihr so gern benutzt, mit den Düften der Kapverdischen Inseln oder dem Geruch Sumatras auf den Markt kamen, habe ich mir ganz normale Seife gekauft, um mich zu waschen. Weißt du, die Erinnerung, hat ein großer Denker mal geschrieben, ist wie ein Hund, der sich hinsetzt, wo er will. Das ist wahr. Man kann diese Erinnerungsfetzen nicht steuern. Manchmal, ich weiß es noch genau, war mir das Waschen ein Graus, ich hatte fast Angst, von ihren rauen Händen angefasst zu werden, weil es schlicht wehtat und sie ab und zu heftig zugriff. Ich war ja auch ein kleiner Kerl voller Dreck vom Fußballfeld. Aber im Nachhinein, ich weiß nicht einmal, wie es dazu kommen konnte, ist diese Erinnerung – ihre rauen Hände, das feste Zupacken, die Seife – einer meiner größten Schätze geworden.«

1960, als mein Vater gerade seinen Militärdienst auf der Insel Skyros leistete, starb Großmutter Kyriaki im Alter von achtundvierzig Jahren angeblich an einem Tumor in ihrer Bauchspeicheldrüse. Mein Onkel Nikos beharrte aber bis zu seinem Tod auf der These, dass sie an gebrochenem Herzen gestorben ist. Mein Vater jedenfalls hatte kein Geld, um rechtzeitig zur Beerdigung anzureisen. Er kam drei Tage zu spät, schwatzte einem Blumenladenbesitzer ein paar rote Rosen ab, ging zum Grab und blieb drei Tage daneben sitzen, ohne ein Wort zu sagen.

Die Erinnerung setzte sich wieder zu ihm, als wäre sie ein streunender Hund: »Weil alle Kinder barfuß kickten, hatten wir eine ziemlich harte Hornhautschicht auf der Fußsohle. Und meine Mutter rieb sie mir mit einem Stück feuerrotem Ziegelstein ab. Es tat höllisch weh, manchmal blutete es gar, ich schlug ihr auf den Kopf und heulte. Aber sie rieb unbeirrt weiter, sagte nur: ›Schlag mich ruhig, Christofore. Schlag mich ruhig. Eines Tages wirst du es mir danken.‹« Außer beim Tod seiner Brüder Nikos und Konstantinos habe ich meinen Vater nie weinen sehen. Aber als er jetzt von seiner Mutter sprach, war sein Blick zweifelsohne getrübt. Diese Episoden hatte er bei seinen Erzählungen im »Griechen« natürlich immer ausgelassen. Wir saßen eine Weile da und schauten durch die Glasfront des Cafés auf die vielbefahrene Straße. Wenn die Tür des Cafés aufging, wurden die Motorengeräusche der Autos und Mopeds lauter, wurden aber wieder dumpfer, wenn die Tür zufiel, und vom Rauschen der Kaffeemaschine übertönt. Wir bestellten noch zwei Frappé.

»Ich besuchte meine Mutter und meine Geschwister immer an Weihnachten, Ostern und in den Sommerferien. Und weil nicht viel Platz bei uns zu Hause war, durfte ich immer bei meiner Mutter im Arm schlafen. Über dem Bett meiner Mutter hing das Bild meines Vaters, und ich habe meine Mutter jede Nacht heulend gefragt, wer denn der Mann auf dem Foto sei und warum ich keinen Papa hätte. Kannst du dir das vorstellen?«

Ich antwortete nicht.

»Damals war ein toter Vater keine Ausnahme. Fast jeder im Dorf hatte einen Verwandten, einen Freund, der tot war, der im Krieg oder den Gefechten danach erschossen worden war. Aber selbst wenn es jedem Menschen auf der Welt so ergangen wäre, hatte ich trotzdem mein Leben lang immer das Gefühl, meines Vaters beraubt worden zu sein. Verstehst du?«

Jetzt zog ich eine Zigarette aus der Schachtel. Mein Vater erwartete keine Antwort und wieder gab ich ihm auch keine. Ein paar Augenblicke vergingen. Er blickte gerade wieder auf die Straße, als ich endlich den Mund aufbekam: »Dafür habe ich einen. Den besten Vater, den es je gegeben hat.« Er lachte. »Du Arschloch«, sagte er. »Wie oft habe ich dir gesagt, du sollst nicht lügen?« Ich grinste zuerst. Dann mussten wir beide laut lachen. Immer wenn mein Vater verlegen ist und nicht weiß, was er sagen soll, benutzt er dieses deutscheste aller deutschen Schimpfwörter: »Arschloch.« Es ist sein Lieblingswort. Er meint es nur selten böse.

Unsere Familie ist, ganz klassisch für eine griechische Familie, eine Mischung aus Pa- und Matriarchat. Mein Vater ist der Chef. Manchmal nenne ich ihn sogar so. Meine Mutter Maria ist allerdings der Kern, die Seele, der Rückhalt unserer Familie. Wäre sie ein Fußballtorwart, könnte man über sie sagen, sie hat das Tor immer sauber gehalten. Und trotz vieler böser Fouls, vieler Fehlentscheidungen seitens meines Vaters, trotz vieler Enttäuschungen hat sie auch die Unhaltbaren pariert. Die beiden haben sich auf einer Hochzeit kennengelernt, da war sie fünfzehn Jahre alt, er zwanzig. Sie wollte Balletttänzerin werden, er baute Stühle und Kinosessel für eine Möbelwerkstatt; die Kapelle spielte einen Tango, er bat sie zum Tanz; sie zitterte, als er sie führte. »Deine Mutter hatte große, braungrüne Augen, dicke dunkle Locken, ihre Haut war blass, nicht dieses kränkliche Blass, das vornehme, saubere, samtweiche, sie trug ein weißes Kleid, sie sah aus wie ein Engel«, erinnert sich mein Vater. »Dein Vater war einen Kopf größer. Ich hatte ihn schon länger aus den Augenwinkeln beobachtet und konnte vor Aufregung kaum atmen, als wir uns gegenüberstanden. Nach dem Tanz fragte mich deine Großmutter: ›Maria, wer ist dieser dunkle Junge, mit dem du da getanzt hast?‹ ›Das ist Eleonoras kleiner Bruder‹, antwortete ich. Tante Eleonora und ich arbeiteten damals gemeinsam auf einer Tabakplantage.« Tante Eleonora sagt: »Deine Mutter war das schönste Mädchen, das ich je gesehen hatte. Als ich die beiden zusammen tanzen sah, wurde mir ganz mulmig, ich fühlte, dass die beiden füreinander geschaffen waren.«

Er versprach ihr die Ehe, sie hielt ihm fünfzig Jahre die Treue und den Rücken frei. Trotzdem war meine Mutter nie die klassische Hausfrau, die zu Hause auf die Kinder aufpasst und den Haushalt schmeißt. Meine Mama hat sechs Jahre bei Bosch gearbeitet, es zur Vorarbeiterin gebracht, und anschließend war sie vierzig Jahre die Chefin in der Küche des »Griechen«. Niemand backt gefüllte Paprika leckerer, niemand Moussaka würziger, niemand grillt ein Stück Lammfilet zarter als meine Mutter. Ihre breiten grünen Bohnen in Tomatensauce sind als Beilage schlicht Weltklasse. Ebenso wie ihr hausgemachtes Zaziki und die Auberginen- und Fischeiercreme (Melizanosalata, Taramas). Wie hat es ein Stammgast einmal formuliert? »Maria, manchmal wünschte ich, du wärst meine Mutter, dann könnte ich jeden Tag bei dir essen.« Meine Mutter wuchs ebenfalls ohne Vater auf, auch er fiel im Zweiten Weltkrieg; sie hatte keine nennenswerte Schulbildung, und in Zeiten, in denen viele Frauen von Selbstverwirklichung und Emanzipation sprachen, öffentlich ihre Abtreibungen bekanntgaben, hatte sie sieben Fehlgeburten.

Auch mich hat es schon einmal gegeben. Mein Bruder Alexandros Stefanidis wäre heute einundvierzig Jahre alt. Im Sommer 1969 zur Welt gekommen, lebte er ganze drei Tage. Als ich zwölf war, habe ich das Foto mit dem Grabstein und meinem Namen darauf zufällig in einem Familienalbum entdeckt. »Der Körper des Kleinen war nur zur Hälfte mit fester Haut bedeckt«, hat mir mein Vater erzählt. »Seine Epidermis hatte sich nicht vollständig entwickelt. Wir haben ihn getauft, ihm einen Namen gegeben und beerdigt.« Sechs Schwangerschaften kamen nicht über den sechsten Monat hinaus. Und dennoch: Im Juni 1965 wurde mein ältester Bruder Jorgos (er bekam den Namen des Großvaters mütterlicherseits) in Thessaloniki geboren, im Juni 1972 mein Bruder Aristidis (er bekam den Namen meines Großvaters väterlicherseits) in Bad Canstatt. Und im Juli 1975 kam ich in Karlsruhe als schwerster Brocken auf die Welt: 59 Zentimeter, 4500 Gramm. Drei Jungs mit lockigen schwarzen Haaren und dunkelbraunen Augen. Jorgo trug schon früh eine Brille, Ari hatte eine große Zahnlücke, um die ich ihn beneidete, weil er durch sie ziemlich weit spucken konnte – und ich, na ja, ich war immer »der Kleine«.

Wir sind alle drei im »Griechen« aufgewachsen, zwischen den vielbeschäftigten Beinen unserer Eltern, zwischen den Stühlen und Tischen mit den Öllämpchen, mit unseren Gästen. Manche, die regelmäßig in den »Griechen« kamen, kannten mich schon als Baby. Ich habe sie Tante und Onkel genannt, und weil sie oft ein paar Worte Griechisch sprachen, habe ich sie als kleiner Junge nie von meinen wirklichen Verwandten unterscheiden können. Irgendwie gehörten auch sie alle zur Familie, die sich eben immer im »Griechen« traf. So sah ich das. »Der Grieche« war kein normales Restaurant, für mich war es immer ein etwas groß geratenes Wohnzimmer mit vielen Tischen, einer Theke und einem gemeinsamen Klo. Und wenn ich als Knirps aufs Klo musste, fragte ich nicht meine Mutter, ob sie mich begleitet – ich wusste, sie hatte einfach zu viel zu tun –, ich fragte zum Beispiel Brigitte, die fast jeden Tag mit ihrem Mann Ehrfried zum Essen kam. Brigitte nahm mich dann an die Hand und führte mich auf die Toilette. Und wenn ich zurückkam, rannte ich sofort zu meiner Mutter, um ihr vom erfolgreichen Toilettengang zu erzählen. Sie fragte mich, ob ich das denn ganz allein geschafft hätte, und ich log rotzfrech: »Ja, klar!« Und so wie es sich für eine liebevolle Tante gehörte, hat mich Brigitte nie verraten.

Christoforos im neuen Land – die sechziger Jahre

Als gelernter Zimmermann bekam mein Vater gleich nach seiner Ankunft im September 1963 einen Job bei Bosch. Ihm wurde eine Wohnung zugewiesen, die er sich mit drei anderen Gastarbeitern teilte. Der Beginn seines neuen Lebens war ausgestattet mit einem achtzig Zentimeter breiten Bettgestell, auf dem eine fleckige Matratze lag. Daneben stand eine wackelige Holzkommode, die Nachtlampe flackerte, wenn man sie anknipste. Der Vermieter, ein älterer Herr, den die vier aufgrund seiner scharfen Gesichtszüge »Adenauer« tauften, kam zwei Mal am Abend unangemeldet in die Wohnung, um nach »dem Rechten« zu sehen. Er blaffte die Truppe an, wenn das Licht brannte, das koste Strom, rief er: »Strom! Kosten Geld! Viel Geld! Nix immer Licht!« Verständnislos und mit großen Augen blickten ihn die Männer an. Stille. Dann machte Adenauer das Licht aus und ging. Meinen Vater erinnerte das an seine Zeit im Waisenhaus. Damals verfluchte er die strengen Erzieher, jetzt blieb er still, zuckte mit den Achseln und legte sich schlafen. Als sogenannter Gastarbeiter, das war ihm schon klar, konnte er keine Ansprüche stellen. Er war erst mal froh über seinen neuen Job, und er war froh, irgendwo untergekommen zu sein.

Die ersten Tage, Wochen, Monate vergingen. Gastarbeiter-Routine. Morgens gingen die Männer gemeinsam zur Arbeit, abends kamen sie gemeinsam wieder zurück. Dazwischen lernten sie das Wort »Mahlzeit!«

Die drei WG-Kollegen meines Vaters kamen aus Italien, der Türkei und Spanien. Die Vereinten Nationen Südeuropas auf knapp dreißig Quadratmetern. Viel zu sagen hatten sie sich aufgrund der Sprachprobleme nicht. Aber während der Türke Mustafa fleißig Briefe nach Anatolien schrieb, der Italiener Postkarten nach Salerno und der Spanier am liebsten in Automagazinen blätterte, kaufte sich mein Vater ein deutsch-griechisches Wörterbuch sowie die »Bild« und den »Spiegel« und las in jeder freien Minute darin. So lernte er die neue Sprache. Als Adenauer eines Abends mal wieder das Licht ausmachen wollte, weil er hohe Stromkosten fürchtete, fragte ihn mein Vater, »Warum so böse du?« Die Antwort kam postwendend und lautstark: »Unverschämtheit!«, »Was erlauben Sie sich!«, »Da will man denen helfen und dann ...«, »Sie sind hier *Gast*, verstehen Sie?«, bekam er zu hören. Mustafa bat meinen Vater, Adenauer in Zukunft nicht zu widersprechen. Er wolle wegen ihm schließlich nicht auf der Straße landen.

Anfang November wurde es zum ersten Mal richtig kalt. Und keiner der Südeuropäer war diese Kälte gewohnt. Draußen schneite es, und im Zimmer meines Vaters ging die Heizung nicht an. Die Heizung war ein fest im Boden montierter Gasherd, aus dem aber kein Gas floss. Mein Vater fragte Adenauer eines Morgens, warum die Heizung nicht funktioniere: »Entschuldigung, kalt, sehr kalt, Heizung?« Adenauer sagte zwischen den vielen Sätzen, die er für seine Antwort benötigte, oft das Wort »kaputt«, und mein Vater kaufte sich notgedrungen zwei Decken. Dasselbe empfahl er auch seinen Kollegen. Adenauer, das war allen vier klar, war nicht gerade ein Menschenfreund. Vielleicht nagte tief in ihm auch ein unausgesprochenes Unbehagen gegenüber dem Fremden. Eines Morgens kam er unangemeldet und mit einer Bierfahne ins Zimmer, knipste das Licht an und weckte die Männer: »Hier drin stinkt's! Zum Teufel nochmal! Macht denn hier keiner das Fenster auf!?« Er schritt durch das Zimmer, öffnete das Fenster, ließ den kalten Novemberwind hineinwehen und nahm tief Luft. »So!« Dann blickte er um sich, wartete ein paar Augenblicke, vielleicht hoffte er auf Widerspruch, aber keiner der Männer sagte ein Wort. Als er ging, sagte Mustafa zu meinem Vater: »Danke, Christo!«

Mein Vater fluchte auf Griechisch. Und auch der Italiener konnte sich ein »Stronzo« nicht verkneifen. Der Spanier steuerte ein »Puta madre« bei und schloss das Fenster wieder.

Adenauer hatte einen Sohn. Er hieß Ludwig. Ludwig hatte im Gegensatz zu seinem Vater noch viele Haare auf dem Kopf, und er kämmte sie sich nicht mit Pomade nach hinten, wie es sein alter Herr tat. Er ließ sie wachsen, und es hatte auch nicht den Anschein, als würde er sie allzu oft waschen. Manchmal, wenn die Männer abends von ihrer Arbeit zurückkamen, war das Zimmer trotz der Kälte draußen schön warm. Die Heizung aber war wie immer aus. Mein Vater berührte sie vorsichtig und merkte gleich, dass sie bis vor ein paar Minuten noch auf vollen Touren lief. Er hatte gleich Ludwig in Verdacht. Ludwig hatte ihm auch die neue Tischlampe besorgt – zwar gegen Bezahlung, aber immerhin. Ludwig schien in Ordnung zu sein.

Zwei Wochen vergingen, und als mein Vater eines Abends draußen noch eine Zigarette rauchte, hörte er im Stockwerk über sich Adenauer und Ludwig streiten. Er verstand nicht jede Einzelheit, dafür war sein Deutsch immer noch nicht gut genug, aber er verstand, worum es bei diesem Streit ging: Adenauer verbot seinem Sohn je wieder die Heizung in dem Untermieterzimmer anzuzünden. »Willst du diesem Pack auch noch unser Geld in den Rachen schmeißen?«, rief Adenauer. »Die verbrauchen sowieso schon viel zu viel Strom.« Ludwig hörte mein Vater kaum reden. Die meiste Zeit sprach Adenauer. »Du wirst dieses Zimmer nicht noch einmal ohne meine Genehmigung betreten. Haben wir uns verstanden?« Dann krachte eine Tür ins Schloss und es war Ruhe. Am nächsten Tag erhöhte Adenauer kurzerhand für jeden die Miete von 60 auf 70 Mark im Monat.

Von Ludwig war fortan nichts mehr zu sehen. Mein Vater fragte sich, ob der Junge von zu Hause abgehauen war. Adenauers Frau blieb ihm die Antwort jedenfalls schuldig, als er sie einmal fragte, wo denn Ludwig sei.

Keine zwei Tage später standen zwei Polizeibeamte im Zimmer meines Vaters und fragten die Männer nach ihren Papieren. Hinter den Polizisten stand Adenauer und empfahl, auch mal unter den Matratzen nachzuschauen. Zwar schienen die Polizisten von Adenauers Übereifer ein wenig angewidert, aber sie folgten seinem Wunsch, fanden jedoch bis auf die Automagazine des Spaniers und dem Pornoheftchen des Italieners, das bei allen vier schon die Runde gemacht hatte, nichts, was auf den gemeldeten Diebstahl hingewiesen hätte. Adenauer und seine Frau vermissten ihr Hochzeitsbesteck. »Die müssen das an einem anderen Ort versteckt haben«, sagte Adenauer. Die Polizisten schüttelten den Kopf. »Wo soll man denn in diesem Kabuff noch etwas verstecken?«, fragte einer der Polizisten. »Was weiß ich?!«, entfuhr es dem Vermieter. »Dafür sind doch Sie zuständig. Wer soll das Besteck denn geklaut haben, wenn nicht die?« Mein Vater stand kurz davor, Adenauer an die Gurgel zu gehen, bremste sich aber. Er wollte keinen Ärger mit der Polizei und hielt die Klappe. Einer der Polizisten schüttelte sich. »Ist verdammt kalt hier, finden Sie nicht?«, fragte er Adenauer. »Äh, ja, die Heizung ist kaputt«, antwortete er. Dann bat er die Polizisten, wieder zu gehen.

Aber es sollte nicht der letzte Besuch der Polizei sein. Wieder zwei Tage später fehlte ein Fahrrad aus dem Innenhof. Und wieder sahen die Polizisten bei meinem Vater und seinen Kollegen unsinnigerweise unter den Matratzen nach. Wieder pöbelte Adenauer, das sei doch keine »richtige Durchsuchung einer deutschen Polizei«! Die Beamten fragten ihn schelmisch, ob er glaube, dass einer der Ausländer das Fahrrad vielleicht in den Hosentaschen versteckt halte, und verließen das Zimmer, indem sie sich gegenseitig lachend auf die Schulter klopften.

Griechenland, Spanien und Italien waren sich nach dieser zweiten Durchsuchung einig, dass sie es nicht viel länger hier aushalten würden. Einzig Mustafa legte sich wortlos ins Bett und schlug seine drei Decken über sich zusammen.

Noch in derselben Nacht weckte die vier ein lautes Geräusch. Glas klirrte, ein Auto fuhr mit quietschenden Reifen davon. Jemand hatte mehrere Steine in die Fenster der Adenauer-Wohnung geworfen. In der ganzen Nachbarschaft gingen die Lichter an, die Menschen standen in ihren Pyjamas und Nachthemden an den Fenstern und beobachteten, wie in dieser Nacht zum zweiten Mal die Polizei bei den Adenauers klingelte. Dieses Mal waren es zwei Streifenwagen. »Das war dieses Pack, das uns beklaut!«, rief Adenauer wütend und riss die Tür zum Zimmer meines Vaters auf. »So, jetzt geht's euch an den Kragen! Wer hat die Steine geworfen? Rückt raus mit der Sprache!« Er stand zwischen den vier Polizisten, und es schien, als hätte er Schaum vor dem Mund. Mein Vater trat vor und sagte in seinem besten Deutsch zu den Beamten: »Bitte glauben: Wir geschlafen. Warum Stein werfen?« Die Beamten schauten sich gegenseitig an. Ihnen fiel keine Antwort ein. Sie teilten Adenauer mit, dass es unwahrscheinlich sei, dass einer von ihnen die Steine geworfen haben könnte. Schließlich hätten Nachbarn ein Auto vor dem Haus gesehen, das mit quietschenden Reifen davongerast sei. Es war drei Uhr morgens, als die Polizeiwagen wieder wegfuhren. Mein Vater packte seinen Koffer. Mustafa fragte ihn, wohin er wolle. Und er sagte: »Weg.« Er verabschiedete sich von Italien, Spanien und der Türkei und ging. Aber vorher schaute er noch mal bei Adenauer vorbei. Er stellte seinen Koffer ab, klingelte. Adenauer öffnete die Tür. Mein Vater kramte noch einmal sein allerbestes Deutsch hervor, er hielt sein Wörterbuch in der Hand, und fragte ganz leise mit zugekniffenen Augen: »Was du gemacht in Zweite Weltkrieg?« Verdutzt blickte ihn Adenauer an. »Was erlaubst du dir?«, fragte er schließlich in einem strengen, sehr lauten Ton, und es schien, als würde nun jener Knoten platzen, der sich vermutlich schon seit Jahren in ihm angeknäuelt hatte. »Ihr denkt wohl, ihr könnt hier machen, was ihr wollt?! Kommt hierher, bekommt Arbeit und glaubt, ihr könnt mit uns reden, als wären wir alle vom gleichen Stamm. Sind wir aber nicht!

Und dich, Grieche, habe ich sowieso gefressen. Mein Bruder ist in Kreta gefallen, hörst du?! Mein Bruder starb auf eurer Scheiß-Insel Kreta!« In den Nachbarwohnungen gingen wieder die Lichter an, nebenan öffnete ein älterer Herr seine Tür und schaute über die Schulter meines Vaters in das Gesicht Adenauers, das rot vor Wut war. Mein Vater, der nur die Hälfte verstand, wurde hellhörig. Kreta? Bruder? In seinem Körper stieg eine Hitze auf, die er nur zu gut kannte. Er wusste, gleich würde er explodieren, alles rauslassen, all die Wut, all den Schmerz, der in ihm steckte. Er griff nach allen ihm bekannten deutschen Wörtern und schrie Adenauer ins Gesicht: »Arschloch! Malaka! Dein Bruder? Mein Vater! Tot! Du! Schuld! Du Hitler! Mein Vater tot!« Adenauer schluckte. Vielleicht hatte er das nicht erwartet. Der Nachbar gegenüber reckte den Kopf, wartete eine Antwort ab. Doch Adenauer schien geschockt, stammelte etwas von »Schmeiß dich raus«, aber mein Vater hörte gar nicht mehr richtig hin. Er nahm seinen Koffer, ging die Treppen hinunter. Als er draußen vor dem Haus stand, sah er drei weitere offene Fenster, in denen Menschen standen, auch sie in ihren Pyjamas. Niemand sagte ein Wort. Es schneite dicke Flocken. Die Wohnung bin ich los, dachte er.

Die Nacht verbrachte mein Vater auf einer Parkbank. Nichts Neues für ihn. Er kramte aus seinem braunen Kunstlederköfferchen zwei Pullover und seine Jacke. Dann ging er zum nächsten Münzsprechtelefon und rief in Griechenland bei meiner Mutter an, schämte sich aber zu sagen, dass er aus der Wohnung geflogen war. »Alles ist prima«, sagte er und legte auf. Meine Mutter sollte im Frühjahr nachkommen, das war der Plan. Daran hielt er fest. Er hoffte, dass Adenauer nicht bei Bosch anrufen und ihn denunzieren würde. Denn die allerwichtigste, oberste und erste Regel für einen Gastarbeiter hatten deutsche Bosch-Mitarbeiter für ihre ausländischen Kollegen sichtbar an die Wand des Aufenthaltsraums gepinnt: »Mach bloß keinen Ärger, sonst schicken wir dich wieder zurück!« Mich erinnert diese Geschichte mit dem »Hinweis für ausländische Bosch-Mitarbeiter« an ein Wahlplakat der Republikaner Mitte der neunziger Jahre, auf dem mit großen Buchstaben »Rückführung statt Integration« stand. Inhaltlich unterscheiden sich beide Botschaften ja kaum – doch dazu später mehr. Mein Vater brauchte jedenfalls dringend ein neues Dach über dem Kopf, das stand fest.

Am nächsten Morgen wurde mein Vater *nicht* zurück nach Griechenland geschickt. Er blieb weitere sechsundvierzig Jahre. Das lag nicht an Adenauer, der hatte sehr wohl bei Bosch angerufen und ein leeres Bett gemeldet. Dass mein Vater bleiben durfte, verdankte er Toni, seinem Vorarbeiter bei Bosch. Toni hieß eigentlich Walter, aber weil er Ähnlichkeit mit den italienischen Gastarbeitern und schon mal Urlaub in Rimini gemacht hatte, nannten ihn alle nur Toni. Toni vermittelte meinem Vater eine neue Bleibe. Bei sich unterm Dach.

Das Verhältnis meines Vaters zu Toni, der achtzehn Jahre älter war, ist schwer zu beschreiben. Jedenfalls war Toni nicht im Geringsten mit Adenauer zu vergleichen. Soweit ich die Erzählungen meines Vaters richtig interpretiere, war Toni im Grunde ein sehr freundlicher, aber trauriger Mann. Manchmal, wenn er abends nach der Arbeit meinen Vater zu einem Bier bei sich einlud, erzählte er ihm Geschichten aus dem Krieg. Grausame Geschichten, die alle in Osteuropa spielten. Mit Erschießungen. Mit Vergewaltigungen. Mein Vater verstand nicht alles auf Anhieb, aber ihm war schnell bewusst, dass Toni jemanden zum Reden brauchte. Waltraud, Tonis Frau, kam dafür nicht in Frage. Sie war schwerhörig. Und im Deutschland der sechziger Jahre schrie man Kriegserinnerungen seinem Gegenüber nicht ins Gesicht. Schon gar nicht, wenn man wie Toni Mitglied der Waffen-SS war. Wenn Toni darüber sprach, flüsterte er lieber. Immer wenn Toni meinen Vater auf ein Bier einlud, ging seine Frau ins Wohnzimmer und schaute fern, die beiden Männer blieben in der Küche zurück. Urlaub machten Toni und Waltraud getrennt. Sie im Bayerischen Wald, er 800 Kilometer südlich in Rimini. »Sie ist eine fürchterliche Köchin«, sagte Toni zu meinem Vater, und die beiden lachten.

Tonis Erzählungen erweiterten den deutschen Wortschatz meines Vaters, und bald war es ihm auch möglich, ein bisschen von sich zu erzählen. Er erzählte, wie bulgarische Nazi-Kollaborateure vor den Augen der Familie seinem Vater ein Loch in den Kopf geschossen hatten, und er erzählte, dass er in Deutschland seine Frau am meisten vermisse – und das griechische Essen. Er vermisste den süßlichen Duft von Béchamel auf dem Moussaka, den Hauch Zitrone auf einem gegrillten Stück Lamm oder Ziege, den Duft eines cremigen Feta-Käses im Bauernsalat, er vermisste den harzigen Geschmack eines Glases Retsina, den Geruch von Anis im Ouzo. Zum Verdauen. Er vermisste es, mit Freunden die ganze Nacht über Politik oder Sport zu diskutieren.

Man kann nicht behaupten, dass Toni und mein Vater auf der Stelle Freunde wurden, das wäre zu einfach. Zwischen ihnen blieb anfangs immer eine gewisse Distanz, die sie nie zu überschreiten gewagt hätten. Allein schon die Tatsache, dass Toni bei Bosch der Chef war, trug dazu bei, dass die beiden während der Arbeit kaum ein privates Wort miteinander wechselten. Es war eher ein Geben und Nehmen. Der eine brauchte jemanden zum Reden, der andere wollte erfahren, was für Menschen die Deutschen eigentlich sind. Der eine schämte sich für seine Vergangenheit, der andere hatte noch gar keine, jedenfalls keine vergleichbare. Der eine liebte Bier, der andere Wein, Whisky. Und weil mein Vater so oft von griechischem Essen erzählte, bekam Toni schon bei der Vorstellung oft so großen Hunger, dass die beiden von Waltrauds Küche in die nächste Kneipe wanderten, wo sie dann beide ein Schnitzel mit Bratkartoffeln bestellten. Ein »Grieche« um die Ecke, das war damals noch sehr, sehr selten.

Auf der Suche nach einer Stammkneipe landeten die beiden irgendwann im »Deutschen Adler«. Eine fast fünfzig Jahre alte Kneipe im Stadtteil Bad Cannstatt. Rustikal eingerichtet, mit einer breiten Holztheke. Auf dem Stammtisch stand ein kleiner Gartenzwerg in Form einer Glocke.

Der neue Wirt aber war ein kleiner untersetzter Italiener aus Neapel namens Mario. Zu essen gab es anstatt Schnitzel Spaghetti mit Tomatensoße, statt Maultaschen Pizza Margherita. Der »Deutsche Adler« war jeden Abend rammelvoll. Und das Erstaunliche dabei war: Die meisten Gäste schienen Deutsche zu sein. Das machte vor allem meinen Vater stutzig. Vielleicht kam meinem Vater an jenem Abend zum ersten Mal in seinem Leben der Gedanke, ein griechisches Restaurant in Deutschland zu eröffnen. Es war auf jeden Fall aber der Abend, an dem er zum ersten Mal in seinem Leben eine Pizza aß. Und Marios Pizza war gut.

Bei Toni unterm Dach lebte es sich viel angenehmer als bei den Adenauers. Toni hatte meinem Vater sogar seinen alten Fernseher ins Zimmer gestellt, und manchmal sagte Toni: »Ich kann es kaum erwarten, bis Maria kommt. Du hast mir so viel von ihr erzählt. Ich bin schon sehr gespannt auf ihre Kochkünste.«

Im Frühjahr 1964 war es so weit. Meine Mutter kam nicht nur mit Feta-Käse, Olivenöl, vielen Gewürzen und allerlei Essbarem im Gepäck nach Deutschland. Sie brachte auch ihre Mutter Theodora mit. Mein Vater hatte ihnen in Absprache mit Toni bereits Jobs bei Bosch organisiert. Kaum waren sie aber vom Bahnhof zurückgekehrt, stellte sich meine Großmutter in die Küche. Mein Vater hatte sie gebeten, gleich etwas zu essen zu machen. Auch Toni wäre schon ganz neugierig. Waltraud luden sie natürlich auch ein, aber sie entschuldigte sich mit Kopfschmerzen. Großmutter Theodora packte die Tomaten und Gurken aus ihrem Garten aus, schälte sie, hackte die mitgebrachten Zwiebeln klein, legte den Feta oben auf, gab das Olivenöl und den Essig hinzu, fertig war der Bauernsalat. Dann rollte und klatschte sie Hackfleisch zu Keftedes (Frikadellen), gab zwischendurch ein paar Gewürze hinzu, zum Beispiel Oregano, etwas Schnittlauch und legte es mit viel Olivenöl in die Pfanne und ließ es braten. Im Kochtopf nebenan lagen auch schon breite grüne Bohnen. Es wurde ein schöner Abend. Toni hatte einen Riesling mitgebracht, der schon nach einer halben Stunde leer war, obwohl weder meine Mutter noch Großmutter Theodora einen Schluck tranken. Als Toni ging, umarmte er meine Mutter und Großmutter Theodora zum Abschied. »Ich habe schon lange nicht mehr so gut gegessen! Christo hat nicht zu viel versprochen! Dankeschön.«

Später fragte meine Großmutter meinen Vater, ob alle Deutschen so leutselig seien. Mein Vater lachte. »Ein paar schon.«

Meine Mutter und Großmutter Theodora kamen freitags an, montags war ihr erster Arbeitstag. Während Mutter und Großmutter in der Montage arbeiteten, war mein Vater immer noch im Sägewerk beschäftigt. Er verdiente knapp 660 Mark, wenn er auch samstags arbeitete kam er auf 700. Mutter und Großmutter Theodora kamen gemeinsam auf etwas mehr als 900 Mark. 1600 Mark im Monat. Verdammt viel Geld. In Griechenland hätten sie dafür fünf, sechs Monate arbeiten müssen.

Für Großmutter Theodora war das aber nicht genug. Sie war auf dem Land groß geworden. Sie war es gewohnt, den *ganzen* Tag hart zu arbeiten. Deshalb fragte sie Toni eines Abends beim Essen, ob sie nicht zwei Schichten hintereinander übernehmen könne. Nach neun Stunden wäre sie noch nicht müde. Toni sah sie fassungslos an. Mein Vater und meine Mutter lachten. »Das geht nicht«, antwortete Toni ernsthaft. »Das gibt Ärger mit der Gewerkschaft.« Wieder lachten meine Eltern. »Das war nur ein Scherz«, sagte mein Vater. Jetzt lachte auch Toni. Nur meine Großmutter verstand den Witz nicht. Sie fühlte sich wirklich unterfordert, aber keiner nahm das wirklich ernst. Das Leben meinte es doch gut mit ihnen, dachte mein Vater.

1964 hatte jede griechische Familie aus unserem näheren Verwandtschafts- und Bekanntenkreis nur ein Ziel: ein, zwei Jahre in Deutschland arbeiten, ein bisschen Geld verdienen – und dann wieder zurück. Die wenigsten, vielleicht zwei von hundert, kamen mit dem Ziel nach Deutschland, hier den Rest ihres Lebens zu verbringen. Aus diesem Grund lernten auch wenige Griechen gleich im ersten oder zweiten Jahr die neue Sprache. Wozu?, dachten sie sich. In Griechenland würden Sie Deutsch nie brauchen. Was für eine Fehleinschätzung! Womit sie nicht rechneten, war der blanke Erfolg ihrer Auswanderung. Nach ein, zwei Jahren Arbeit und eisernem Sparen hatten viele genug Geld beisammen, um sich in Griechenland ein Grundstück, ein Haus oder eine Wohnung zu kaufen. Das Ziel war Wirklichkeit geworden. Sie nannten Deutschland das »Schlaraffenland«. Nicht weil überall Honig und Milch floss, nicht weil das Leben hier zarter und süßer war, das Leben begann morgens mit Arbeit und endete abends mit Arbeit. Aber es gab wenigstens Arbeit, die auch noch fair bezahlt wurde. Das genügte den meisten als Ansporn, noch ein, zwei oder drei Jahre im Exil dranzuhängen. Und: Die Story vom Schlaraffenland sprach sich herum, im Freundeskreis, im Bekanntenkreis. Viele sagten sich: Mensch, wenn wir es in zwei Jahren schaffen, genug Geld zu sparen, um eine Wohnung zu kaufen, was können wir dann in drei, vier oder fünf Jahren erreichen? Männer holten ihre Familien nach. Töchter ihre Eltern. Eltern ihre Kinder – oder Großmütter ihre Brüder: In den nächsten Jahren zog nicht nur meine Mutter mit meiner Großmutter Theodora nach Deutschland; auch die Brüder meiner Großmutter kamen: Sokratis, Charis, Charalambos und Jorgos, deren Frauen Efdoxia, Eftichia, Theodora und Georgia. Die Schwester meines Vaters, Eleonora, kam, ihr Mann Yannis auch. Und das ist nur ein best of. Der Rest meiner Familie ist über ganz Griechenland und in der Welt verstreut und in Zahlen kaum fassbar. Als Großmutter Theodora im Jahr 2004 starb, kamen mehr als sechshundert Menschen zur Beerdigung. 600!

1964 bestand bald fast die ganze Nachbarschaft aus unserer griechischen Großfamilie. Alle bekamen entweder Jobs bei Bosch oder Mercedes. Onkel Sokratis war wie mein Vater Zimmermann, die Onkel Charis und Charalambos waren Elektriker, Onkel Jorgos Kfz-Mechaniker. Ihre Frauen arbeiteten größtenteils in den Kantinen der Fabriken, oder sie putzten nachts die Lagerhallen. Und abends trafen sie sich in den ersten Monaten bei Toni unterm Dach, kochten, aßen, tranken und feierten zusammen, wie sie es aus Griechenland gewohnt waren. Mit von der Partie: natürlich Toni, der sich ein Leben ohne das Zaziki meiner Mutter gar nicht mehr vorstellen wollte. Seine Frau Waltraud ließe ihn nicht mehr im Ehebett schlafen, gestand er irgendwann. »Ich stinke nach Knoblauch«, hat sie gesagt. »Und was hast du ihr geantwortet?«, fragte mein Vater. »Knoblauch ist gesund. Was sonst?« Schallendes Gelächter.

Viele meiner Onkel und Tanten blieben tatsächlich nur ein, zwei Jahre in Deutschland. Manche hatten genug verdient, um ihr langersehntes Grundstück zu kaufen, wie zum Beispiel mein Onkel Charis. Andere, wie Onkel Sokratis, plagte unheimliches Heimweh. Meine Eltern blieben. Aber der Grund war nicht, dass meine Mutter schwanger wurde und im Juni 1965 meinen ältesten Bruder Jorgos zur Welt brachte. Der Grund war auch nicht das Haus in Griechenland: In einem Jahr hatten sie das Häuschen mit den zwei Zimmern am Rande Thessalonikis zu einem Haus mit drei Zimmern ausgebaut. Und die Küche befand sich nicht mehr wie zuvor im Keller, sie war nun in die Wohnung integriert. Alles lief eigentlich nach Plan. Der Grund war ein anderer: Zwar verdienten meine Eltern zusammen mit meiner Großmutter viel Geld – aber mein Vater begann zu spielen. Hauptsächlich ein Spiel namens Koukou, eine griechische Variante des Pokerspiels.

Mein Vater wurde nicht als Spieler geboren. Als er nach Deutschland kam, kannte er nicht einmal die Regeln der griechischen Variante von Mau-Mau. Wenn sich die Exil-Griechen nach der Arbeit im Wirtshaus trafen – sie hatten ein deutsches Wirtshaus nahe einem verwaisten Güterbahnhof, in dem sonst nicht viel los war, unter Beschlag genommen und es in ein Kafeneion verwandelt –, wenn sich die Griechen also dort trafen, dann um Whisky, Ouzo oder Bier zu trinken und vor allem um Karten zu spielen.

Das Kafeneion ist eine griechische Institution. Traditionell treffen sich dort ausnahmslos Männer ab Mitte vierzig. Frauen sieht man selten, jedenfalls wird man in Griechenland nie eine Frau an einem der Tische sehen (außer sie arbeitet dort als Kellnerin). Der Innenraum eines Kafeneion ist karg, besteht aus einer offenen Küche, mehreren Holztischen und -stühlen und ein paar gerahmten aber verblichenen Fotografien an der Wand, die entweder das favorisierte Fußballteam und/oder die Vorfahren des Besitzers in Schwarz-Weiß zeigen. Charakteristisch ist außerdem, dass die Holztische nahe am Eingang blank, die hinteren Tische aber mit einem grünen Filz überzogen sind. Das sind die Zockertische. Hier wird jeden Tag (außer an religiösen Feiertagen!) um Geld gespielt. Natürlich ist das Glücksspiel auch in Griechenland illegal, wenn es nicht staatlich konzessioniert wird, aber darum schert sich in der Regel niemand. Auf dem Tisch liegt dann meist kein Geld, aber unauffällige Gegenstände, die den Einsatz symbolisieren: Oft sind es Zahnstocher oder Streichhölzer, ich habe aber auch schon Hunderte Kürbiskerne auf einem Tisch gesehen. (Das war einmal nachts, als ich mit meinem Bruder Ari von einer Feier zurückkam und wir noch einen Absacker trinken wollten. Eher belustigt als wirklich interessiert sahen wir zu, wie eine Runde von fünf Männern an einem der Filztische Koukou spielten. Am Tisch saß auch mein Onkel Kostantinos, der älteste Bruder meines Vaters. Wir begrüßten ihn und ich griff gedankenlos in den Haufen Kürbiskerne, der vor ihm lag. Ein großer Fehler. Sie hätten mal seine Augen sehen sollen, als meine Hand den Tischrand verließ und einige der Kerne zwischen meinen Fingern auf den Boden fielen. »Bist du noch bei Trost?!«, schrie er. Überrascht starrte ich ihn an, ich wusste gar nicht, um was es geht – bis er mir erklärte, dass ich eben mal so um die 14 000 Drachmen in der Hand hielt. Die Kürbiskerne auf dem Tisch waren alle abgezählt. Zuvor musste jeder Spieler seine Taschen leeren, um zu beweisen, dass er keine weiteren Kerne ins Spiel einbringen konnte. Ein Kürbiskern war fünfhundert griechische Drachmen wert (damaliger Umtauschwert: 100 Drachmen = 3 Mark und 40 Pfennig). Und auf dem Tisch lagen haufenweise Kerne, so um die acht-, neunhundert.)

Mein Vater war nie ein regelmäßiger Kafeneion-Gänger. Und Diskussionen über Politik oder Sport führte er lieber zu Hause, wenn Verwandte und Freunde zum Abendessen kamen und man sich ungeniert auf die Couch fallen lassen und auch mal laut fluchen konnte – ohne dass gleich dreißig Männer den Kopf drehten und einen anstarrten. Der offensichtlichste, in Erzählungen natürlich nie benannte Grund war jedoch ein anderer, sehr viel schlichterer: Im Kafeneion waren keine Frauen anwesend.

Aber weil sich die meisten griechischen Männer im deutschen Exil Anfang der sechziger Jahre im Kafeneion trafen, wahrscheinlich aus dem unbewussten Wunsch heraus, einen heimischen Ort aufzusuchen in dem sonst so fremden Land, hatte mein Vater gar keine andere Wahl. In der Rückschau erzählt er gern die Legende, dass meine Mutter ihn dorthin getrieben hätte, weil sie zu Hause aufräumen oder sich ungestört mit ihren Freundinnen treffen wollte. Er wurde quasi gezwungen, ins Kafeneion zu gehen, sagt er dann gern. Und das Wunderbare und gleichzeitig auch manchmal Verstörende an meinem Vater ist die Tatsache, dass selbst offenkundige Lügen meist einen wahren Kern enthalten, so dass man nie wirklich unterscheiden kann zwischen Fiktion und Realität, zwischen Alltag und Phantasien. Ich bin heute felsenfest davon überzeugt, dass nicht einmal ihm dieser Unterschied immer bekannt war. Fragt man zum Beispiel meine Mutter zum Thema Kafeneion, kann sie sich tatsächlich an Tage erinnern, in dem sie ihn regelrecht aus dem Haus jagte, um ein bisschen Ruhe zu haben. Kaum sind solche Erinnerungen im Wohnzimmer einmal ausgesprochen, hört man in der Ecke meinen Vater nur noch trotzig murmeln: »Sag ich doch.«

Mein Vater mochte das Kafeneion also nicht. Umso verwunderlicher ist deshalb seine jahrzehntelange Karriere als Poker-, Baccara- und Blackjack-Spieler in Deutschlands Vorzeige-Kasino in Baden-Baden und auch in illegalen Hinterzimmerrunden. Das mag jetzt übertrieben klingen, aber mein Vater ist eine richtige Zockerlegende. Ich selbst dachte immer, er sei einer von vielen, einer der in der Masse der Glücksuchenden untergegangen ist, an den man sich Jahre später nicht erinnert. Ich wurde eines Besseren belehrt. Mein Vater hörte 1990 von einem Tag auf den anderen mit dem Glücksspiel auf (den Grund dafür nenne ich noch). Im Jahr 2006, also sechzehn Jahre später, besuchte ich das Kurhaus-Casino in Baden-Baden zwecks einer Recherche für den »Stern« über den neu aufkommenden Pokerboom. Verabredet war ich mit dem stellvertretenden Direktor des Hauses, und während er mich durch die Räume führte, um mir die Roulette-, Baccara- und Pokertische zu zeigen (die ich natürlich schon alle kannte, weil mein Vater uns Kinder früh in die Regeln des Glücksspiels eingewiesen hatte), merkte ich, wie in seinem Kopf eine Frage gärte, er sie sich aber verkniff. Schließlich stellte er mich einem altgedienten Spieler vor, und als dieser meinen Nachnamen hörte, glänzte auf einmal sein müdes, faltiges Gesicht, als hätte er gerade auf die richtige Zahl beim Roulette gesetzt. »Stefanidis? Sagen Sie mal, woher kommen Sie noch mal?« – »Aus München.« – »Ach so. Dann ist es wahrscheinlich nur Zufall.« – »Zufall?«, fragte ich zurück. »Kennen Sie vielleicht einen Christo Stefanidis aus Karlsruhe?« Ich musste grinsen. »Ich kenne einen Christoforos Stefanidis, ja.« – »Das ist er!« – »Das ist wer?«, bohrte ich nach, als hätte ich immer noch nicht begriffen, worum es geht. »Na, das ist ›El Greco‹! Welche Beziehung haben Sie denn zu ihm?« – »Er ist mein Vater.« – »Das ist nicht ihr Ernst! Wahnsinn! Wie geht es dem alten Haudegen?« – »Ganz gut, danke der Nachfrage.« Den Rest des Abends bestand meine Recherche darin, mir alte Casino-Geschichten meines Vaters anzuhören, in denen er sehr viel Geld gewann, noch mehr verlor, Geschichten von legendären Nächten, in denen das Casino längst geschlossen hatte, sich die Spieler aber weigerten zu gehen und bis in den Morgen hinein unter einer kleinen Tischlampe, deren schwaches Licht von außen nicht zu sehen war, weiter zockten, Nächte, in denen mein Vater das ganze Casino zusammenschrie, weil er sich ungerecht behandelt fühlte, Nächte, in denen er der gesamten Belegschaft einen Drink spendierte, von der Frau draußen an der Garderobe bis hin zu den Direktoren. Es war das erste Mal, dass mir ein Fremder von meinem Vater, dem Zocker, erzählte. Und manchmal kam es mir so vor, als würde ich ihn jetzt an den Tischen sehen, ein Glas Whisky in der Hand, Zigarette, der schönen Bardame zuzwinkernd, aber konzentriert auf das Spiel. »Ihr Vater hat jeden Tag gespielt. Morgens, mittags, abends. Er war einer der unterhaltsamsten Gäste, die wir hier je hatten«, sagte mir der stellvertretende Direktor beim Abschied. »Er ist eine Legende unter den Spielern hier. Bestellen Sie ihm die besten Grüße. Wir würden uns freuen, ihn mal wieder zu sehen.« Als ich meinem Vater die Grüße bestellte, zuckte er mit den Schultern. Er konnte sich an den stellvertretenden Direktor nicht erinnern.

Januar 1968. Fünf Minuten vor der Mittagspause. Salamibrötchen. Der junge Kollege meines Vaters, Giovanni, hatte seine Schneidemaschine schon abgeschaltet. Mein Vater erinnert sich noch, wie er ihm zurief, er solle schon mal vorgehen: »›Ich komme gleich nach‹, sagte ich. Es war nur ein kurzer unkonzentrierter Augenblick. Dann sah ich auf meine Hand, sah das Blut, das aus meinen Fingern quoll, dickflüssig, sah meine Fingerkuppen neben der Säge liegen und Giovannis Frage schallte fast unerhört in meine Richtung: »Christo, was ist passiert?« Ich hielt ihm meine Hand entgegen. »Es ist nichts«, antwortete ich. Giovanni rief den Betriebsarzt. Die Knochen ragten aus den Wunden, der Arzt, ein

Türke, stoppte die Blutung. Mein Vater verlor drei Fingerkuppen seiner rechten Hand, der kleine Finger blieb unverletzt. Mit dem Krankenwagen ging es in die nächstgelegene Klinik, man gab ihm ein Beruhigungsmittel, obwohl er den Ärzten sagte, dass er ruhig sei, »die Verletzung tat nicht einmal weh, ich spürte sie kaum«. Vielleicht lag es am Adrenalin, vielleicht am Schmerzmittel, das er bereits intus hatte. Der Chirurg in der Klinik, ein älterer, seriös wirkender Mann mit tiefer Stimme, sagte: »Herr Stefanidis, halten Sie jetzt bitte still, ich muss die Knochen ihrer Finger schleifen, um später die Wunden schließen zu können. Haben Sie mich verstanden?« Mein Vater nickte. »Herr Doktor«, sagte er, »ich bin Zimmermann von Beruf. Werde ich später wieder arbeiten können?« Der Chirurg säuberte die Wunden und murmelte fast gedankenlos vor sich hin: »Das kann ich jetzt noch nicht sagen, wir müssen schauen, dass sich diese Wunden nicht entzünden. Bitte halten Sie still. Haben Sie Schmerzen?« Er schüttelte den Kopf und dachte daran, dass er wahrscheinlich nie wieder in seinem Beruf würde arbeiten können. Er dachte vielleicht daran, dass meine Mutter sich Sorgen machen würde. Er dachte sicher daran, dass er ab jetzt die Karten beim Pokern mit der linken Hand halten musste. Vielleicht dachte er an sein letztes Spiel. »Ich dachte, ich sehe ein Gespenst, als man mich am nächsten Tag weckte und ich mir im Spiegel entgegenblickte. Meine Hand pochte wie verrückt, die Schmerzen waren schier unerträglich. Hinter mir stand Maria, umarmte mich, sie hatte ihr sorgenvolles Gesicht aufgesetzt und meine Schwiegermutter mitgebracht. »Das wird schon wieder«, sagte ich. Maria nickte. Meine Schwiegermutter nickte. Abends, zu Hause, saßen wir am Küchentisch, meine Schwiegermutter war schon zu Bett, und Tränen kullerten mir über die Wangen. »›Wie soll ich je wieder einen Nagel, eine Schraube halten?‹, fragte ich Maria.«

Der Betriebsarzt konstatierte eine 20,5-prozentige Behinderung. 20 Prozent reichten für eine Unfallrente. 135 Mark erhielt er in den ersten sechs Monaten nach dem Unfall, in denen er in der Firma vor allem Botengänge erledigte. »Ich fühlte mich nutzlos, überflüssig, wie jemand, der zu nichts zu gebrauchen ist.« Dann kam es zu einer erneuten Beurteilung und ein anderer Betriebsarzt schätzte die Behinderung nur auf 19,5 Prozent. »Das ist eine Lappalie«, sagte er. »Ich bin ausgerastet, habe ihn und später die Geschäftsführung wüst beschimpft, sie ›Betrüger‹ und was weiß ich genannt, es nützte alles nichts. Meine Unfallrente war dahin, meinen Job konnte ich nicht mehr ausführen. Zehn Jahre fühlte ich Schmerzen in meiner Hand. Manchmal, wenn ich die Verletzung für einen Moment verdrängt hatte, haute ich beim Kartenspielen mit der Hand auf den Tisch und der Stich fuhr mir durch die Finger, die Hand, in den Arm, über die Schulter, direkt ins Hirn. Wie ein Elektroschock. Ich brauchte Minuten, um mich wieder zu beruhigen. Zehn Jahre lang. Und dabei dachte ich immer an die Worte des Betriebsarztes: ›Das ist eine Lappalie.‹ Was für ein Arschloch, dachte ich. Aber die wichtigste Frage war eine andere: Was mache ich jetzt?«

Mein Vater bekam einen Job im Lager von Bosch. Mitte 1969, Verwaltungsarbeit. Sein Deutsch war mittlerweile gut genug dafür. Er wurde Vorarbeiter. Die Familie hatte sieben Jahre hart gearbeitet und trotz der Spielsucht meines Vaters 50 000 Mark gespart. Ein Freund meines Vaters schlug ein Immobiliengeschäft vor: Restauration der klassizistischen Gebäude im Zentrum Thessalonikis mit anschließender Vermietung an die griechische Nationalbank. Mietdauer neunundneunzig Jahre. Mein Vater aber lehnte ab. »Ich mache keine Geschäfte mit der griechischen Junta«, sagte er. 1967 hatte eine rechtsgerichtete Militärregierung in Griechenland das Kommando übernommen. Heute wohnt sein Freund in Fort Lauderdale, in einer protzigen Villa mit einem Eingangstor gleich den Propyläen der Akropolis. Seine Söhne Michalis und Sokratis haben in Yale Jura studiert. Halb Saloniki zahlt seine Miete auf sein Bankkonto ein; die dazugehörige Bank Egnatius gehört ihm zu fünfzig Prozent. Er hat damals einen anderen Geldgeber gefunden. »Ich bin vielleicht nicht der Allercleverste im Umgang mit Geld«, antwortete mein Vater einmal, als ich ihn fragte, ob er es bereue, das Geschäft nicht eingegangen zu sein, »aber ich habe meine Ideale noch nie verkauft.«

Mein Vater hatte einen ganz anderen Plan. Er schlug meiner Mutter vor, mit dem Geld ein griechisches Restaurant zu eröffnen.

Die Eröffnung des »El Greco« – die siebziger Jahre

»Und wie stellst du dir das vor?«, fragte meine Mutter und strich mit der Hand über ihren leicht gewölbten Bauch. Sie war schwanger, im fünften Monat, lag auf der Couch im Wohnzimmer und lächelte ihn an. Er war neunundzwanzig, sie vierundzwanzig Jahre alt, sie wollten schon immer eine große Familie. Dass das Baby als Frühgeburt auf die Welt kommen würde, ahnten die beiden damals noch nicht. Dass ihr kleiner Alexandros nur drei Tage leben würde, konnten sie noch nicht wissen. Noch freuten sie sich auf den Nachwuchs. Und mein Vater schmiegte sich an sie, streichelte die Hand auf ihrem Bauch und sagte: »Das schaffen wir irgendwie schon. Notfalls kommt deine Mutter halt wieder. Aber mir macht etwas anderes viel größere Sorgen.« Er runzelte die Stirn, fuhr sich mit den Fingern durchs Haar und seufzte. »Was macht dir Sorgen?«, fragte meine Mutter.

Um das Restaurant zu eröffnen, brauchte mein Vater eine Konzession, also das Recht, selbständig ein Gewerbe auszuüben. Diese Konzession bekam man als Ausländer jedoch erst, wenn man bereits länger als zehn Jahre in Deutschland gelebt hatte. Meine Eltern waren 1963 eingereist, das war erst sechs Jahre her. Seitdem mussten sie jedes Jahr eine neue Arbeitserlaubnis einholen. Eine Aufenthaltsberechtigung, zur Erlangung einer Konzession unerlässlich, hatten sie für Deutschland noch nicht. Meine Mutter kannte die rechtlichen Unterschiede zwischen Aufenthaltsberechtigung und Arbeitserlaubnis nicht. Für sie war das ein und dasselbe. Und ich bezweifle, dass mein Vater dieses Behördendeutsch durchschaute. Zudem hatte das Landratsamt Stuttgart seinen ersten Antrag auf eine Gewerbekonzession bereits abgelehnt. Er hatte den Ablehnungsbescheid in seiner Hosentasche, zog ihn heraus und zeigte ihn meiner Mutter. Sie schaute ihn erstaunt an. »Christo, seit wann schwirrt dir diese Idee mit dem Restaurant eigentlich schon im Kopf rum?« Zwar hatten die beiden schon früher über ein eigenes Restaurant gesprochen, aber von einer endgültigen Entscheidung waren sie gefühlt noch so weit weg wie die griechische Fußballnationalmannschaft damals vom Gewinn der Europameisterschaft.

Zu den herausragenden Eigenschaften meines Vaters gehörte schon immer sein riesiger Dickkopf. Wenn er sich eine Idee in den Kopf gesetzt hatte … »Ich wollte nur mal sehen, was das Amt zu meiner Idee sagt«, erklärte er in ruhigem Ton. Er lächelte. Der ruhige Ton kam meiner Mutter sehr verdächtig vor. »Christoforos, was hast du vor!?« Immer wenn meine Mutter meinen Vater nicht Christo, sondern bei seinem vollen Vornamen nennt, kann man davon ausgehen, dass gleich ein Streit vom Zaun bricht.

In den vergangenen Wochen hatte mein Vater einen Jurastudenten kennengelernt: Horst Jähne. Horst war ein hagerer, großgewachsener junger Mann, er trug eine Hornbrille, und der Dicke seiner Brillengläser nach zu urteilen, war er fast blind. Er arbeitete in den Semesterferien im Lager von Bosch, um sich etwas dazuzuverdienen. Mein Vater war sozusagen sein Vorgesetzter. Einmal hatte er Horst dabei erwischt, wie er eine Packung Einspritzpumpen aus dem Lager schmuggeln wollte. Damals verschwanden sehr viele Einspritzpumpen aus dem Lager. Denn Bosch baute die besten weltweit – und besonders unter Griechen, Italienern und Türken waren diese Dinger sehr beliebt, der Handel außerhalb des Fabrikgeländes blühte. Eine Einspritzpumpe für einen LKW oder Traktor war auf dem Schwarzmarkt 15 bis 20 Mark wert. Verpackt waren sie in Zehner- und Hunderterkartons. Und jeder im Lager meines Vaters war ein potenzieller Dieb. So sah es jedenfalls die Geschäftsleitung und ließ deshalb die Vorgesetzten nach Schichtende Stichproben durchführen. Auf gut deutsch: Mein Vater musste jeden Abend einen aus seiner Truppe herauspicken und ihn filzen. Meinem Vater war das ein bisschen unangenehm. Aber ihm blieb nichts anderes übrig.

Eines Abends, die Klingel im Lager bimmelte zum Schichtwechsel, pfiff mein Vater Horst hinterher, der gerade dabei war, das Lager zu verlassen. »Horst, komm mal bitte!« Er bat ihn, seinen Rucksack zu öffnen – und kaum hatte er das Wort Rucksack ausgesprochen, sah mein Vater in Horsts Gesicht, dass etwas nicht stimmte. Der Jurastudent wurde blass, seine Stirn schwitzte. Er murmelte ein, zwei Wörter, die nicht zu verstehen waren, und zog den Reißverschluss seines Rucksacks auf. Ein paar Kollegen kamen vorbei. »Und Christo, bist du wieder auf Verbrecherjagd?«, fragte einer lakonisch. Mein Vater machte eine Handbewegung, dass sie weitergehen sollten. Bisher hatten die Stichproben keinen Erfolg. Aber jetzt stand Horst da wie angewurzelt, sein Gesicht war pitschnass. »Wie viele?«, fragte mein Vater, ohne in den Rucksack zu schauen. »Was?«, fragte Horst. »Wie viele?« wiederholte mein Vater ruhig. Horst senkte den Kopf. »Eine Zehnerpackung«, flüsterte er. Stille. »Na, Christo, hast du den Richtigen erwischt?«, fragten ein paar deutsche Kollegen, die gerade ihre Schicht beendeten. Sie hatten sich einen Witz über die Tatsache erlaubt, dass ein Grieche einen Deutschen kontrollierte, und dabei unbedacht mitten ins Schwarze getroffen. Mein Vater lachte zurück. »Ja, klar.« Er nahm Horst zur Seite.

»Seit wann läuft das?«, fragte er ihn leise.

»Noch nicht lange.«

»Was heißt: nicht lange?«

»Zwei, drei Wochen.«

Mein Vater rechnete. Fünf Tage in der Woche mal zehn Einspritzpumpen mal drei Wochen. 150 Einspritzpumpen. 15 Mark das Stück. 2250 Mark.

»Warum machst du das?«

»Ich brauche das Geld.«

»Wofür?«

»Ich will ein Jahr im Ausland studieren. Das kostet.«

Mein Vater sah Horst überrascht an. Er hatte mit allem gerechnet. Kranke Oma. Teure Freundin. Spielschulden.

»Studieren?«

»Ja. In London. Ich habe ein Stipendium für die Universität. Aber ich habe kein Geld, um dort zu leben. Der Flug, die Miete, Unterhalt. England ist verdammt teuer.«

Mein Vater überlegte, ob ihm Horst hier gerade eine Lügengeschichte auftischte oder ob er ihm glauben sollte.

»Wie viel Geld brauchst du für dein Studium?«

»Etwa fünf- bis sechstausend Mark. Mindestens.«

»Und wie viel hast du bis jetzt zusammen?«

»So um die dreitausend.«

»Wie viel verlangst du pro Pumpe?«

»15 Mark.«

»Und wer kauft sie dir ab?«

»Der Kreter.«

»Der Kreter? Du meinst Jorgos?«

»Ja.«

Horst hatte sich inzwischen mit dem Ärmel seines Pullovers über die Stirn gestrichen und wieder ein bisschen Farbe im Gesicht. »Wirst du mich jetzt der Geschäftsleitung melden?«, fragte er kleinlaut. Mein Vater sah ihn an, neigte den Kopf zur Seite. »Wissen deine Eltern davon?«

»Wovon?«

»Na, dass du im Ausland studieren willst?«

»Nein, meine Eltern sind tot.«

»Was?«

»Ja, sie sind bei einem Unfall gestorben, als ich klein war. Ich wohne bei meiner Tante.«

In meinem Vater stieg wieder diese Hitze auf, die er nur zu gut kannte. Diesmal war es aber keine Wut, die in ihm brodelte. Es war schlichtes Mitgefühl. Es hatte von seinem ganzen Körper Besitz ergriffen.

»Das tut mir leid, Horst.«

»Ist schon in Ordnung. Lange her. Ich kannte sie kaum. Bringst du mich jetzt zur Geschäftsleitung?«

Mein Vater zögerte. »Wenn du mich hier und heute anlügst, wenn diese ganze Geschichte nicht stimmt, dann gnade dir Gott, Horst Jähne.«

»Ich lüge nicht.«

»Gut, dann pack deinen Rucksack und geh jetzt nach Hause. Aber wenn ich dich noch einmal …« Bevor mein Vater den Satz zu Ende sagen konnte, hatte ihm Horst den Karton schon in die Hand gedrückt, seinen Rucksack umgeschnallt und war gegangen. »Danke«, hatte er noch leise zum Abschied gesagt.

In den nächsten Wochen saßen die beiden oft zusammen in der Mittagspause. Mein Vater war neugierig geworden und fragte Horst über seine Kindheit aus. Er erzählte dem Studenten auch von seiner. Die Parallelen waren verblüffend. Nur dass mein Vater nie die Möglichkeit hatte, eine Universität zu besuchen. Und da saß nun dieser Junge vor ihm. Ein Junge wie er einst einer war, ohne Eltern, ein Junge, der hart dafür arbeitete, um einmal ein guter Anwalt zu werden. Horst studierte Rechtswissenschaften in Heidelberg, natürlich sympathisierte er mit den Achtundsechzigern, aber Horst interessierte sich nicht für Politik, er war eher scharf auf die vielen Mädels, die in den Kneipen und Bars der Heidelberger Altstadt immer offener über Sex und ihre verklemmten Eltern sprachen. Und trotz seiner dicken Brille schien er nicht chancenlos. Im Gegenteil: Einmal erschienen zwei Kommilitoninnen in Miniröcken vor Werkstor 1. Sie rollten ein selbstgemaltes Transparent aus, auf dem mit roten Buchstaben »Wir lieben Horst! Gebt ihn frei!«, stand. Der Pförtner ließ den Studenten damals mit den Worten »Horst Jähne, Werkstor 1, auf Sie wartet ein schöner Nachmittag«

ausrufen. Und seitdem hatte er seinen Spitznamen weg. Halb bewundernd, halb vor Neid erblassend nannten die Kollegen ihn nur noch »Doppel-Horst«. Auf die scherzhafte Frage meines Vaters, warum so ein »hässlicher Kerl wie er« bei den Mädels so gut ankäme, antwortete Horst: »Du kennst die Antwort doch schon längst, Christo. Ich muss ihnen nur meine Lebensgeschichte erzählen und schon wecke ich ihre Muttergefühle.« Mein Vater nickte. »Verstehe.« Horst war mit seinem Studium schon fast fertig. Nach der letzten Prüfung wollte er ab nach London. Ihm fehlten noch zweitausend Mark. Aber ohne die Einspritzpumpen keine Chance.

»Was würdest du sagen, wenn ich dir diese zweitausend Mark einfach gebe?«, fragte mein Vater.

Horst hatte den Mund geöffnet, wollte gerade einen Löffel Kartoffelpüree hineinschieben, als er seinen Kopf hob und seinen Vorgesetzten ansah, als hätte er ihm gerade seine fristlose Kündigung präsentiert.

»Wie? Was? Wieso solltest du das tun?«

»Sagen wir aus zwei Gründen. Erstens: Ich denke, du bist ein guter Junge.«

»Und zweitens?«

»Zweitens: Du könntest mir vielleicht bei einem Problem helfen.«

»Was für ein Problem?«

Mein Vater erzählte Horst von seiner Idee, ein griechisches Restaurant zu eröffnen. Und von der dafür dringend benötigten Konzession, die für ihn jedoch unerreichbar schien.

»Ich bin noch kein Anwalt, Christo. Ich bin mir nicht einmal sicher, ob ich dir dabei eine große Hilfe sein könnte, wenn ich bereits einer wäre. Arbeits- und Ausländerrecht sind nicht gerade meine Stärken.«

Aber mein Vater wischte alle Bedenken beiseite. Er hatte den Deal in seinem Kopf längst beschlossen. »Gut, dann ist es abgemacht.«

Horst schob das Kartoffelpüree in seinen Mund und sagte nach einer Pause: »Mir hat noch nie jemand geholfen. Weißt du, du bist ein merkwürdiger Typ, Christo.« Mein Vater nickte.

Ein paar Tage später fand das Gespräch zwischen meinem Vater und meiner Mutter auf der Couch statt; er streichelte ihren Bauch. Als sie ihn gerade mit Christoforos anredete und eigentlich mit ihm schimpfen wollte, weil er wieder einmal über ihren Kopf hinweg Entscheidungen für sie beide getroffen hatte, klingelte es an der Tür. Es war Horst. Unter seinem Arm klemmte eine blaue Mappe.

Horst sagte zu meinem Vater: »Du hast nur eine Chance, Christo. Vergiss das Landratsamt. Das wird nie was. Du musst direkt zum baden-württembergischen Innenministerium gehen und deine Konzession dort beantragen. Wir werden argumentieren, dass du vorhast, dein weiteres Leben in Deutschland zu verbringen, wir werden deinen Arbeitsunfall von 1966 einbringen, dein einwandfreies polizeiliches Führungszeugnis und so weiter. Dann haben wir vielleicht eine Chance.« Auf dem Wohnzimmertisch lag die blaue Mappe. Daneben stand eine halbvolle Flasche Retsina, eine Schale mit Pistazien, ein Teller mit schwarzen und grünen Oliven sowie ein Zettel, auf dem allerlei Namen gekritzelt waren. Je später der Abend wurde, desto voller wurde der Zettel: »Bei Christo«, »Bei Maria«, »Poseidon«, »Akropolis«, »Dionysos«, »Homer«, »Odysseus«, »Achilleas«. Es war die Liste für einen langgehegten Traum, vielleicht eine Liste, die hunderte Griechen damals träumten. Ganz unten auf der Liste stand: »El Greco«.

Drei Wochen später stand mein Vater früh morgens vor dem imposant wirkenden Innenministerium. Es war ein typischer Hitler-Bau, graue Fassade, kleine, weiß lackierte Fenster, den Eingang schmückten zwei griechisch anmutende Säulen. Er zog sich eine Zigarette heraus, zündete sie an. Die Nerven beruhigen. Von diesem Treffen hängt meine Zukunft ab, dachte er. Die Sonne schien, ein Tag im April. Er setzte sich Wörter zu Sätzen zusammen, die er gleich vorsprechen würde. Er war aufgeregt.

Eine alte Dame ging an ihm vorbei, sie ging gebückt, trug einen dunklen Hut und eine große Tasche. Er beachtete sie kaum. Aber gerade als sie ein paar Meter an ihm vorbeigegangen war, sprang ein Mann aus dem Schatten einer Haustür auf sie zu, schlug ihr mit dem Ellbogen in die Rippen, entriss ihr die Tasche und rannte auf meinen Vater zu. Die Frau stürzte, schrie stumm nach Hilfe. Mein Vater, verdutzt über die Brutalität des Angreifers, stand da wie der sprichwörtliche Komplize, der Schmiere steht. In der einen Hand hielt er seine Zigarette, in der anderen seine Papiere für den Termin im Ministerium. Die alte Frau sah dem Dieb hinterher, sah meinem Vater in die Augen – und da machte es Klick. Er stellte dem Dieb ein Bein, der fiel hin, schlug mit dem Kopf auf – er hatte nicht mit dem Bein meines Vaters gerechnet. Mein Vater warf die Zigarette weg, hob die Tasche auf, und kniete sich auf den Rücken des Mannes. Wenige Minuten später trafen die Polizei und ein Krankenwagen ein. Die Polizisten verhafteten den Mann und baten meinen Vater mit auf die Wache. »Wir brauchen ihre Aussage.« Mein Vater schaute auf die Uhr, sein Termin! Er gab der alten Frau ihre Tasche, aus der Flüssigkeit tropfte. »Ich kann nicht mitkommen, ich habe einen Termin im Innenministerium«, sagte er und rannte los, ohne eine Reaktion abzuwarten. Dennoch war er zehn Minuten zu spät. Man ließ ihn warten. Lange warten. Irgendwann durfte er doch rein. In zwei Sekunden wurde sein Antrag abgelehnt. »Ist nicht zum Termin erschienen«, schrieb der Beamte in den Ablehnungsbescheid. Daneben prangte ein roter Stempelaufdruck: ABGELEHNT.

Behördengänge waren noch nie die Lieblingsbeschäftigung meines Vaters. Nicht in den Sechzigern, nicht in den Siebzigern und in der Zeit danach auch nicht. Zum einen weil man auf Ämtern und Behörden fast immer lange warten muss und mein Vater ein eher ungeduldiger Mensch ist. Und zum anderen weil er in knapp fünfzig Jahren nicht selten auf Beamte und Sachbearbeiter traf, die ihn ungeniert wissen ließen, dass er als Gastarbeiter keine Forderungen zu stellen hatte, sondern insgeheim froh sein durfte, überhaupt beachtet zu werden. Nur ein Beispiel: Als er nach seinem Arbeitsunfall 1968 seine neue Arbeitserlaubnis beantragen wollte, hatte er wie jedes Jahr seine Papiere mitgebracht: seine Geburtsurkunde, seine Meldebescheinigung, die Bestätigung des Arbeitgebers, das polizeiliche Führungszeugnis, den Gesundheitscheck. Der Sachbearbeiter auf dem Stuttgarter Landratsamt ließ ihn herein, sah ihn an und seufzte.

»Verstehst du mich?«, fragte er, ohne ihn anzusehen.

»Ich verstehe Sie sehr gut,« antwortete mein Vater. Der Sachbearbeiter hob den Kopf.

»Na, da hat ja endlich mal einer unsere Sprache gelernt. Was willst du?«

»Ich möchte eine neue Arbeitserlaubnis.«

»Hast du alle deine Papiere dabei?«

Mein Vater nickte und gab dem Mann die Dokumente.

»Du bist Grieche?«

»Ja.«

Der Sachbearbeiter schaute auf die bandagierte Hand meines Vaters. »Zeig mir mal deine Hand.«

»Wie bitte?«

»Zeig mir mal die Verletzung. Du glaubst ja nicht, wie viele von euch hier reinkommen und einen Unfall vortäuschen?«

Mein Vater stand vor dem Schreibtisch des Sachbearbeiters, schüttelte den Kopf und löste den Verband um den rechten Zeigefinger. Er hielt dem Mann seinen Fingerstumpen unmittelbar vor die Nase.

»Und die anderen Finger sehen auch so aus?«

»Ja.«

»Kannst du damit überhaupt noch arbeiten?«

»Es geht.«

»Es geht? Was heißt das? Ja oder nein?«

»Es geht, ja.«

Mein Vater erhielt damals seine Arbeitserlaubnis. Aber es war nicht das erste und auch nicht das letzte Mal, dass ihn ein Beamter herablassend behandelte: Die Unterstellung, er habe seinen Unfall nur vorgetäuscht, obwohl bezeugte Dokumente das Gegenteil bewiesen, das anstandslose Duzen, obwohl ihn mein Vater siezte, die geringe Wertschätzung, als er das Zimmer betrat – all das nahm mein Vater hin, ohne ein Wort darüber zu verlieren. Warum? Weil es der Normalfall war. Er regte sich darüber nur selten auf. »Weißt du,« sagte er mir einmal, als wir gut zwanzig Jahre später gemeinsam meine Aufenthaltsberechtigung im Karlsruher Ausländeramt abholen wollten und im Flur warteten, »du solltest den deutschen Beamten ihr Verhalten nicht übelnehmen. Hier kommen täglich so viele Menschen vorbei, und viele sprechen in der Tat nicht gut Deutsch oder haben ihre Dokumente nicht beisammen. Ich kann mir vorstellen, dass das einem auf die Nerven gehen kann.«

»Aber sie sollten sich doch wenigsten anständig benehmen,« sagte ich.

»Anstand ist eine Erziehungssache«, erwiderte mein Vater. »Das kannst du niemandem vorschreiben. Ich will, dass du dich immer anständig verhältst, und dann wirst du sehen, dass auch deutsche Beamte erstaunlich nett sein können.«

»Meinst du?«

»Oh ja! Sie werden überrascht sein, dass du perfekt Deutsch sprichst, deine Unterlagen ordentlich zusammengeheftet hast und ihnen auch noch einen schönen Tag wünschst. Glaub mir.«

Als mein Vater Horst und meiner Mutter am Abend von der Ablehnung des Innenministeriums erzählte, versuchte meine Mutter ihn zu trösten. Aber Horst strahlte. »Das ist ja prima!«, rief er. »Prima? Bist du noch bei Trost?«, sagte mein Vater. »Besser hätte es kaum laufen können, Christo. Wir werden diese alte Frau ausfindig machen, die Polizei kann den ganzen Fall bezeugen. Damit bist du nicht mehr nur ein Ausländer, jetzt bist du so etwas wie ein ehrenwerter Bürger, der seine Pflicht erfüllt und den Schwachen hilft. Das ist großartig.«

Zweiter Termin im Innenministerium. Diesmal kam Horst mit. In seiner blauen Mappe die Zeugenaussage der alten Frau und eine Kopie des Polizeiprotokolls. Die alte Frau hieß Margarete Schwarz. Sie hatte meinen Vater in ihrer Zeugenaussage als »meinen Retter« bezeichnet.

Diesmal saß ein anderer, etwas jüngerer Beamter hinter dem breiten Schreibtisch. Er bot dem Antragsteller sogar Kaffee an. Dann las er in den Unterlagen. Ein, zwei Mal blickte er zu meinem Vater auf, als würde er ihn prüfen. Mein Vater saß auf einem wackeligen Holzstuhl vor dem Schreibtisch. Er trug einen hellen Anzug und dunkle Krawatte, hatte eine Hand in die Hüfte gestemmt und hielt mit der anderen Hand die warme Tasse. Er achtete auf fast jede Regung des Mannes vor ihm. Der Beamte schüttelte den Kopf. »Und all das ist hier vor dem Ministerium passiert?« Mein Vater nickte. Horst wollte gerade etwas sagen, als der Beamte ihn fragte: »Wer sind Sie eigentlich? Warum begleiten Sie Herrn Stefanidis?« Horst schluckte. »Ich bin Horst Jähne. Ich bin Werksstudent bei Bosch. Herr Stefanidis ist mein Vorgesetzter.« Dann machte er eine Pause. »Und er ist mein Freund.« Der Beamte hob die Augenbrauen. »Sein Freund. Aha.« Horst und mein Vater schauten sich für ein paar Millisekunden in die Augen. Wir sind Freunde?, schienen sie sich gerade ohne Worte gegenseitig zu fragen. Mein Vater hatte den Ansatz eines Lächelns in den Mundwinkeln. Der Beamte bat die beiden, noch einmal draußen Platz zu nehmen, er müsse den Fall noch mit einem Kollegen besprechen. Er würde sie wieder hereinbitten, wenn eine Entscheidung gefallen sei.

Minuten vergingen. Mein Vater lief den Flur des Ministeriums rauf und runter. Er zündete sich eine Zigarette an, nahm einen tiefen ersten Zug, stellte sich ans Fenster am Ende des Ganges und schaute nach draußen. Die Sonne schien ihm in die Augen, er blinzelte und zog erneut an seiner Zigarette. Was ist, wenn das wieder nicht klappt?, fragte er sich. Denk nicht immer so negativ, antwortete er sich selbst. Er schaute rüber zu Horst. »Was bedeutet diese

Pause?« Horst zuckte mit den Schultern. »Keine Ahnung.« Draußen ließen zwei Kinder auf dem Stuttgarter Schlossplatz einen Drachen steigen. Es war ein bunter Drache mit einem langen Schweif aus farbigen Dreiecken. Mein Vater lächelte. »Schau dir das an,« sagte er zu Horst. Und Horst kam zu ihm ans Fenster: »Was denn?« – »Diese Kinder da, sie lassen einen Drachen steigen.« – »Ja, und?« – »Das habe ich als Kind auch immer getan. Du nicht?« – »Nee,« antwortete Horst. »Ich bastelte mir meinen Drachen immer selbst. Ich konnte fühlen, wie der Drache mit dem Wind kämpfte und stellte mir immer vor, wie frei sich ein Vogel …« In diesem Moment ging die Tür des Büros wieder auf und der Beamte bat meinen Vater und Horst wieder herein.

»Nun, Herr Stefanidis«, setzte der Beamte an, »wie Sie wahrscheinlich bereits wissen, ist es uns per Verordnung nicht erlaubt, Ausländern, die weniger als zehn Jahre in Deutschland leben eine Konzession zu erteilen. In ihrem Fall ist es sogar so, dass Sie sich erst sechs Jahre in Deutschland aufhalten. Vom rechtlichen Standpunkt her ist die Sache also klar.« Mein Vater senkte den Kopf. »Aber: Ich habe gerade mit meinem Kollegen gesprochen. Wir warten noch kurz, bis er kommt.« In diesem Moment ging die Tür auf und ein junger, blonder Mann in einem dunklen Anzug betrat den Raum. Er ging auf meinen Vater zu. »Herr Stefanidis?« Mein Vater stand auf. »Ja?« Die beiden schüttelten sich die Hand. – »Mein Name ist Daniel Schwarz. Ich bin Margaretes Sohn. Ich wollte es Ihnen persönlich sagen: Vielen Dank, dass Sie meiner Mutter geholfen haben. Als sie überfallen wurde, wollte sie mir gerade mein Mittagessen bringen. Viele andere hätten sich umgedreht und so getan, als hätten sie das Ganze nicht beachtet. Aber Sie …« Mein Vater schüttelte immer noch die Hand des Mannes, sah in seine blauen Augen. »Hab' ich gern gemacht«, sagte er. Der andere Beamte kam hinter seinem Schreibtisch hervor und gab meinem Vater seinen Antrag zurück. Grüner Stempel. Antrag bewilligt. »Sie sind erst der elfte Ausländer, der in Baden-Württemberg eine uneingeschränkte Konzession zur Ausübung eines Gewerbes erhält«, sagte Daniel Schwarz. »Glückwunsch. Sie können fortan alles eröffnen, was Sie wollen: außer einer Apotheke oder einer Drogerie.« Mein Vater schüttelte die Hände der beiden Männer. »Ich will nur ein Restaurant aufmachen«, sagte er. Und einige Male wiederholte er händeschüttelnd: »Danke. Danke. Danke.« Der grüne Stempel trägt das Datum des 10. Mai 1969.

Der kleine Alexandros wurde am 15. August beerdigt. Einige Kollegen schickten meinen Eltern Beileidskarten. Aber weder mein Vater noch meine Mutter kehrten je wieder zu Bosch zurück, »wir waren einfach nicht mehr in der Lage, arbeiten zu gehen«, hat mir meine Mutter einmal erzählt, als ich sie darauf ansprach. Selbst heute noch, fast vierzig Jahre später, weint sie, wenn sie an den ersten Alexandros, meinen Namensvetter und Bruder, denkt. »Die Schwangerschaft verlief problemlos. Auch mein Frauenarzt versicherte mir immer wieder, es sei alles bestens, ›der Junge entwickelt sich prima‹, sagte er. Und als ich seinen ersten Schrei hörte, dachte ich noch, Gott sei Dank, es ist alles in Ordnung. So war es ja auch bei deinem Bruder Jorgos vier Jahre früher gewesen. Aber 1969 gab es noch keine medizinischen Geräte, die so etwas ...« Fassungslos starrten die Ärzte damals auf das eben geborene Baby. Zu einer Hälfte war seine Epidermis voll ausgeprägt, über die andere Hälfte spannte sich jedoch eine nur sehr dünne, transparente Hautschicht, durch die all seine kleinen Muskel, Sehnen und Gelenke zu sehen waren. »Ich habe den Kleinen nie im Arm gehalten«, erzählte mir meine Mutter. »Als klar war, dass er nicht überleben wird, hat dein Vater dafür gesorgt, dass ich ihn nicht zu sehen bekomme.«

Meine Eltern kündigten Ende August ihre Stellen bei Bosch. Sie hatten 50 000 Mark gespart. 2000 hatte mein Vater Horst gegeben, blieben 48 000. Das sollte für den Startschuss in ein neues Leben reichen.

Mein Vater hatte nach dem Besuch beim Innenministerium sofort Kontakt zu einigen Brauereien wie Binding, Dinkelacker oder Löwenbräu aufgenommen und nachgefragt, wo im süddeutschen Raum ein Restaurant zu erwerben sei. Aber die meisten angebotenen Lokale kamen nicht in Frage. Entweder waren es kleine Eckkneipen ohne Küche oder Gaststätten in entlegenen Industriegebieten. Die Suche schien wie verhext. Eines Tages kam Barbar Alexander zu uns nach Hause. Man nannte Onkel Alexander »Barbar«, weil er einen mächtigen Bart im Gesicht trug und in Griechenland fast jeder ältere Herr, der einen mächtigen Bart trägt, aus Respekt vor dem Alter des Mannes Barbar genannt wird. Dieser Barbar Alexander war der Cousin von Oma Theodora und hatte schon Anfang der Sechziger in der Nähe von Thessaloniki ein kleines Café, in das vor allem Soldaten aus einer benachbarten Kaserne kamen. Raufereien, in denen es hauptsächlich um Frauengeschichten ging, waren dort an der Tagesordnung, und Barbar Alexander, der damals zwar ein kräftiger, breitschultriger Hüne, aber es irgendwann auch leid war, die Streitereien ständig zu schlichten, hatte das Café aufgegeben und für ein paar Jahre einen Job bei Mercedes in Untertürkheim angenommen; dann war er wieder zurück nach Griechenland gegangen – und wurde zur Überraschung vieler ein griechisch-orthodoxer Priester. Und weil in der griechisch-orthodoxen Kirche für Priester kein Zölibat existiert, zeugte er mit seiner Frau Anastasia neun Kinder. (Ein paar Jahre später war er es, der mich taufte. Und sehr viele Jahre später war er es, der meinen Bruder Ari in Thessaloniki traute). Aber das Entscheidende an Barbar Alexander war, dass er in seiner Zeit in Deutschland gute Kontakte zu einem Mann namens Alois Schmidt geknüpft hatte. Schmidt war Chefvertreter der Brauerei »Stuttgarter Hofbräu« und suchte dringend nach einem Pächter für das »Café am Zoo« in Karlsruhe. Er hatte es Barbar Alexander angeboten, aber der war erstens mittlerweile ein Mann des Herrn und zweitens hatte er in Deutschland keine Konzession. Um es kurz zu machen: Es war Barbar Alexander, der meinem Vater das »Café am Zoo« in Karlsruhe vorschlug.

Die Eckdaten: Das »Café am Zoo« war zuvor eine Kneipe, kein Restaurant. Es hatte eine Küche, aber nicht den allerbesten Ruf. Dennoch verlangte der Vorpächter 40 000 Mark Ablöse. (Bei der Übergabe eines Lokals von einem Mieter zum nächsten wird in der Regel immer eine Ablöse bezahlt. Die Höhe der Ablöse setzt der Vorpächter des Lokals fest. Er »verkauft« damit sein Inventar und seinen Kundenstamm an seinen Nachmieter. Nicht selten – vor allem wenn das Inventar bereits älter und der Kundenstamm nicht ganz so dick ist – bezahlt man mit der Ablöse vor allem heiße Luft.) Außerdem benötigte das »Café am Zoo« eine Komplettrenovierung. Geschätzte Kosten: 25 000 Mark. Machte insgesamt 65 000 Mark. Meine Eltern hatten nach mehreren durchzechten Nächten meines Vaters noch knapp 40 000 Mark. Den Rest gab ihnen Onkel Charalambos, der immer noch als Elektriker bei Bosch arbeitete. Onkel Charalambos hatte gehört, dass meinen Eltern noch Geld fehlte, er wusste auch, dass mein Vater wieder mit dem Spielen angefangen hatte, trotzdem rief er ihn an und sagte: »Ich habe 40 000 Mark auf der Bank. Wie viel brauchst du? Komm morgen früh und hol es dir ab.« Onkel Charalambos hat nie nachgefragt, wann oder ob er sein Darlehen je zurückbekommt. Er gab meinem Vater 25 000 und wünschte ihm viel Glück.

Zwei Jahre hatte mein Vater keine Karten mehr angerührt. Er hatte das Spiel meiner Mutter zuliebe aufgegeben. Aber schon am ersten Abend nach der Beerdigung des kleinen Alexandros nahm er sich etwas vom Gesparten und verschwand – ohne ein Wort zu sagen. Meine Mutter wusste, dass er zum Spiel gegangen war. Sie wusste, dass es ein Rückfall werden würde. Sie ahnte aber auch, dass es jetzt keinen Sinn gemacht hätte, ihn aufzuhalten. Fast immer, wenn ich mit meiner Mutter über meinen Vater geredet habe, hatte ich das Gefühl, dass sie ihn viel besser kennt als er sich selbst. Meine Mutter gehört nicht zu jenen Menschen, die aus jedem Gedanken eine philosophische Abhandlung machen, einer politischen Diskussion wird sie sich zum Beispiel immer entziehen (»Es kommt nicht darauf an, was du sagst. Es kommt darauf an, was du tust. Denn reden kann man viel«, hat sie mir immer wieder eingebläut), aber für die Charaktereigenschaften eines Menschen hatte sie ein sehr gutes Auge. »Dein Vater ist der ehrlichste Mensch, den ich kenne. Und gleichzeitig ist er der beste Lügengeschichten-Erzähler, den ich kenne«, sagte sie und lächelte, als widersprächen sich die beiden Sätze nicht im Geringsten. »Aber das Wichtigste ist: Er ist ein guter Mensch. Vielleicht zu gut.«

Wenn mein Vater zum Spiel ging, war meine Mutter nie dabei. Dennoch kannte sie viele seiner Zockerfreunde. Nicht selten kam es vor, dass einer dieser »Freunde« bei uns klingelte und meinen Vater bat, ihm das verlorene Geld oder zumindest einen Teil davon, wieder zurückzugeben. Meine Mutter hätte diese Leute freundlich, aber bestimmt nach Hause geschickt. Nicht weil sie das Geld um jeden Preis behalten wollte. Meine Mutter hat nie, wirklich nie, auch nur einen Pfennig des beim Kartenspiel gewonnen Geldes angefasst, geschweige denn ausgegeben. Sie hielt dieses Geld immer für *schmutziges* Geld. Aber sie war der Auffassung, dass sich das schlicht nicht gehöre, einen verlorenen Betrag beim Gegner wieder einzufordern. Mein Vater dagegen hat nie einen seiner Zockerfreunde nach Hause geschickt. Er hörte sich die Tränenstorys über hohe Kredite, noch höhere Haushypotheken und die verspielte Zukunft der Kinder immer und immer wieder an. Und je länger diese »Freunde« auf die Tränendrüsen drückten, desto schwächer wurde die Ablehnungshaltung meines Vaters. Manchmal kam es sogar vor, dass nicht die Männer selbst zu uns kamen, sondern deren Ehefrauen. Und wenn dann eine dieser Frauen auf den Knien meinen Vater anbettelte, war es sowieso um ihn geschehen. Er wurde weich. Meine Mutter aber wurde böse. »Christoforos, wenn du ihnen nach einem Gewinn das Geld wiedergibst, worin liegt dann eigentlich der Sinn des Ganzen?«, hat sie ihn oft gefragt. Der Zynismus war ihr bewusst. Denn mein Vater kannte darauf keine Antwort. Besser gesagt: Es gab darauf keine vernünftige Antwort. Die einzige Antwort war seine Spielsucht. Er sagte dann, sie solle sich um andere Dinge kümmern. Das waren oft jene Momente, in denen sie ihn nur noch aus den Augenwinkeln betrachtete und Christoforos nannte. Tagelang.

Anfang November 1969 zogen meine Eltern von Stuttgart nach Karlsruhe. Der Umzug erfolgte in dem knallgelben VW Käfer, den mein Vater vier Jahre zuvor gebraucht für 2800 Mark gekauft hatte. »Der kleine VW ächzte unter der Last des Wandschranks, den ich auf den Gepäckträger montiert hatte«, erinnert sich mein Vater. Und obwohl Toni, Horst und gut ein halbes Dutzend Verwandte beim Umzug halfen, weiß mein Vater nicht mehr, wie oft er die A8 rauf und runter gefahren ist. Aber er weiß noch, dass die Vorfreude auf das eigene Lokal wahnsinnig groß war. Im Gegensatz zu Stuttgart gab es in Karlsruhe nämlich noch kein griechisches Restaurant und »ich war mir sicher, dass das Ganze ein großer Erfolg werden würde«, sagt mein Vater heute. Onkel Charalambos hatte er jedenfalls versprochen, das geliehene Geld in einem Jahr zurückzuzahlen.

Die Umbauarbeiten im »Café am Zoo« hatten noch nicht begonnen. Mein Vater stand mit meiner Mutter im Lokal, hatte den Arm um sie gelegt und schaute sich um. Er hatte sich in den vergangenen Monaten einige griechische Restaurants in Frankfurt, Stuttgart und München angesehen, um sich ein besseres Bild zu machen. Er hoffte auf ein bisschen Inspiration. Aber viele der griechischen Lokale hatten damals die Einrichtung des Vorpächters übernommen und kaum etwas an der Inneneinrichtung geändert – außer dem Namen an der Tür. Mein Vater aber wollte ein Restaurant eröffnen, in dem jedem klar war, wo er sich gerade befindet. »Wozu haben wir denn diese zweitausendjährige Geschichte, wenn wir nicht ein bisschen damit protzen?«, sagte er lachend zu meiner Mutter, die ihn fragend anschaute. »Wenn du nur bei allem, was du tust, so erfinderisch wärest«, frotzelte sie.

Aber mein Vater hörte gar nicht richtig hin, er hatte bereits alles vor Augen: Er ließ die Wände des Lokals in einem hellen Lehmton bemalen und suchte aus seinen Büchern über griechische Mythologie einige Fotos aus, die Götter und Helden auf antiken Vasen zeigten. Dann bat er Toni, der von Hause aus eigentlich Grafiker und seit einigen Monaten auch in Frührente war, ein paar lebensgroße Abbildungen dieser Fotos herzustellen. An den Wänden des künftigen »El Greco« sollten der trojanische Held Achilleas, die olympischen Götter Apollon, Dionysos und Aphrodite sowie Alexander der Große zu sehen sein. Außerdem bestellte er in Griechenland handgewobene bunte Tischdecken, dazu passenden Gardinenstoff und Sitzkissen für die Stühle; jeder der vierzehn Tische bekam ein kleines goldglänzendes Öllämpchen, und im Restaurant sollten als weitere Reminiszenz an die Antike auch einige Statuen stehen: So fanden Athene, Aphrodite von Milos und Nike von Samothraki ihren Weg ins »El Greco«. Vier Wochen dauerten die Umbauarbeiten, und obwohl mein Vater seit seinem Arbeitsunfall kaum einen Nagel in die Wand hauen konnte, nahm er sich jeden Stuhl im Lokal vor, reparierte Standbeine und Lehnen, gab den Handwerkern Anweisungen, schimpfte mit ihnen, wenn etwas seinen Vorstellungen nicht entsprach und lobte sie, wenn sie es schließlich so ausführten, wie er sich das dachte.

Heftige Diskussionen gab es andauernd. Auch mit Toni und meiner Mutter. Einmal ging es um die Größe der Geschlechtsteile der griechischen Helden an den Wänden des »El Greco«. Heikelste Frage: Darf Alexander der Große einen größeren Penis haben als Achilleas, der Held von Troja? Und wie groß sollten eigentlich die Brüste von Aphrodite werden? Meine Mutter plädierte bei Achilleas und Alexander für eine kleine Standardgröße. »Ich will schließlich nicht jeden Tag darauf angesprochen werden, warum der eine einen Größeren hat als der andere.« Das Argument leuchtete meinem Vater ein, obwohl er Alexander gern einen kleinen Vorteil verschafft hätte. »Alexander der Große war für mich schon immer der größte aller Helden. Außerdem hat er wirklich existiert. Bei den anderen können wir uns ja nicht so sicher sein«, ließ er durchblicken. Dennoch: Es blieb bei der kleinen Standardgröße für alle. Und auch bei Aphrodite einigten sich alle schnell auf die schlichte Andeutung einer Brust. »Wir wollen hier schließlich ein Restaurant aufmachen und keinen Pornoladen«, sagte meine Mutter und erklärte die Diskussion damit für beendet. Mein Vater beugte sich der Anordnung, selten genug. Aber Toni und er verbrachten den ganzen Tag damit, Witze über Apollons kleinen Dionysos zu reißen.

Während der Umbauarbeiten schauten immer mal wieder Nachbarn auf der Baustelle vorbei. Manche fragten neugierig, was denn hier entstehe. Mein Vater begrüßte jeden per Handschlag und sagte dann stolz: »Das wird ein Grieche.«

Anfang Dezember 1969. Die Eröffnung des »El Greco« steht kurz bevor. Am 1. Januar 1970 soll es so weit sein. Eine Hürde ist aber noch zu nehmen. Die Gewerbeanmeldung im Karlsruher Landratsamt steht noch aus. Horst, der inzwischen bereits in London studierte, hatte für die Behörde vor ein paar Wochen ein Schreiben aufgesetzt. Jetzt war es Zeit, die Genehmigung einzuholen. »Gewerbeamt, bei Herrn Karl Baumann, Zimmer 218«, antwortete die freundliche Dame an der Pforte, als mein Vater fragte, wo er sich melden müsste. Er ging in den zweiten Stock, klopfte an der Tür, hörte ein lautes »Herein!« und stand schon im Raum:

»Guten Tag, ich hätte gern eine Genehmigung, um ein Restaurant zu eröffnen.

»Ihr Name? Und um welches Lokal handelt es sich?«

»Christoforos Stefanidis. Es geht um das ehemalige ›Café am Zoo‹ in der Ettlinger Straße.

»Aha, Sie sind der neue Pächter?«

»Ja.«

»Aber Sie sind Grieche.«

»Ja, das stimmt.«

»Sind Sie mit einer deutschen Frau verheiratet?«

»Wer? Ich? Nein. Ich bin mit meiner Frau Maria verheiratet. Sie ist Griechin. Warum?«

»Tja, dann tut es mir leid. Als Grieche kann ich Ihnen keine Genehmigung erteilen. Wenn sie mit einer Deutschen verheiratet wären, könnte ich Ihnen eventuell auf den Namen der Frau die Genehmigung geben. Viele Italiener tun das in letzter Zeit. Sie heiraten eine deutsche Frau und eröffnen dann auf den Namen dieser Frau ein Gewerbe. Das ist auch legal. Aber als Grieche und auf Ihren Namen? Ausgeschlossen.«

»Wie bitte?«

»Von den Ausländern – die erwähnten Schlitzohren aus Italien ausgenommen – erhält hier keiner eine Genehmigung zur Ausübung eines Gaststättengewerbes.«

Karl Baumann widmete sich wieder seinen Unterlagen. Mein Vater sah den Mann verdutzt an.

»Sie irren sich«, sagte er schließlich, nachdem er sich wieder gefasst hatte. »Ich brauche diese Genehmigung, und ich brauche diese Genehmigung schnell, ich habe nämlich das Restaurant bereits umgebaut und will am 1. Januar aufmachen.«

»Sie verstehen nicht, Herr Stefanidis. Es gibt keine Genehmigung von uns. Und auch keine Ausnahmen.«

»Nein, Sie verstehen nicht. Ich werde das Restaurant eröffnen und wenn Sie sich auf den Kopf stellen. Hier – lesen Sie.« Mein Vater kramte zwischen allen Unterlagen das Dokument des Innenministeriums hervor und gab es Karl Baumann. »Bitte schön. Lesen Sie.«

Baumann öffnete das Dokument, las, nahm den Pass meines Vaters wieder in die Hand, verglich die Daten, blätterte in den Unterlagen, zog aus einer Schublade ein weiteres Dokument, lehnte sich zurück, stand aus seinem Stuhl auf, setzte sich wieder hin und war am Ende sichtlich konsterniert.

»Das kann nicht sein. Das kann nicht sein. Wer hat Ihnen diese Papiere gegeben, Herr Stefanidis?«

»Schauen Sie ganz unten. Da steht's: Das Innenministerium von Baden-Württemberg in Stuttgart. Krieg ich jetzt meine Genehmigung?

»Äh, ja, äh, ja, sie bekommen die Genehmigung.«

»Sie sind sehr erstaunt, was?«

»Das kann man wohl sagen. Ich habe so ein Schreiben wie das Ihrige noch nie gesehen. Wir bekommen jedes Jahr zwei Mal einen Brief von gerade diesem Innenministerium mit der Aufforderung, keinem Ausländer eine Genehmigung zu erteilen – und jetzt kommen Sie mit der offiziellen Erlaubnis des Innenministeriums. Das ist unglaublich. Entschuldigen Sie, wenn ich anfangs so …«

»Kein Problem, Herr Baumann.«

»Wann wollen Sie das ›Café am Zoo‹ aufmachen?«

»Am 1. Januar. Aber es ist jetzt nicht mehr das ›Café am Zoo‹. Es heißt jetzt ›El Greco‹«.

»Gut. Kommen Sie am Donnerstag und holen sich die Papiere ab, ja?

»Sehr gut, danke. Ich würde mich freuen, wenn Sie zur Eröffnung kommen, Herr Baumann«, sagte mein Vater, als er mit dem wahrscheinlich breitesten Grinsen in der Geschichte seines Gesichts den Raum verließ.

»Ich komme ganz sicher, Herr Stefanidis. Ich mache nämlich auch die Hygiene- und Sauberkeitskontrollen für die Restaurants hier in Karlsruhe.«

Mein Vater drehte sich um, schaute Baumann an und sagte: »Wenn Sie je Grund für eine Beanstandung bei mir finden, können Sie mein Restaurant sofort zumachen. Bis dahin würde ich mich freuen, wenn Sie zu uns essen kommen.« Und Baumann kam. Erst allein, zur Eröffnung und zur Kontrolle. Dann mit seiner Frau und seiner kleinen Tochter die Woche darauf, und ab da fast jeden Monat zwei, drei Mal. Neununddreißig Jahre lang.

Immer wenn ich meine Eltern aus Neugier gefragt habe, wie denn der erste Tag, der Eröffnungstag des »El Greco« am 1. Januar 1970 abgelaufen ist, schauten sie sich gegenseitig an und zuckten mit den Schultern. Sie konnten sich eigentlich nur noch daran erinnern, dass unglaubliche Mengen an Metaxa und Ouzo geflossen waren. So viel zur Erinnerung und dem Hund, von dem mein Vater immer gern erzählt, wenn er sich an etwas Bestimmtes oder eben an gar nichts mehr erinnert.

Es war offenbar schlichte Mundpropaganda, die das »El Greco« in Karlsruhe bekannt machte. Ecke Ettlinger und Winterstraße, die Ecke lag in der Südstadt, im Ausländerviertel, gegenüber vom Karlsruher Zoo. »El Greco«, das klang etwas vornehmer als der spätere Restaurantname »Der Grieche« (zwischendurch hieß das Lokal tatsächlich auch mal »Alexis Zorbas«), mehr nach Boheme statt nach Kneipe. Auf den eigens bedruckten Servietten prangte neben dem Schriftzug »El Greco« der Heldenkopf Alexanders des Großen. »Griechische und deutsche Spezialitäten vom Holzkohlegrill.« Es war ein einfaches Restaurant: eine viereckige Theke mit jeweils einem Durchgang zur Küche und zum Innenraum, um die Theke standen Hocker, vor der Theke standen die 14 Holztische in einer Dreierreihe. Ins »El Greco« kamen der Bankdirektor von der Volksbank nebenan, die Lehrer der Nebenius Grund- und Realschule zum Mittagessen, die Tierpfleger aus dem Zoo, die Mitarbeiter des Autoverkäufers Tschernitz, Karlsruher Stadtpolitiker, die sich immer rühmten, ihren Sommerurlaub auf der Peleponnes verbracht zu haben, Arbeiter, wie es mein Vater früher bei Bosch war, von Siemens in Knielingen oder Mercedes-Benz in Wörth, ganz normale Menschen. Aber das Besondere war: Sie kamen regelmäßig. Kein Club, keine Kneipe, kein Restaurant kann ohne Stammgäste überleben – und wir hatten reichlich davon. Es gab

Tage, besonders am Wochenende, da warteten viele geduldig bis zu einer Stunde, ehe sie einen freien Tisch ergattern konnten. Und das nur, weil die Mundpropaganda sagte: »Wenn du richtig gut griechisch essen gehen willst, musst du ins ›El Greco‹.« Dass wir zunächst der einzige Grieche in Karlsruhe waren, tat natürlich sein Übriges.

95 Prozent unserer Gäste waren Deutsche. Und wenn ich den Erzählungen meiner Eltern glauben darf, sahen diese Deutschen in meinen Eltern keine Fremden, die Griechen waren keine Ithaker oder Spaghettis, keine Kümmelfresser, keine Kanaken. Für Griechen existierte keine beleidigende Kurzform. Griechen waren Griechen. »Zu uns kamen damals natürlich viele Studenten«, hat mir mein Vater einmal erzählt, »aber die größte Gruppe der Gäste gehörte zum gebildeten Bürgertum. Viele kannten die Geschichte Griechenlands, Auszüge aus unserer Mythologie. Sie wussten manchmal mehr über Griechenland als ich selbst.«

Wahrscheinlich war Griechenland nie wieder so populär in Deutschland wie Anfang der siebziger Jahre. Als 1967 die Militärjunta in Griechenland die Macht an sich riss und aus der Wiege der Demokratie für die nächsten sieben Jahre eine Diktatur machte, zudem noch unterstützt von der in den Vietnamkrieg verzettelten amerikanischen Regierung, waren die Sympathien klar verteilt: Es war, als ob ein neuer Philhellenismus über Deutschland und Europa schwappte, wie 250 Jahre zuvor, als Engländer, Franzosen und Deutsche in Griechenland wieder die Liebe zur Antike entdeckten und das Land im Freiheitskrieg gegen die Osmanen unterstützten. Griechisch essen zu gehen, war nicht mehr nur ein kulinarisches Vergnügen, es war ein Statement, Ausdruck einer Haltung. Besonders politisch links orientierte Deutsche verband bei »ihrem« Griechen um die Ecke ein Wohlgefühl der Solidarität, das nicht zuletzt auch der SPD zum ersten Wahlsieg in der Geschichte der Bundesrepublik verhalf.

Und auch jene zwei Portionen Gyros mit Zaziki und Pommes

Frites, die Willy Brandt und Peter Glotz nach einem Wahlkampfauftritt auf dem Karlsruher Marktplatz im Jahr 1972 bei uns aßen, haben dem Ganzen nicht geschadet. Die SPD wurde erstmals stärkste Fraktion im Bundestag. Das Foto, auf dem mein Vater einem vom griechischen Rotwein beflügelten Willy Brandt die Hand schüttelt, ist leider verschwunden. Es war ein unscharfes Polaroid. Brandt trank einen roten Athos, was Peter Glotz trank, daran kann sich mein Vater nicht mehr erinnern. Es war nur ein kurzer Aufenthalt im »El Greco«. Aber er weiß noch, dass beide Gyros mit Zaziki und Pommes Frites serviert bekamen. Damals konnte noch niemand ahnen, dass sich dieses Gericht zum Klassiker entwickeln würde. Denn in Griechenland war Gyros zwar sehr beliebt, wurde aber selten in Restaurants und Tavernen angeboten. Imbisse packten schon damals das Fleisch in dünne Fladenbrote und boten es als Snack für zwischendurch am Straßenrand an. »Gyros gilt in Griechenland als ›Arme-Leute-Essen‹«, sagte mein Vater zu Willy Brandt, als er die Teller abräumte. Und Willy Brandt antwortete: »Dann haben wir von der Arbeiterpartei ja das Richtige gegessen. Es hat prima geschmeckt. Danke.«

Bei uns waren ständig irgendwelche Politiker oder solche, die es werden wollten, zu Gast. Zum Beispiel Politiker der Grünen, die damals zwar noch nicht Grüne hießen und auch noch keine Partei nach dem Gesetz waren, aber in dicken Wollpullis und farbigen Cordhosen oder abgewaschenen Jeans heftig gegen Atomkraft, Umweltverschmutzung, den Vietnam-Krieg und die USA demonstrierten. Manche von ihnen haben eine sehr steile Karriere hingelegt wie etwa Joseph Martin Fischer oder Jürgen Trittin. Andere gingen in die Politik und bemerkten nach ein paar Jahren, dass es doch nicht die allerbeste Idee gewesen war, die sie je hatten, zum Beispiel Petra Kelly oder Jutta Ditfurth.

Und ein junger Mann und eine junge Frau verfolgten einen Weg, der damals – 1972 – in letzter Konsequenz noch gar nicht abzusehen war. Sie wurden zu Terroristen: Christian Klar und

Susanne Albrecht. Mein Vater erinnert sich an beide: »Susanne Albrecht war für eine Frau relativ groß, ich glaube, sie war sogar ein Stückchen größer als ich. Sie hatte zwei Leberflecken im Gesicht, einen links neben der Nase und einen am Kinn. Und Sommersprossen. Sie war ein sehr höfliches Mädchen. Der Christian war eigentlich ein eher schüchterner Junge, sprach breites Badisch und trug oft eine enge Jeansjacke. Ich glaube, er hat mir mal erzählt, dass er Geschichte studiert oder studieren will, und wir haben uns über die von den Amerikanern unterstützte Junta in Griechenland unterhalten. Das war damals ein großes Thema unter den Studenten, und Christian stand klar auf unserer Seite. Er war mir damals sehr sympathisch. Irgendwann kam er aber nicht mehr ins Lokal. Ich könnte nicht einmal sagen, wann das genau war.«

Meine Mutter hatte 1971 eine weitere Fehlgeburt; aber – nachdem sie auf Anraten von Barbar Alexander auf der Insel Kreta einen anderen griechisch-orthodoxen Priester besuchte, der ihr einen Apfel aus seinem Garten zu essen gab – gebar sie 1972 ohne Probleme meinen Bruder Aristidis, kurz Ari. Ari hatte sehr lockiges Haar, fast gekräuseltes. Wenn meine Mutter ihm nicht die Haare schnitt, sah er aus wie einer der Jackson Five, nur mit heller Haut. Außerdem hatte er diese beneidenswerte Zahnlücke, durch die er, wie bereits erwähnt, sehr weit spucken konnte. Weil meine Eltern zu viel im Lokal zu tun hatten, wuchsen sowohl Ari als auch Jorgos bei meiner Großmutter in Thessaloniki auf. Sie kamen immer nur in den Schulferien nach Deutschland. Jorgo war ein sehr guter Schüler, Ari war der beste im Fach Sport. Jorgo war eher der ruhige Typ, Ari nicht. Und er war schon immer sehr dickköpfig. (Ich denke, das sind wir alle, auch ich, auch meine Mutter; das liegt nun mal in der Familie.) Einmal wollte Ari meine Urgroßmutter mütterlicherseits besuchen. Meine Urgroßmutter wohnte bei uns in Thessaloniki um die Ecke und hieß mit Nachnamen Nikolaidou, das ist übrigens auch der Geburtsname meiner Mutter. (Stichwort Frauennachnamen: Mein Vater heißt mit Nachnamen

Stefanidis, meine Mutter aber heißt Stefanidou. Mein Großvater hieß mit Nachnamen Nikolaidis, meine Großmutter hieß aber Nikolaidou. Endet ein griechischer Männernachname auf -idis und heiratet man diesen -idis, heißt man als Frau automatisch -idou. Den genauen Grund dafür kenne ich ehrlich gesagt nicht. Auch Nachfragen und reichlich Recherche haben keine eindeutige Antwort erbracht. Ich schätze, das liegt am Patriarchat. Das geänderte Suffix soll wohl die Zugehörigkeit der einen Person (weiblich) zur anderen Person (männlich) zeigen. Wobei ganz klar zu sein scheint, wer in dieser Regelung die Rolle des Kochs und wer die Rolle des Kellners einzunehmen hat.) Ari stieg also die Treppen zur Wohnung meiner Urgroßmutter hoch, und meine Großtante Theodora stellte sich ihm in den Weg. Sie liebt Ari und wollte sich einen Scherz mit ihm erlauben, sie sagte: »Das ist ein Nikolaidis-Haus. Ändere deinen Nachnamen in Nikolaidis und du darfst passieren.« Ari, damals keine vier Jahre alt, blickte zu Tante Theodora auf, überlegte kurz und antwortete: »Ich bin ein Stefanidis. Ich werde immer ein Stefanidis sein. Und ich werde durch diese Tür gehen. Mach Platz, Tante!« So viel zum Thema Dickkopf. Meine Tante erzählt diese kleine Episode bei jedem Familienfest mindestens einmal. Und zum Schluss sagt sie immer: »Ihr Stefanidis' ward schon immer die größten Dickköpfe. Und ihr werdet auch noch in fünf Generationen die größten Dickköpfe sein.« Dann lacht sie ihr lautes Tante-liebt-euch-Lachen, und ihr ganzer Körper wackelt wie eine angestupste Götterspeise.

Das »El Greco« war ein dunkles Restaurant. Der Boden war rotbraun gefliest. Von der Decke hingen schwere kupferne Leuchten, jeder Tisch hatte eine eigene. Das »El Greco« war ein gemütlicher Ort, ein Ort zum Zurückziehen und Diskutieren, ein lauter Ort voll kritischer Geister. Meine Erinnerungen an das »El Greco« bestehen aus ein paar Polaroids: ich sitze neben der Theke auf einer Spieldecke, um mich verstreut liegen bunte Bauklötze und Matchbox-Autos. Ich mache ein zufriedenes Gesicht, im April 1977.

Am 7. April 1977 wurde ein paar Straßen weiter, Moltkestraße Ecke Hans-Thoma-Straße, Generalbundesanwalt Siegfried Buback erschossen. Mein Vater kannte Buback. Vom Sehen. Er war ein, zwei Mal zum Essen gekommen. Da das Restaurant über einen Fernsehanschluss verfügte, trug mein Vater für die Abendschicht das Gerät ins Lokal und stellte es auf die Theke. Er wollte die Nachrichten nicht verpassen. Um 20 Uhr war es so weit. ARD, die Erkennungsmelodie der Tagesschau ertönte, und im »El Greco« wurde es mucksmäuschenstill. Nur Werner Veigel sprach:

»Guten Abend, meine Damen und Herren. Generalbundesanwalt Buback ist heute ermordet worden. Bei dem Anschlag in Karlsruhe wurde auch sein Fahrer getötet. Ein Sicherheitsbeamter liegt mit schweren Verletzungen im Krankenhaus. Von den Tätern fehlt trotz bundesweiter Fahndung jede Spur. Inzwischen hat sich eine ›Aktionsgemeinschaft Ulrike Meinhof‹ als verantwortlich für die Tat bezeichnet. In einem anonymen Anruf wurden zugleich neue Attentate angedroht. Die Bundesregierung hat zur Ergreifung der Mörder Bubacks eine Belohnung von 200 000 Mark ausgesetzt.«

»Ein Raunen ging bei der Meldung durchs Lokal«, erinnert sich mein Vater. »Nachdem ich den Fernseher wieder ausgeschaltet hatte, begannen an jedem Tisch die Diskussionen. Die Menschen waren wie elektrisiert. »Ganz Deutschland schaut jetzt auf Karlsruhe«, hörte ich einen sagen.

Am nächsten Abend: Das Lokal ist rammelvoll. Mein Vater schaltet wieder den Fernseher ein. Das gleiche Bild. Und es wird blitzartig leise, als die Erkennungsmelodie der Tagesschau ertönt. Werner Veigel:

»Guten Abend, meine Damen und Herren. Bei der Fahndung nach den Mördern von Generalbundesanwalt Siegfried Buback gibt es möglicherweise eine erste heiße Spur. Das Bundeskriminalamt in Wiesbaden sucht aufgrund von Zeugenaussagen den der Tat dringend verdächtigen terroristischen Gewalttäter Günter

Sonnenberg. Sonnenberg ist zweiundzwanzig Jahre alt. Außerdem wird nach dem vierundzwanzigjährigen Christian Klar und dem …« Mein Vater war gerade dabei, zwei Teller mit Bauernsalat an Tisch drei zu servieren, als er den Namen Christian Klar hörte. Er drehte sich um, schaute auf den Bildschirm, und da die Teller voller Olivenöl waren und er sie nicht mehr gerade, sondern in einem leicht nach unten geneigten Winkel hielt, tropfte ihm die ganze Sauce auf die Schürze und auf den Boden. Aber es kümmerte ihn kaum. Er starrte gebannt auf den Fernseher. »Sonnenberg und Klar stehen außerdem in Verdacht am 5. Januar an der deutsch-schweizerischen Grenze einen Zollbeamten niedergeschossen zu haben. Es ist nach Ansicht der Polizei davon auszugehen, dass sich die Täter in Karlsruhe und Umgebung sehr gut auskannten.« Das Öl war ausgelaufen. Mein Vater blickte auf den Boden und bat meinen Bruder Jorgos, 1977 immerhin schon zwölf Jahre alt, die Sauerei aufzuwischen. Dann ging er hinter die Theke und kippte erst mal einen doppelten Metaxa. »Es war vielleicht vier Jahre her, dass ich Christian Klar das letzte Mal gesehen hatte und wir ruhig bei einem Glas Bier über die Junta in Griechenland sprachen. Mir wäre nie in den Sinn gekommen, dass dieser ruhige, besonnene Junge irgendwann mal als Terrorverdächtiger gelten könnte. Als ich sein Fahndungsfoto im Fernsehen sah, dachte ich: Das gibt's doch nicht! Christian ist doch kein Mörder!«

Da hatte sich mein Vater wohl grundsätzlich geirrt. Wenn ich heute mit ihm über die RAF spreche, schüttelt er zuerst immer den Kopf. »Ich habe Ende der sechziger und auch noch Anfang der siebziger Jahre mit den jungen Deutschen sympathisiert. Ich war davon überzeugt, dass sie im Recht waren. Denn wenn man sich all die sogenannten Entnazifizierungsmaßnahmen der früheren Jahre ansah, wurde einem doch ein bisschen mulmig. Denn dieser Dutschke hatte recht. Ein Großteil der Politiker, Beamten und Technokraten in der Bundesrepublik waren ehemalige Mitglieder der NSDAP, die anstandslos ihre hohen Positionen wieder eingenommen hatten. Natürlich sagten die alle, ›wir wussten von nichts‹, aber wer hat ihnen das geglaubt? Niemand! Nicht einmal ihre eigenen Kinder haben ihnen diese Lügen abgenommen. Im Gegenteil: Sie sind auf die Straße gegangen und haben gegen die Elterngeneration demonstriert. Das fand ich gut!«

»Haben Christian Klar, Susanne Albrecht und andere Studenten damals im ›El Greco‹ über die Anschläge gesprochen?«

»Bestimmt haben die sich darüber unterhalten. Jeder sprach darüber. Jeder hatte eine Meinung.«

»Und du? Was hast du von der RAF gehalten?«

»Solange keine Menschen verletzt wurden oder zu Tode kamen, habe ich sie unterstützt.«

»Unterstützt? Wie meinst du das?«

»Na, ich habe die Studenten aufgefordert, offen ihre Meinung zu sagen und nicht den Mund zu halten! Ich sagte: Ihr müsst auf die Straße gehen! Demonstriert für Euer Land, bevor das Ganze wieder eine andere Richtung nimmt!«

»Eine andere Richtung?«

»Deutschland wurde damals noch viel kritischer im Ausland gesehen als heute. Die Zeitungen in Italien, Frankreich und auch in Griechenland reagierten auf den Terrorismus in Deutschland und die politischen Entscheidungen eines Helmut Schmidt sehr aggressiv. Da war zum Beispiel in einer griechischen Zeitung die Rede von ›faschistischer Politperfektion‹, weil Schmidt mit der RAF ums Verrecken nicht verhandeln wollte.«

»Helmut Schmidt ein Faschist? Das klingt aus heutiger Sicht in der Tat absurd.«

»Nein, du Dummkopf. Niemand nannte Schmidt einen Faschisten. Seine sture, kompromisslose Art erinnerte an faschistische Politik.«

»Ja, hab' schon verstanden.«

»Vergiss nicht, das war eine andere Zeit damals. Die ›Spiegel‹-Affäre in den Sechzigern hatte vor allem eins aufgezeigt: In

Deutschland sind viele Politiker wieder geneigt, den Staat als persönlichen Machtapparat anzusehen.«

»Du meinst Franz Josef Strauß?«

»Ja, natürlich meine ich den. Er hatte Charisma, sicher. Ein Schlitzohr. Aber ebenso sicher war er auch ein unendlich großes und mächtiges Arschloch. Der war nach der ›Spiegel‹-Affäre noch mal Bundesfinanzminister und wäre 1980 fast Bundeskanzler geworden. Das musst du dir mal vorstellen! Dabei hatte Strauß 1977 die absurde Idee, die inhaftierten RAF-Terroristen vonseiten des Staates als Geiseln zu nehmen und gegebenenfalls zu erschießen. Das war seine Auffassung eines Rechtsstaats.«

»Hast du im ›El Greco‹ eigentlich auch immer so – äh, wie soll ich es ausdrücken? – *prägnant* formuliert?«

»Wie meinst du das – *prägnant*?«

Mein Vater sprach schon in den siebziger Jahren ein ganz passables Deutsch. Dennoch hörte man ihm seine Herkunft natürlich an. Seine Aussprache war verständlich, aber nicht fehlerlos. Auch heute ist es noch so: Manche Wörter, die zum Beispiel nicht aus dem Griechischen stammen (die meisten Wörter hat er sich immer ableiten können, weil sie eben aus dem Griechischen stammten), sondern eine lateinische Herkunft haben, sind ihm nicht vollends geläufig. In solchen Momenten kann ich in geübter Klugscheißermanier meinem Vater zeigen, dass seine Investitionen in mein Germanistik-Studium nicht völlig sinnlos waren. Ich sagte:

»Ein Ausdruck ist prägnant, wenn er trotz aller Kürze einen hohen Bedeutungsgehalt aufweist. Prägnant ist also so etwas wie das Gegenteil von umständlich oder weitschweifig. Anders gefragt: Hast du Strauß damals im ›El Greco‹ auch schon ein Arschloch genannt?«

»Ja, natürlich! Ich habe auch auf Schmidt geschimpft, weil er so stur war.«

»Haben dich die Studenten vielleicht deshalb gemocht?«

»Keine Ahnung. Ich habe nur immer meine Meinung gesagt. Und wer anderer Meinung war, konnte das ja auch sagen. Nur ...«

»Nur?«

»Na ja, du weißt ja, wie ich bin. Ich werde dann noch – wie hast du das vorhin genannt?«

»Prägnant.«

»Ja, ich werde dann sehr prägnant.« Ich lachte. Ich wusste, was das bedeutet. Und auch mein Vater lachte, wurde aber schnell wieder ernst:

»In Griechenland durfte man bis 1974 seine Meinung zum Beispiel nicht frei äußern, bei uns herrschte eine rechtsgerichtete Militärregierung, die jeden ins Gefängnis steckte, der offen Opposition betrieb. Viele Griechen sind damals ins Exil gegangen, nach Paris, London, München. Auch Andreas Papandreou, der spätere griechische Ministerpräsident, war im Exil, Mikis Theodorakis auch, fast alle Kulturschaffenden Griechenlands lebten im Ausland.«

»Du willst mir jetzt aber nicht erzählen, dass du dich zu den Kulturschaffenden gezählt hast, weil du ein Restaurant aufgemacht hattest?«, sagte ich und lächelte.

»Natürlich nicht, du Arschloch. Aber ich wäre fast einer geworden.«

»Hm?«

»Ja, eines Abends, irgendwann Ende der Siebziger, es war schon spät, und ich saß mit einer kleinen Runde an einem der Tische im ›El Greco‹; da fragte mich Jutta Ditfurth, ob ich nicht Lust hätte, bei den Grünen mitzumachen. Sie bräuchten so Leute wie mich, die das Herz auf der Zunge tragen würden. Die Zuhörer würden mich lieben und so weiter. Ich schaute sie an. Sie war eine sehr hübsche junge Frau, viel hübscher als Petra Kelly zum Beispiel. Und ich dachte, sie macht einen Scherz. Also sagte ich: ›Klar, wo soll ich unterschreiben?‹ Ich hatte das als Witz aufgefasst, denn mein Deutsch war zwar ganz gut, aber ich konnte sicher keine großen

Reden schwingen. Dennoch tauchte am nächsten Tag ein junger Kerl im ›El Greco‹ auf und wollte mit mir über mein Engagement bei den Grünen sprechen. Ich hab' ihm dann eine Cola spendiert und ihn nach Hause geschickt.«

»So abstrus finde ich die Idee gar nicht«, sagte ich. »Du wärst vielleicht gar kein schlechter Politiker geworden.«

»Meinst du?«

»Ja, Mama hat mir mal erzählt, dass du der ehrlichste Mensch bist, den sie kennt.«

»Das hat deine Mutter über mich gesagt?«

»Ja! Allerdings hat sie im gleichen Atemzug auch erwähnt, dass du wahrscheinlich der größte Lügner auf der Welt bist.« Mein Vater schaute mich an. Ich glaube, er wollte in meinem Gesicht erkunden, ob ich die Meinung meiner Mutter teilte. Aber ich blieb regungslos und wartete nur auf eine Reaktion von ihm. Nach einer kleinen Pause sagte er:

»Das sieht deiner Mutter wieder ähnlich. Sie kann keine Komplimente machen. Sie muss immer die Wahrheit sagen.«

Meine Brüder und ich waren eine Art Maskottchen des »El Greco«. Jeder kannte uns, wir waren die Jungs, die immer im Restaurant »Wirt« spielten und aus Spaß Scheinbestellungen entgegennahmen. »Drei Pils, Tisch vier«, rief mein Bruder Jorgo und grinste, damals zwölf Jahre alt, obwohl die evangelische Pfarrersfamilie Schneider, die jeden Freitagabend am Tisch vier saß, gar keinen Alkohol trank. Ari, sieben Jahre jünger als Jorgo, hatte dagegen seine eigenen Vorstellungen eines Restaurantbetriebs. Er ging von Tisch zu Tisch und klaute von jedem Teller die Pommes. Besonders gern die Pommes von Dieter Mayer, dem Volksbankdirektor. Wenn ihn mein Vater dabei erwischte und sagte, dass er die Pommes nicht klauen dürfte, antwortete er: »Wieso klauen? So lange die Pommes nicht bezahlt sind, gehören sie doch uns, oder Dieter?« Herr Mayer, in Wirtschaftsfragen nicht ungeübt, blieb nichts anderes übrig, als Aris Logik zuzunicken. Ich war der

Harmloseste der drei: »Willst du mit mir spielen?«, fragte ich jeden einzelnen Gast, wenn mir langweilig wurde.

Für griechische Restaurants waren die siebziger Jahre eine goldene Zeit. Die Geschäfte liefen hervorragend. Das hatte gleich mehrere Gründe: Zum einen war Griechenland schon im Laufe der sechziger Jahre immer populärer geworden – nicht nur in Deutschland. 1960 gelang der Schauspielerin und späteren Politikerin Melina Mercouri ein Welterfolg mit ihrem Film »Sonntags Nie!«, 1962 verkaufte eine junge schüchterne Frau mit schwarzer Hornbrille namens Nana Mouskouri Millionen Platten mit ihrem Song »Weiße Rosen aus Athen«. Der Tourismus begann zur wichtigsten Einnahmequelle der griechischen Wirtschaft zu werden, der Jetset hatte die griechischen Inseln Mykonos oder Santorini entdeckt, der Massentourismus setzte ein. Nach Jahren der Italo-Verliebtheit wollten immer mehr Deutsche ihren Urlaub in Griechenland verbringen. Statt über den Brenner, fuhren sie mit reichlich Gepäck auf dem Autodach über Österreich und Jugoslawien Richtung Hellas. Nicht nur wegen der schönen Strände. Michalis Kakoyannis' Romanverfilmung »Alexis Zorbas« stilisierte 1964 Anthony Quinn zum Prototypen des griechischen Mannes: Nicht besonders gebildet, aber bauernschlau. Nicht besonders hübsch, aber auf eine spröde, schnoddrige Art sehr charmant. Arm wie eine Kirchenmaus, aber dennoch lebensfroh und unverwüstlich. Alexis Zorbas war zum Inbegriff der griechischen Seele geworden, ein Mann, der »das Leben liebte und den Tod nicht fürchtete«, wie Nikos Kazantsakis in den Vierzigern schrieb. Das klang sehr nach Heldentaten – und irgendwie sah mein Vater in sich immer einen Zorbas, den kleinen Mann von der Straße, der zu großen Heldentaten bereit ist.

Verkörpert wurde dieser Zorbas-Mythos damals aber in erster Linie nicht von meinem Vater, sondern vor allem von Aristoteles Onassis, dem reichsten Mann und größten Playboy seiner Zeit, wenn man so will, einer Mischung aus George Clooney und Bill

Gates. Auch Onassis kam wie Alexis Zorbas und mein Vater aus ärmlichen Verhältnissen, 1968 heiratete er die Kennedy-Witwe Jackie, liebte aber auch die griechischstämmige Opernlegende Maria Callas. Sein Leben war jener wahr gewordene Traum, den viele ausgewanderte Griechen – ob nun in Deutschland, den USA oder in Australien – nur träumten. Mein Vater hatte im Gegensatz zu Onassis nie vor, der reichste Mann der Welt zu werden. Sein Traum war das »El Greco«.

Einer der ersten Gäste, an den sich mein Vater erinnert, war ein gut angezogener Herr mit Scheitelfrisur und polierten Lederschuhen. Mein Vater erinnert sich sehr gut an die erste Begegnung mit ihm. Er kann die Szenen aus dem Kopf nachspielen. Im Rückblick hat er mir die Geschichte so dargestellt:

Ich weiß noch genau, der Mann kam rein, setzte sich an einen der kleinen Tische und schaute sich um. Ich brachte ihm die Speisekarte.

»Mein Name ist Helmut Schmedt.« Er wirkte sehr von sich eingenommen. Mit dem werd' ich nicht gut auskommen, dachte ich mir.

»Was können Sie empfehlen?«

»Alles, Herr Schmedt. Meine Frau Maria kocht.« Dein Bruder Jorgos, damals vier, fünf Jahre alt, stand neben mir und zog an meiner Schürze, während ich versuchte, den Mann besser einzuschätzen. Kam er vielleicht vom Gewerbeamt, um mich zu kontrollieren?, fragte ich mich.

»Aha, Ihre Frau kocht. Ein Familienbetrieb.« Der Mann blickte runter auf Jorgos und es schien, als würde er die Nase rümpfen. »Na gut, dann nehme ich das Rumpsteak mit Zwiebeln und Bratkartoffeln. Das Steak bitte fast medium, also auf jeden Fall nicht ganz durch, eher rosa in der Farbe, ja?«

»Ja, sehr gern.« In der Küche sagte ich zu Maria: »Brat das Steak nur leicht an und pass auf die Zwiebeln auf, schön kross. Der Typ scheint mir nicht ganz geheuer.«

Eine halbe Stunde später sagte der Mann: »Das war das beste Rumpsteak, das ich seit langem gegessen habe. Sie werden mich jetzt öfter hier sehen.«

Und drei Tage später sitzt der Mann tatsächlich am selben Tisch: »Erkennen Sie mich wieder?«, fragte er mich.

»Ja, natürlich. Wollen Sie vielleicht wieder ein Rumpsteak?«

»Gut geraten. Ich will wieder das Rumpsteak.« Ich gehe wieder in die Küche, sage Maria wieder dasselbe wie vor drei Tagen.

Eine halbe Stunde später: »Wieder hervorragend. Ab jetzt komme ich öfter. Haben Sie kurz Zeit? Können Sie sich zu mir setzen?«

»Ja, ich habe ein bisschen Zeit, Herr Schmedt.«

»Oh, Sie haben sich meinen Namen gemerkt.«

Ich blickte dem Mann ins Gesicht. Dachte er, ich wäre zu blöd, mir einen Namen zu merken?

»Ich bin Anwalt, wohne in Stuttgart, arbeite aber für die EWG, das ist die Europäische Wirtschaftsgemeinschaft, in Straßburg. Und immer wenn ich jetzt nach Straßburg fahren muss, komme ich hier bei Ihnen vorbei und esse zu Mittag oder zu Abend. So werde ich Ihre Küche besser kennenlernen.«

»Aber Sie haben bisher nur Rumpsteak gegessen. Das ist nicht gerade eine griechische Spezialität«, sagte ich zu ihm.

»Das nächste Mal esse ich eben etwas Griechisches.«

Helmut Schmedt kam seitdem fast jeden Tag zu uns ins »El Greco«. Sein Lieblingsessen blieb das Rumpsteak mit »schön kross gebratenen Zwiebeln«. Er hat zwar auch Gyros, Bifteki und Moussaka versucht, aber am Ende bestellte er immer wieder sein geliebtes Steak. Er war nicht der einfachste Gast, sein Weinglas musste immer am selben Ort stehen, das Mineralwasser musste ich erst ein bisschen stehen lassen, bevor ich es ihm bringen durfte, er konnte zu viel Sprudel im Glas nicht leiden. Auf seinem Teller ließ er immer einen Happen liegen, und mir war aufgefallen: Er hat kein einziges Mal die Toilette des ›El Greco‹ benutzt. Nicht dass jeder Gast auch unsere Toilette benutzen musste, aber es war eben auffällig, wenn ein Stammgast nie aufs Klo ging. Und Schmedt war drei Jahre Stammgast! Außerdem schienen ihm die Studenten im Lokal ein Gräuel zu sein. Er mochte die Langhaarigen nicht. Manchmal unterhielten wir uns über die Aussichten Griechenlands, irgendwann in die EWG aufgenommen zu werden; er schätzte die Chancen nicht besonders hoch ein. Trotzdem: Er war ein belesener, intelligenter Mann, mit dem sich eine Unterhaltung immer lohnte. Im Januar 1974 hatte er einen Autounfall auf dem Heimweg nach Stuttgart. Er starb bei dem Unfall. Ich ging zu seiner Beerdigung. Eine alte Frau war der einzige Trauergast. Es war seine Mutter Hilde Schmedt. Sie fragte mich, wer ich sei. Und ich antwortete. Sie weinte. Ich nahm sie in den Arm. »Er hat mir von Ihnen erzählt«, sagte sie leise. »Sie waren sein einziger Freund. Danke, dass Sie gekommen sind.« Und da standen wir nun: eine nette alte Frau, die ich nicht kannte, und ein Sarg aus hellem Holz, auf dem ein Kranz mir schwarz-rot-goldener Schleife lag. Die Situation kam mir fast ein wenig unwirklich vor. Vier Tage später erhielt ich einen Brief. Absender Hilde Schmedt. »Lieber Herr Christoforos, mein Sohn hat für seine Arbeit gelebt, aber für sein Leben gern Gedichte geschrieben. Er hat auch eins über Sie und das ›El Greco‹ geschrieben. Ich schicke es hiermit Ihnen. Er hätte es bestimmt so gewollt. Vielen Dank noch mal, dass Sie bei der Beerdigung waren. Herzliche Grüße, Hilde Schmedt.«

Kurz nachdem mir mein Vater diese Geschichte über diesen etwas merkwürdigen Gast erzählt hatte, stand er auf und begann in seinen Unterlagen zu kramen. Aber er fand das Gesuchte nicht. Er schrie nach meiner Mutter, aber sie wusste gar nicht, welches Gedicht er meinte. Erst Tage später rief er an: »Ich habe das Gedicht gefunden!« Es war sieben Uhr morgens, ich war damals Student, lag natürlich noch im Bett, und mein Vater las mir ein dreißig Jahre altes Gedicht vor:

EL GRECO

Du bist aufgewachsen als Fremder,
ein junger Grieche, zum Waisen
geschossen, braunäugig und dunkel,
fremd warst du auch mir, dieses dunkle
Muttermal-Gesicht, jedes Muttermal, ein Schuss
in dein Gesicht. Von mir. Dem Deutschen.

Es ist meine Pflicht, vor dich zu treten,
als Deutscher, und um Entschuldigung
zu bitten. Wahrhaft. Wehrmacht.
Standhaft. Eine Entschuldigung als Ich,
der Soldat, der an der Akropolis
Wache hielt. So viele Jahre.

Aber ich bin zu feige. Bin nicht
Wahrhaft. Nicht entblößend. Zahle
Lieber für meine Schuld, liebe
Mein Land, über alles, alles in der Welt,
doch konnte ich nichts dafür:
Heil! Heil! Heil!

Der Fremde, braunäugig, dunkel,
das Muttermal-Gesicht,
grillt Rumpsteak, ölt Salate
und lächelt. Der Grieche lacht.
Als Letztes lacht immer der Grieche.
Mein Freund, El Greco,
lachst du über mich?

Ich habe dieses Gedicht nur einmal am Telefon gehört. Mein Vater hat darin nichts anderes gesehen als die arme verteufelte Seele eines Deutschen, der mit seiner Schuld nicht klarkam. »Helmut Schmedt war ein Wehrmachtssoldat in Griechenland«, hat mein Vater an jenem Morgen ins Telefon gesprochen. »Verstehst du? Er kam zu mir ins Lokal, aß sein Rumpsteak, und weil es ihm schmeckte, kam er wieder. Wer weiß, vielleicht schmeckte es ihm auch nicht, und er kam, weil er zahlen wollte.«

»*Bezahlen*, wäre wohl der treffendere Ausdruck«, sagte ich damals halb verschlafen, aber erstaunlich scharfsinnig.

»Ich habe ihn so oft bedient und wusste doch nichts über ihn. Wie oft ist mir das in den vergangenen Jahrzehnten passiert?«

»Was passiert?«, fragte ich ihn, diesmal weit weniger scharfsinnig.

»Dass ich jemand bedient habe, der in Griechenland vielleicht ...« Er brach den Gedanken ab.

»Papa, es ist jetzt zu früh am Morgen, um darüber nachzudenken. Lass uns ein anderes Mal darüber sprechen.«

»Ja, gut«, sagte er, »vielleicht hast du recht.« Er legte auf.

Ich hörte das Tuten der toten Leitung, hatte das Telefon am Ohr, dachte noch mal kurz darüber nach, ob es nicht falsch gewesen war, die Diskussion im Keim zu ersticken, schaute auf die Hörmuschel und legte schließlich ebenfalls auf. Das Gedicht war seitdem verschwunden. Unauffindbar. Als ich meinen Vater Jahre danach wieder darauf ansprach, fragte er nur: »Welches Gedicht? Ich kann mich an kein Gedicht erinnern. Du weißt doch: Die Erinnerung ist wie ein Hund, der sich hinlegt, wo er will. Und manchmal macht dieser eigenwillige, blöde Hund nicht einmal das, sondern er läuft mit unseren Erinnerungen davon, ohne zurückzuschauen.« Er zog an seiner Zigarette und schaute mich an, als wäre ich ein Germanistikstudent, dem man erklären musste, wer Goethe war. »Du willst nicht darüber sprechen?«, fragte ich ihn. Der Rauch seiner Zigarette hatte sich in einen Nebel verwandelt. »Es geht hier nicht um mich«, sagte mein Vater schließlich. »Lass dem Mann seine Ruhe.«

»Aber …«

»Lass dem Mann seine Ruhe«, wiederholte mein Vater.

Ich habe das Gedicht Jahre später doch noch gefunden. Eher zufällig. Es lag in einer Schublade im Wohnzimmer und war unterzeichnet mit *Helmut Schmedt, Offizier der deutschen Wehrmacht, Athen, April 1942.* »Lass dem Mann seine Ruhe«, hallte es noch einmal durch meinen Gehörgang. Ich fotokopierte das Gedicht, legte es wieder zurück in die Schublade und habe nie wieder mit meinem Vater darüber gesprochen. Helmut Schmedt gehörte jener Generation an, die Ende der sechziger Jahre unter Generalverdacht stand. Vielleicht fühlte er deshalb dieses Unbehagen im »El Greco«. Weil bei uns viele junge Deutsche saßen, die gerade Männer über fünfzig misstrauisch beäugten. Weil er diese Blicke spürte und weil er nicht tief in seinen Erinnerungen stöbern musste, um jenen Verdacht zu erhärten. Der vielzitierte »Umgang mit der Schuld« war für viele Deutsche ein persönliches Problem. Toni löste es zum Beispiel damit, indem er meinem Vater half und ihm in vielen Gesprächen sein Herz ausschüttete. Helmut Schmedt war kein geselliger Mensch gewesen, er war nicht Toni, er hatte sich trotz seiner gehobenen Stellung in sich selbst zurückgezogen. Und vielleicht ist es purer Zufall gewesen, dass Helmut Schmedt am Tag seiner Beerdigung nur einen einzigen Freund hatte. Vielleicht aber auch nicht.

Als Gastwirt ist man in der komfortablen Situation, jeden Tag neue Menschen kennenlernen zu dürfen. Mein Vater empfand das – ebenso wie meine Brüder und ich – immer als Privileg. Denn jeder Gast bringt seine eigene Geschichte mit, und man hat die Chance, ohne großen Aufwand, Teil dieser Geschichte zu werden. »Was muss man schon groß tun, um einen Gast zufriedenzustellen?«, hat mich mein Vater oft gefragt. Eine rhetorische Frage, die Antwort lieferte er gleich selbst: »Man muss freundlich, höflich, anständig sein, ihm ein bisschen Aufmerksamkeit widmen, Interesse zeigen. Mehr nicht. Aristoteles hat schon gesagt: Der Mensch ist Gemeinschaftstier, ein *zoon politikon.* Unsere Gäste kamen immer zu uns, weil im ›El Greco‹ eine angenehme Atmosphäre herrschte, verstehst du?« Ich nickte. Und war insgeheim froh, dass er mich nicht schon wieder Dummkopf genannt hatte.

Als meine Eltern am 1. Januar 1970 ihr erstes griechisches Restaurant eröffneten, hatten sie keinen Businessplan, keine Kalkulationen über Gewinn und Verlust erstellt. Sie hatten ihrem Instinkt vertraut – und sich im »El Greco« immer so verhalten, als würden sie Gäste bei sich zu Hause aufnehmen. Sie waren freundlich, höflich, anständig. Sie schenkten den Gästen ihre Aufmerksamkeit, und wenn ihr Interesse geweckt war, zeigten sie es, ohne irgendwelche Hintergedanken. Dass sie damit Geld verdienen konnten, kam ihnen schlicht entgegen. Die persönliche Freiheit, die sie durch ihre Selbständigkeit gewannen, trugen sie – vielleicht völlig unbewusst – als Familie mit in ihre tägliche Arbeit. »Als Griechen hatten wir natürlich einen unschätzbaren Vorteil: Unsere Geschichte. Fast jeder Deutsche hatte in der Schule etwas über die alten Griechen gehört. Es war also kein Problem, schnell ins Gespräch zu kommen«, sagt mein Vater heute. Und natürlich waren auch die Deutschen neugierig auf so eine Familie wie die unsere. Manche staunten oft nicht schlecht, als sie meine Eltern sahen, wie sie sich in einem Moment gegenseitig auf Griechisch anschrien und im nächsten Moment zärtlich küssten. Und wenn dann Stammgäste zögerlich und fast scheu fragten, warum sie sich gestritten hatten, fragte mein Vater: »Gestritten? Wer? Wir haben uns nur laut unterhalten.«

Dazu kamen wir Kinder, die schon früh – so ab elf, zwölf Jahren – im Lokal aushalfen. Jorgos Lieblingsbeschäftigung war zum Beispiel das Bierzapfen. Er konnte stundenlang hinter dem Hahn stehen und Bier ausschenken. Er liebte es, wenn aus der Leitung dieses Gemisch aus Flüssigkeit und Schaum floss und wurde so nebenbei zu einem hervorragenden Pilskronenschöpfer. Wenn etwa ein Gast ungeduldig wurde, erkannte Jorgo das sofort. »Ein gutes

Pils dauert sechs bis sieben Minuten, Herbert. Das solltest du als Pils-Experte eigentlich wissen«, sagte er lächelnd. Herbert war in der Tat ein Experte, er arbeitete in einem benachbarten Baumarkt und trank in seiner Mittagspause vier, fünf Pils. Sein Standardspruch: »Vier Pils sind eine Mahlzeit. Aber dann haste halt noch nix getrunken.« Deshalb also manchmal das fünfte Pils.

Aris Lieblingsbeschäftigung war das Kassieren. Bei kleineren Rechnungen schickte ihn mein Vater los und sagte ihm, was er verlangen dürfe. Kaum am Tisch angekommen sagte Ari: »Sie haben gegessen und getrunken. Hat es Ihnen aber auch geschmeckt?« Viele Gäste fanden das lustig und fragten den kleinen Jungen mit der Jackson-Five-Frisur, was er denn tun würde, wenn sie jetzt ›Nein‹ sagen würden. Ari runzelte die Stirn, öffnete den Geldbeutel und antwortete: »Das tut mir leid. 15 Mark und 20 Pfennig, bitte.« Manchmal wurde er aber auch böse, rannte in die Küche und schaffte meine Mutter herbei. »Diese Menschen sagen, du kochst nicht gut.« Betreten sahen die Gäste zu meiner Mutter und entschuldigten sich: »Nein, nein, das war nur ein Scherz. Hat super geschmeckt!« Dann grinste Ari und wusste, dass das Trinkgeld wahrscheinlich höher ausfallen würde. Viele unserer Gäste sahen im »El Greco« auch deshalb nicht nur ein Restaurant, sie sagten ihren Freunden nicht: »Ich gehe heute Abend griechisch essen«, sie sagten: »Ich gehe heute zu Christo und Maria. Kommt ihr mit?«

Und viele unserer Gäste sahen in meinem Vater wenn nicht schon einen Freund, dann wenigstens einen guten Bekannten, den man gern wiedersieht. Er war das Aushängeschild des Lokals. Auch ich habe ihn für seinen direkten, zwanglosen Auftritt immer bewundert. Er verstand es meisterlich, den Menschen nahezukommen, ohne dass sie sich bedrängt fühlten. Er setzte sich zu ihnen an den Tisch, zündete sich eine Zigarette an und fragte: »Und? Was bewegt euch so in letzter Zeit?« Kurz: Er hatte Charme. Er sprach mit ihnen über Griechenland, über Brandt, Schmidt oder Kohl, über die RAF und den Karlsruher Sport Club (er ist seit

1975 Mitglied). Das Gesprächsthema war eigentlich egal. Selbst wenn am Tisch Professoren der Technischen Universität Karlsruhe saßen und sich über Kernfusion unterhielten, sagte er: »Physik, das haben wir Griechen erfunden.« Er hatte nicht den blassesten Schimmer von Kernfusion, aber nur Zuhören, das war meinem Vater schon immer irgendwie unmöglich. »Als Wirt«, hat er mir mal verraten, »bist du auch so etwas wie der Psychologe deines Gegenübers. Du solltest eigentlich immer wissen, was deine Gäste interessiert, welche Probleme sie gerade haben oder auf was sie sich besonders freuen. Denn mit kleinen Gesten, kannst du aus einem miesen Tag vielleicht doch noch einen schönen Abend machen.«

Eine der wichtigsten Gesten meines Vaters war das Ausbreiten seiner Arme. Gästen, die er noch nicht kannte, gab er zur Begrüßung die Hand. Sobald aber ein ihm bekannter Gast ins »El Greco« kam, breitete mein Vater seine Arme aus und umarmte ihn. Wie einen alten Freund. Er fragte, »Wie geht's?«, ging ein paar Schritte vor und – wenn es mehrere Personen waren – begleitete er die Gäste an ihren Tisch. Dann gab er ihnen die Speisekarte, hob eine Augenbraue an und sagte: »Ihr braucht eigentlich gar nicht in die Karte schauen. Maria hat heute Moussaka gemacht. Wollt ihr?«

Denn als Wirt, das ist eine weitere Stefanidis-Grundregel, darf man sich den Launen der Gäste nicht immer ausliefern. Oft ist es sogar angebracht, ihnen ein Angebot zu machen, das sie nicht ablehnen können. Frisch gebackenes Moussaka aus dem Ofen war immer so ein Angebot. Und wenn einer der Gäste doch lieber Fisch essen wollte, sagte mein Vater: »Sehr gute Wahl. Nimm das Zanderfilet, hab ich vorhin auch gegessen.« Fertig war die Bestellung. Wer hätte da noch widersprochen?

Dass das »El Greco« zu einem offenen Wohnzimmer wurde, hat viel mit diesen Grundregeln meines Vaters zu tun. »Alles Psychologie«, sagt mein Vater heute gern. Und nennt ein Beispiel: »Wenn ein Lokal voll besetzt ist und der Wirt sich an einen Tisch setzt und lacht und trinkt und redet, werden die anderen Gäste – überspitzt formuliert – ein bisschen neidisch. Das hat mir die Erfahrung gezeigt. Warum werden sie neidisch? Weil sie auch mit ihm lachen und reden wollen. Wenn du in einem Lokal eine familiäre Atmosphäre schaffst, wollen auch deine Gäste zu dieser Familie gehören. Und genau das ist uns gelungen. Wir haben alle unsere Gäste auch Teil unserer Familie werden lassen. Das war unser Erfolgsrezept. Und wenn du dir heute ein Bild von der Gastronomie machst, was siehst du da? Fast-Food-Ketten, Imbisse und Gaststätten, die mit Erlebnisgastronomie werben. Wie willst du in einem Imbiss oder einer Filiale von McDonald's, Burger King und wie sie alle heißen eine familiäre Atmosphäre schaffen? Und Stichwort ›Erlebnisgastronomie‹: Das ›El Greco‹ war schon in den Siebzigern ein Erlebnis. Ich habe die Gäste mit in die Küche genommen, ihnen aus den Töpfen zu probieren gegeben und ihnen deine Mutter vorgestellt. Sie liebten das.«

Mein Vater hat während der vergangenen vierzig Jahre sicher Hunderte, um nicht zu sagen Tausende Menschen kennengelernt, und da die meisten unserer Gäste Deutsche waren, hat er auf diesem Weg auch viel über dieses Land erfahren. Der einfache Zugang zu den privaten Anliegen dieser Menschen verschaffte ihm einen Einblick in das Wesen einer Nation, die sich seit 1963 rasant verändert hatte. Als Ausländer hatte er sowieso immer eine Art Außensicht auf die Dinge. Toni und Helmut Schmedt waren nur der Anfang. Sie gehörten noch jener Generation an, die den Krieg nicht nur miterlebt, sondern mitbestimmt hatte. Beide waren durch ihre erlittenen Erfahrungen fürs Leben geprägt, jeder auf seine Weise. Aber der Großteil der Deutschen hatte den Krieg nur in der Endphase erlebt, als die Alliierten Deutschland zurückdrängten und schließlich besetzten. Sie waren jene Gruppe, die man heute gern »Mitläufer« nennt. Sie hatten sich gegen das Hitler-Regime nicht aufgelehnt, obwohl viele von ihnen wahrscheinlich wussten, was sich zwischen den Fronten, in den besetzten Gebieten und in den Konzentrationslagern abspielte. Sie hatten vielleicht insgeheim darauf gehofft, dass sie nie direkt mit den Gräueltaten konfrontiert werden und sie deshalb weit von sich geschoben. Zu dieser Gruppe gehörte auch die Mehrheit des deutschen Bildungsbürgertums und der »kleine Mann von der Straße«, die jetzt gemeinsam bei meinen Eltern im »El Greco« saßen und froh waren, die Geschichte hinter sich gelassen zu haben.

Dass sich einige junge Menschen, Söhne und Töchter, mit der RAF dem bewaffneten Kampf gegen das System anschlossen, bewies aber vor allem eins: Die Bundesrepublik war auf dem direkten Weg, wieder eine versteinerte Republik zu werden, wenn sich nicht bald etwas ändern würde. Im Bundestag sagte der CDU/CSU-Politiker Alfred Dregger auf dem Höhepunkt der RAF-Krise: »Zehn Jahre lang wurde in manchen Fachbereichen mancher Universität ein Klima des geistigen und physischen Terrors geduldet. Zehn Jahre lang wurde durch Einübung von Rechtsbrüchen als alltäglichem Verhalten das für Terrorismus geeignete Umfeld geschaffen. Zehn Jahre lang haben wir dagegen Front gemacht und gewarnt und andere haben verharmlost und begünstigt. Gezüchtet wurde planmäßig in der jungen Generation Systemverachtung.« Dregger war ein ehemaliger Wehrmachtssoldat, ein rechtsgerichteter Nationalist, auf ihn ging der Slogan »Freiheit statt Sozialismus« zurück, mit dem die CDU bei der Bundestagswahl 1976 in den Wahlkampf zog. Für meinen Vater war Alfred Dregger ein Ignorant, auch wegen seiner unsäglichen Ausländerpolitik (Dregger war der Meinung, dass die deutsche Regierung Fremdenhass und Ausländerfeindlichkeit heraufbeschwört hatte, weil sie zu viele Ausländer ins Land ließ. Statt eine vernünftige Ausländerpolitik auf die Beine zu stellen, sah er das Völkische vom Multikulti bedroht) – und natürlich nannte mein Vater in vielen Diskussionen mit seinen Gästen Alfred Dregger »ein Arschloch«.

Auf der anderen Seite stand Willy Brandt, der im Bundestag auf Dregger antwortete: »Mich hat es empört, dass in den vergangenen Wochen eine Tendenz aufkam, als könne und dürfe man den kritischen Geist in die Nähe des Terrorismus rücken. Ist nicht auch Herr Dregger bereit zuzugeben, dass das neue Deutschland in der Welt nicht nur verbunden ist mit seiner Wirtschaftskraft, seinem Verteidigungsbeitrag oder der Außenpolitik, sondern auch mit den Namen Heinrich Böll, Günter Grass und Siegfried Lenz?«

Auch wenn die SPD sich in Sachen Ausländerpolitik nicht mit Ruhm bekleckerte, war das die Sicht, die meinem Vater besser gefiel. Seitdem sich Brandt im Dezember 1970 vor dem Ehrenmal der Helden des Ghettos in Warschau hingekniet hatte, war er meinem Vater sympathisch. Diese Geste der Demut hatte er einem deutschen Politiker, zudem einem regierenden Bundeskanzler, nie zugetraut.

Mein Vater, der den Deutschen direkt und indirekt seine Lebensgeschichte zu verdanken hatte, sah in den Menschen der Kriegsgeneration trotz der Erfahrung mit Helmut Schmedt nie potenzielle Täter oder »willige Vollstrecker«, wie es in den neunziger Jahren Daniel Goldhagen formulierte. Für ihn war jeder Gast, der ins »El Greco« kam, zunächst mal jemand, der gern etwas zu essen und zu trinken haben wollte. Nicht mehr, nicht weniger. Und das hat sich in den darauffolgenden Jahren auch nicht geändert. Was sich aber änderte, waren die Menschen, die zu uns ins Lokal kamen – und damit die Gesellschaft. Deutschland befand sich zweifellos im Umbruch.

»Als du geboren wurdest, im Sommer 1975, hatten wir wahnsinnig viel zu tun. Wir haben dir einen Spielteppich ins Lokal gelegt und du hast dort mit deinen Bauklötzen gesessen. Du warst ein sehr ruhiges Kind«, erinnert sich mein Vater. »Aber manchmal hast du geheult, und dann kam deine Mutter aus der Küche und die ganze Arbeit stand still. Das hatte keine Zukunft. Also haben wir überlegt, dich nach Griechenland zu deiner Oma zu schicken. Aber auch diese Idee war nicht gut. Deine Oma hatte schon genug mit Jorgo und Ari zu tun, ein drittes Kind konnten wir ihr nicht zumuten.« Das Dilemma: Jemand musste auf mich aufpassen, während meine Eltern arbeiteten. Aber wer?

Ein Jahr zuvor war Toni von Stuttgart nach Karlsruhe gezogen. Seine Frau Waltraud war 1972 an Krebs gestorben. Und Toni, schon seit ein paar Jahren in Frührente, hatte keine Kinder. Also kaufte er sich in Karlsruhe eine Wohnung. Fast überflüssig zu erwähnen: Er war jeden Tag im »El Greco«. Manchmal half er auch hinter der Theke aus. Meine Erinnerungen an ihn: Er war ein großgewachsener Mann mit riesigen Händen und einer breiten dunkelroten Nase. Seine Augen waren grüngrau und oft glasig. Und obwohl er mit mir oft in den Zoo ging und mich immer anlächelte, wirkte er auch auf mich sehr traurig. Ich glaube, die meisten Menschen können ihr Innerstes nicht verbergen – so sehr sie sich auch bemühen. Jedenfalls hatte Toni eine Idee. Er kenne da eine sehr, sehr nette Kinderkrankenschwester, die um die Ecke wohne. Sie könne sich doch um den Kleinen kümmern, sagte er eines Tages, als er sich gerade an die Theke lehnte, einen Metaxa in der Hand, und mit meinem Vater über mich sprach.

Die Burgeys hatten drei Söhne. Thomas, Matthias und Michael. Mein Vater kannte die drei. Sie kamen jeden Donnerstag mit der Katholischen Jugendgruppe ins »El Greco«. Erhardt Burgey, ihr Vater, hatte ein Malergeschäft in der Südstadt. Mein Vater hatte ihn 1970 beauftragt, im »El Greco« diesen Lehmton zu streichen. Erhardts Frau Hedwig, von der Toni sprach, kannte mein Vater nicht.

»Als ich Mama Hedi zum ersten Mal sah, habe ich ihr sofort vertraut. Sie war so eine zurückhaltende, zierliche, liebevolle Frau. Sie muss damals so um die fünfzig gewesen sein«, erinnert sich mein Vater. »Sie war eine sehr fromme Frau.« Toni arrangierte ein Treffen, und seit diesem Tag hatte ich eine deutsche Pflegemutter. Natürlich erinnere ich mich nicht an jene ersten Tage, als ich bei den Burgeys war, während eine Straße weiter das »El Greco« brummte. Meine Eltern hatten so viel zu tun, dass in der Küche neben meiner Mutter auch ihre allerbeste Schulfreundin und ihre Cousine aus

Griechenland zu Hilfe kamen. Mama Hedis Sohn Michael hat mir Jahre später erzählt, dass ich bei den Burgeys wie ein kleiner Bruder aufgenommen wurde – und so merkwürdig das klingen mag: Ich habe Hedwig Burgey all die Jahre danach auch in Anwesenheit meiner Mutter immer »Mama Hedi« genannt.

Mama Hedi war für mich der Inbegriff alles Guten. Sie war sehr ordentlich. Fürsorglich. Sie nahm mich mit in die katholische Kirche zur Heiligen Messe und übte mit mir Matheaufgaben. Sie sagte, ich müsste lernen, ruhig auf einem Stuhl zu sitzen, als sie in meinem Grundschulzeugnis unter dem Punkt »Verhalten« die Wörter »temperamentvoll und bisweilen unkonzentriert« las. Und tatsächlich ließ sie mich dann auf einem Stuhl sitzen und gab mir ein leeres Blatt Papier sowie Malstifte. »Mal ein Bild«, sagte sie und ich malte. Sie lobte mich, obwohl ich kein begnadeter Maler war. Sie brachte mir das Zähneputzen bei. KAI: Kauflächen-Außenflächen-Innenflächen. Wenn sie sich im »El Greco« hinsetzte, strich sie immer ihren langen Rock glatt. So wie meine Oma Theodora es tat. Und wenn ich meinen Teller nicht leer aß, erzählte sie mir von den Folgen: Schlechtes Wetter, Regen, keine gemeinsamen Ausflüge in den Zoo. Mama Hedi fuhr mich im Kinderwagen fast jeden Tag in den Zoo. Später, als ich älter wurde, spazierte sie mit mir in den Zoo und erklärte mir, warum Giraffen einen langen Hals haben und dass sie das höchste auf dem Land lebende Tier der Welt seien. Ich kann ihre Ausführungen bis heute eins zu eins runterbeten: Manche Giraffen werden bis zu sechs Meter hoch und wiegen fast zwei Tonnen. Die Weibchen sind in der Regel etwas kleiner und leichter als die Männchen. Der Hals der Giraffen ist zwar außergewöhnlich lang, aber besteht wie bei fast allen Säugetieren nur aus sieben Halswirbeln. Und weil die Giraffe so einen langen Hals hat, braucht sie ein starkes Herz. Es kann bis zu sechzig Liter Blut pro Minute pumpen und wiegt zwölf Kilo. »Das Herz der Giraffe wiegt also ungefähr so viel, wie du heute wiegst«, hat sie einmal gesagt, und ich war von diesem Vergleich sehr beeindruckt.

Die Zunge der Giraffe kann bis zu fünfzig Zentimeter lang werden und greift zu wie eine Hand. Mama Hedi wusste wahnsinnig viel über die Tiere im Karlsruher Zoo – und ich liebte sie dafür. Ob Giraffen, Eisbären, Schimpansen oder Meerschweinchen, Mama Hedi stellte sich mit mir vor die Gehege und erklärte mir die Welt. Jedes Mal aufs Neue.

Mama Hedi bekam jeden Monat 300 Mark von meinem Vater. Aber das spielte keine Rolle. Mama Hedi war für mich Deutschland. Und sie hat mir 1976 wahrscheinlich das Leben gerettet.

Die Geschichte habe ich sie oft erzählen lassen, weil ich spürte, dass sie uns verband. Die Geschichte geht so: Im Sommer 1976 wollten meine Eltern mit dem Auto nach Griechenland fahren. Der erste Urlaub seit der Eröffnung des »El Greco«. Mit dabei im Auto: meine Oma Theodora und Ari. Auch ich sollte mitfahren, aber Mama Hedi hatte einen merkwürdigen Traum. Sie steht am offenen Fenster, trägt mich auf ihrem Arm; plötzlich mache ich eine abrupte Bewegung und falle, stürze aus dem Fenster, Mama Hedi erschreckt, aber greift blitzschnell nach der Uhr, die auf ihrer Wohnzimmerkommode steht und stoppt den Minutenzeiger. »Ich habe einfach die Zeit angehalten«, sagte sie immer mit einem Lächeln, wenn sie die Geschichte erzählte. Mit der Uhr in der Hand rennt sie aus der Tür, die Treppen hinunter, öffnet unten die Haustür und blickt nach oben. Dann hört sie die Uhr wieder ticken, breitet ihre Arme aus und fängt mich augenblicklich auf.

Diesen Traum hatte Mama Hedi meiner Mutter erzählt, als sie kam, um mich für die Reise nach Griechenland abzuholen. Sie bat meine Mutter, mich dazulassen. Der Traum sei »ein Wink des lieben Gottes« gewesen, sagte sie ihr. Meine Mutter war noch nie besonders abergläubisch, aber sie fragte ihre Mutter, also Oma Theodora, was sie von diesem Traum halte. Und Oma Theodora fragte: »Ist diese Frau sehr gläubig?« Meine Mutter bejahte, und Oma Theodora befahl meiner Mutter, mich über den Sommer bei Mama Hedi zu lassen.

Auf dem Hinweg passierte nichts. Mein Vater fuhr damals einen blauen Opel 19. Auf dem Rückweg von Griechenland nach Deutschland, am 10. September, zwischen Belgrad und Zagreb, nahe der Kleinstadt Novo Mesto, meine Oma und Ari saßen auf der Rückbank, auf dem Dach hatte mein Vater eine von Toni zusammengebastelte Kiste, in der mehrere grüne Flokati-Teppiche für das »El Greco« lagen. Im Morgengrauen krachte der blaue Opel mit dem Karlsruher Kennzeichen in ein entgegenkommendes Fahrzeug, das einen LKW überholen wollte. Der Opel wurde in einen Graben geschleudert.

Mein Vater kam erst Minuten nach dem Unfall wieder zu Bewusstsein. Er hörte Ari, damals vier Jahre alt, schreien: »Papa, Papa, hilf mir, Oma erstickt mich.« Ari war von der Rückbank hinter den Fahrersitz gerutscht, über ihm lag meine Großmutter, bewusstlos, er war eingeklemmt. Mein Vater stieg aus, zog zuerst meine Großmutter aus dem Wagen, dann Ari und versuchte schließlich die Beifahrertür zu öffnen, aber es gelang ihm nicht. Weit und breit war keine Polizei oder ein Krankenwagen zu sehen. Er ging wieder zur Fahrertür, krabbelte hinüber zu meiner Mutter, und nahm all seine Kraft zusammen, um sie über die Kupplung und den Fahrersitz nach draußen zu zerren. Es gelang. Dann kam endlich die Polizei und auch ein Krankenwagen. Meine Großmutter und meine Mutter waren bewusstlos und blutüberströmt. Ari hatte ein paar Prellungen und Schürfwunden. Mein Vater schien gar nicht verletzt. Der herbeigeeilte Arzt kümmerte sich zuerst um die beiden Frauen, dann inspizierte er den Jungen. Der Krankenwagen hatte aber nicht genug Platz für alle. Mein Vater verstand kein Jugoslawisch beziehungsweise Slowenisch, also winkte er nur. »Schon gut, schon gut«, sagte er und ließ den Krankenwagen abfahren. Dann brach er zusammen.

Zwei Wochen hat er in einem Krankenhaus in Novo Mesto gelegen. Von der Wucht des Aufpralls hatte sich das Lenkrad des Opels verbogen. Er hatte mehrere Brüche im Gesicht, das Röntgenbild sah aus, als zeigte es gesplittertes Glas: Kiefer, Jochbein, Nase, alles gebrochen. Schädelbruch, Brustquetschung, aber »wie durch ein Wunder keine inneren Blutungen«, sagte ihm der in Deutschland ausgebildete Chefarzt des Kleinstadtklinikums. »Wie geht's meiner Frau?«, fragte mein Vater. »Es geht allen den Umständen entsprechend gut. Keine Sorge«, sagte der Arzt, »die beiden Frauen und ihr Sohn werden keine bleibenden Schäden davontragen.« Mein Vater hörte die Worte, verstand ihre Bedeutung und schlief ein.

Dank des ADAC-Komplettpakets wurden alle vier zwei Wochen später mit Hubschraubern nach Karlsruhe geflogen. Der Mann, der das entgegenkommende Fahrzeug im Morgengrauen fuhr, starb noch an der Unfallstelle.

Wäre ich damals mitgefahren, hätte Mama Hedi nicht diesen merkwürdigen Traum geträumt, wer weiß, wie die Sache ausgegangen wäre. Oma Theodora, die es immer mit ein bisschen Argwohn betrachtete, dass ich die deutsche Frau »Mama« nannte, nahm Hedwig Burgey nach ihrer Ankunft aus Jugoslawien in den Arm, küsste sie auf die Stirn und sagte: »Du hast unseren kleinen Alexandros gerettet, du gehörst zu unserer Familie.« Dem »Wink des lieben Gottes« sei Dank.

Knapp ein Jahr nach dem Unfall meiner Eltern, so erzählt es die zur Legende gewordene Familiengeschichte, war der »kleine Alexandros« von seiner Spieldecke im »El Greco« verschwunden. Die Bauklötze und Matchbox-Autos lagen noch da, aber ich war weg. Und ich blieb weg. Es wurde Mittag, es wurde Abend, die Polizei wurde eingeschaltet und fahndete im Karlsruher Stadtgebiet nach einem kleinen dunkelhaarigen Wuschelkopf, Oberbürgermeister Otto Dullenkopf, der mit seiner Familie gern bei uns aß, rief meine Eltern an und versicherte, dass alles getan würde, um den »kleinen Alexander« zu finden. Von Entführung war die Rede. Von Lösegeld. Es war 1977, die Tage des sogenannten Deutschen Herbstes.

Damals gerieten die Leute schnell in Panik, wenn etwas Unvorhergesehenes passierte. Mehrere unserer Stammgäste machten sich auf und suchten auf Spielplätzen und dunklen Unterführungen nach mir. Natürlich auch Mama Hedi.

Aber warum sollte jemand einen kleinen griechischen Jungen wie mich entführen? Diese Frage stellte sich anscheinend niemand. Ich war fast schon zwölf Stunden unauffindbar – und gesucht hatte man schon überall: in unserer Wohnung, im Keller des Gebäudes, bei Nachbarn, in den Straßen rund um unser Lokal, in der benachbarten Nebenius Schule und der Volksbank. Wie vom Erdboden verschluckt.

Meine Mutter machte meinem Vater Vorwürfe, dass sie beide zu sehr aufs Geschäft fixiert seien und zu wenig auf ihre Kinder, mein Vater schwieg. An diesem Tag gab es im »El Greco« nichts zu essen und nur wenig zu trinken. Vor dem Restaurant stand eine Gruppe von zwanzig, dreißig Menschen, manche kamen gerade als erfolgloser Suchtrupp zurück, andere sprachen meinen Eltern Mut zu. Vielleicht ist es ein bisschen übertrieben, aber es schien so, als wäre die ganze Stadt in heller Aufregung. Auf jeden Fall war am nächsten Tag mein Bild in der Zeitung. Ich wurde dort offiziell als »vermisst« erklärt. In dem Artikel stand auch etwas über das »El Greco«, »beliebt« sei das Lokal seit sieben Jahren bei den Karlsruhern, »einer der ersten Griechen« in der Stadt, der Wirt und seine Frau seien »liebe Leute«, die immer »alles« für ihre drei Jungs tun. Und so weiter. Es ist vielleicht purer Sarkasmus, aber das war natürlich unbezahlbare Werbung für das »El Greco«. Und dass ich nicht entführt worden war, versteht sich auch von selbst. Der Legende nach bin ich mit meinen zweieinhalb Jahren einfach von meiner Decke aufgestanden und in einem Moment ausgebüxt, in dem gerade zur Mittagszeit im Restaurant viel los und mein Vater abgelenkt war. Es muss irgendwann kurz vor Mitternacht gewesen sein, die besorgten Stammgäste des »El Greco« waren schon nach Hause gegangen, als mich der bärtige Martin, einer der Bierchentrinker vom Tresen des »El Greco«, in seiner Schubkarre vor das Lokal fuhr. Meine Eltern und Mama Hedi waren immer noch im Lokal.

Der Karlsruher Zoo, mein Lieblingsaufenthaltsort damals, hat in der Mitte seines Areals einen kleinen Hügel, von dem man über die Dächer Karlsruhes schauen kann. Natürlich hatte man auch im Zoo nach mir gefahndet, aber nur vor den Gehegen der Tiere, vor den Giraffen, Eisbären, Meerschweinchen und Schimpansen, niemand war auf die Idee gekommen, ich könnte auf den Hügel gekraxelt sein, um mir die Stadt anzuschauen. Jedenfalls muss ich dort den ganzen Tag verbracht haben, denn nirgendwo anders fand mich der bärtige Martin. Sein Job war es eigentlich, die Gehwege des Zoos von Ästen und Laub zu säubern und abends die Kasse des Aussichtsfernrohrs auf dem Hügel zu leeren. Das war wie immer die letzte Aufgabe seines Arbeitstages.

Natürlich waren alle froh, dass ich nicht entführt worden war. Und natürlich stand mein Foto am darauffolgenden Tag wieder in der Zeitung, diesmal in den Armen meiner Eltern. In dem Artikel stand, dass ich mir vom Hügel des Karlsruher Zoos die Stadt angeschaut habe, während die Stadt um mein Wohlergehen besorgt und auf der Suche nach mir war. Mein Verschwinden hatte also nichts mit der RAF zu tun. In den nächsten Monaten platzte das »El Greco« aus allen Nähten. Und Mama Hedi dankte Gott.

Wer in einem Restaurant aufwächst, lernt zwangsläufig viele Menschen kennen. Das prägt. Und es hilft, Menschen besser einzuschätzen. Hedwig Burgey war eine gottesfürchtige, demütige, großartige Frau. Sie starb 2009 im Alter von vierundachtzig Jahren. Mama Hedi hatte viele Freunde, und zu ihrem Begräbnis kamen viele Menschen.

Das »Alexis Zorbas« – die Jahre 1978 bis 1982

Das »El Greco« musste 1978 umziehen. Ein paar Straßen weiter, in die Augartenstraße. Immer noch Karlsruher Südstadt, immer noch Ausländerviertel, aber gegenüber war ein katholischer Kindergarten und nicht der Karlsruher Zoo. Sehr beruhigend, wie meine Eltern fanden. Das neue »El Greco« hieß »Alexis Zorbas«. Der Umzug war notwendig geworden, weil der Pachtvertrag der Brauerei mit den Hauseigentümern ausgelaufen war. Meine Eltern waren im »El Greco« nur die Untermieter des eigentlichen Pächters Stuttgarter Hofbräu. Da aber die Brauerei mit dem Bierumsatz im »El Greco« sehr zufrieden war, bot ihnen Alois Schmidt das »Alexis Zorbas« an. Das »Zorbas« hieß vorher »Badenia« und hatte einen noch schlechteren Ruf als das »Café am Zoo« früher. Es war eine richtige Absteige. »Wenn einer den Laden wieder aufpolieren kann, dann bist du das«, hatte Schmidt zu meinem Vater gesagt und ihm die Schlüssel übergeben. Die Umbau- und Renovierungsarbeiten kosteten 35 000 Mark. Mein Vater ließ wieder Mama Hedis Mann Erhardt die Wände in diesem Lehmton streichen und Toni exakt dieselben Helden- und Götterfiguren an die Wände malen. 35 000 Mark, das war gerade so viel, wie meine Eltern in den letzten Jahren auf die Seite gelegt hatten. Zwar verdienten sie im »El Greco« viel Geld, der reine Gewinn lag monatlich etwa bei 10 000 Mark, aber mein Vater gab es schneller aus, als er es einnahm. Das Casino in Baden-Baden wurde zu einer Art zweite Heimat für ihn. Je mehr Geld er hatte, desto höher wurden seine Einsätze. Nach Stuttgart, zu seinen alten Hinterzimmerrunden, zog es ihn seltener, seitdem er wieder mit dem Spielen angefangen hatte.

Das »Badenia« war ein ungewöhnliches Lokal. Obwohl es mitten in der Stadt lag, war es ein alleinstehendes zweistöckiges Gebäude. Das Haus war schon ein bisschen in die Jahre gekommen, und ich denke, dass die Erbauer nicht damit gerechnet hatten, dass daraus jemals ein Restaurant werden würde. Der Innenraum der Gaststätte befand sich im Erdgeschoss. In einem Anbau, gleich neben der Eingangstür, waren die Toiletten untergebracht. Die Wohnung der Wirtsleute und die Küche des Lokals waren im ersten Stock. Von meinem Kindergartenstuhl, der wie bei einem Regisseur auf der Rückseite der Stofflehne den Namen Alexandros trug, konnte ich in die Küche des neuen »El Greco« schauen, wo meine Mutter jeden Tag kochte und mir zuwinkte, wenn wir Kinder im Hof Fangen spielten. Da meine Eltern gegenüber ein Restaurant führten, war ich bei den anderen Kindergartenkids sehr beliebt. Ich lud regelmäßig Freunde zum Schnitzelessen bei uns ein. Die Küche im ersten Stock und das Restaurant waren über einen Warenaufzug, der die Ausmaße einer größeren Mikrowelle hatte, verbunden. Oben stellte meine Mutter zum Beispiel das Souvlaki mit Reis und einen gemischten Salat als Beilage in den Aufzug, unten erklang bei Ankunft eine Glocke, und mein Vater nahm das fertige Gericht entgegen, um es unseren Gästen zu servieren. Da dieser Fahrstuhl in Stoßzeiten zu langsam war, bestand Aris und meine Aufgabe manchmal darin, das Essen von der Küche über die Treppe nach unten zu tragen – so schnell und so oft wir konnten. So lernten wir schon relativ früh das Balancieren mehrerer Teller, bald auch ohne auf die Stufen zu achten. Eine Kindergartenbetreuerin, sie hieß Hildegard, meldete das später mal dem Jugendamt. »Kinderarbeit ist in Deutschland verboten«, sagte sie meiner Mutter. Das Jugendamt schickte einen freundlichen Mann ins »Alexis Zorbas«. Ich musste ihm die Arbeitsszenen nachspielen und flitzte die Treppen so schnell ich konnte mit leeren Tellern rauf und runter. Er bestellte sich in der Zwischenzeit ein Pils. Der Vorwurf wurde nicht weiter protokolliert. Hildegard sagte zu meiner

Mutter, sie habe nur ihre Pflicht getan. Man wisse ja nie, wie es hinter der Fassade in einer »solchen« Familie zuginge. Sie meinte damit, eine *ausländische* Familie. Meine Mutter zeigte ihr den Vogel. Ich war fünf Jahre alt und fand meine Arbeit im »Zorbas« großartig. Das sagte ich auch dem Mann vom Jugendamt. Mein Vater nannte Hildegard zwar nicht Arschloch, aber »blöde Kuh«.

Da meine Brüder Jorgo und Ari den Großteil ihrer Kindheit – im Gegensatz zu mir – in Griechenland verbrachten, musste ich mir ein paar Freunde suchen. Mein Kindergarten lag zwar nur auf der anderen Straßenseite, aber ich ging die paar Meter bis zum Kindergartentor immer mit Simone, der Tochter unserer Nachbarn. Hand in Hand. Das waren die schönsten zwanzig Sekunden des gesamten Tages. Simone hatte braune, schulterlange Haare und blaue Augen. Da sie mit Nachnamen Metzger hieß, dachte ich als Kind immer, ihr Vater wäre tatsächlich Metzger. Aber das hat sich später als Irrtum herausgestellt. Ihr Vater hieß zwar Metzger, aber er war kein Schlächter. Im Gegenteil, er wurde selbst erstochen. Und das kam so: Simones Vater war einer der Bierchentrinker im »El Greco« gewesen, und jetzt war er einer der Bierchentrinker im »Alexis Zorbas«. Er arbeitete bei einer Versicherung und war Alkoholiker. Seine Frau hieß Hildegard und war meine Kindergartenbetreuerin. Manchmal, das hat sich in den Jahren immer mal wiederholt, hatten die Bierchentrinker des »Alexis Zorbas« Ärger mit ihren Frauen. Wahrscheinlich weil sie den ganzen Abend bei uns an der Theke saßen und ein Bier nach dem anderen tranken. Nachts gingen sie dann betrunken nach Hause und waren nicht mehr sie selbst. Simones Vater schlug dann seine Frau.

Ich habe mir jahrelang bei dem Begriff »Alkoholiker« nichts Schlimmes gedacht. Hildegard hatte Alkoholiker als Menschen bezeichnet, die viel Alkohol trinken, und unsere Kindergartengruppe gefragt, ob jemand einen Alkoholiker kenne. Ich streckte als Einziger die Hand. »Ja, mein Vater trinkt viel Alkohol«, sagte ich. »Und bei uns sind ständig Alkoholiker zu Gast«, fügte ich nicht ohne Stolz hinzu. Hildegard schaute mich an, als hätte ich ihr einen Stich ins Herz versetzt. Sie kritzelte etwas auf einen Zettel und wechselte das Thema. Drei Tage später hatten wir wieder das Jugendamt im Lokal. Diesmal kam eine Frau in Begleitung eines sehr ernst schauenden Mannes, der aber kein Wort sagte. Ich saß wie immer am Ende der Theke und schaute Rolf, einem anderen Bierchentrinker, dabei zu, wie er an unserem Geldspielautomaten verzweifelte. Als die Frau vom Jugendamt meinen Vater fragte, ob er Alkoholiker sei, schaute er kurz zu mir rüber und fragte mich auf Griechisch, ob ich im Kindergarten wieder Blödsinn geredet hatte.

Zugegeben: Ich hatte so eine Zeit, da erzählte ich im Kindergarten und auch später in der Schule die größten Märchengeschichten. Dass wir mit der Onassis-Familie verwandt wären zum Beispiel. Als mir niemand glaubte, klaute ich am nächsten Tag ein paar Zwanzig-Mark-Scheine aus der Kasse, die immer in der Schublade in der Theke lag, ging in die Schule und verteilte sie in der großen Pause an Mitschüler, die wöchentlich weniger als eine Mark Taschengeld von ihren Eltern erhielten. Ich hielt eine Mark Taschengeld pro Woche für eindeutig zu wenig und fühlte mich einen Tag für so etwas wie Robin Hood – bis am darauffolgenden Elternabend einige Eltern wiederum meine Eltern fragten, ob wir wirklich mit der Onassis-Familie verwandt wären und warum ich Geld in der Schule verteile. Das Gesicht meiner Eltern hätte ich mir in dem Moment gern angesehen, aber ich bekam für die nächsten Wochen nur die Wände meines Zimmers zu sehen. Hausarrest.

Auf die aktuelle Frage meines Vaters, ob ich wieder Blödsinn im Kindergarten erzählt hätte, zuckte ich allerdings nur mit den Schultern. Ich war mir keiner Schuld bewusst. Als mein Vater ruhig antwortete, dass er kein Alkoholiker sei, wollten die Menschen vom Jugendamt Zeugen für seine Aussage. Also fragten sie Simones Vater, der gerade am Tresen Platz genommen hatte. »Der Christo, Alkoholiker?« Er lächelte. »Ganz sicher nicht, das wüsste ich, glauben Sie mir. Ich komme jeden Tag hierher.« Simones Vater bestellte sein erstes Pils für den Abend und die Mitarbeiter des Jugendamts zogen unverrichteter Dinge wieder ab.

Erst vor dem zu Bett gehen fiel mir dann plötzlich Hildegards Frage wieder ein und dass ich als Einziger die Hand gestreckt hatte. Ich krabbelte aus dem Bett, ging die Treppe zum Lokal hinunter, öffnete einen Spaltbreit die Tür und lugte mit dem Kopf hervor. »Pssst! Papa!« Er hörte mich nicht. »Papa!« rief ich lauter. Mein Vater stand hinter der Theke, ein Cognacglas in der Hand, und sprach mit Simones Vater. Ich setzte mich hin und beobachtete ihn für eine Weile. Er trank das Glas aus, schenkte nach und stieß sofort wieder mit Rolf und Simones Vater an. Es war zu laut, um zu hören, über was sie sich unterhielten. Aber ich stellte mir zum ersten Mal eine Frage, die mir nicht gefiel: Was ist, wenn mein Vater wirklich ein Alkoholiker ist? Denn mittlerweile hatte ich zumindest begriffen, dass es nichts Gutes war. Ich schloss die Tür, ging die Treppe wieder hinauf und legte mich ins Bett. Kurz bevor ich einschlief, schwor ich mir, nie wieder etwas Unbedachtes über meinen Vater zu sagen.

Erst Jahre später zog ich erste Analogien zwischen den mehrmaligen Besuchen der Jugendamtmitarbeiter bei uns im Lokal und der Statistik zur Ausländerkriminalität. Die offensichtliche Parallele: Der prozentuelle Anteil der von Ausländern begangenen Straftaten war – so lange ich denken kann – schon immer höher als ihr Anteil in der Bevölkerung; ebenso war es mit den Besuchen der Jugendamtmitarbeiter: Während sie mehrmals bei uns im Lokal auftauchten, klopften sie zum Beispiel niemals an der Tür von Simones Eltern. Als sie wieder einmal unangemeldet ins Restaurant kamen, weil mein Bruder Ari in den Garten der Nachbarn gekackt hatte (sie hatten seinen Fußball beschlagnahmt, weil er ständig vor ihrem Haus kickte, und seine fäkale Racheaktion hatten wiederum andere Nachbarn bezeugt und gemeldet), malten gerade zwei engagierte Kunststudenten griechische Götter an die Wände des

Lokals. Die Jugendamtmitarbeiter meldeten die »Vorkommnisse« ans städtische Ordnungsamt und prompt hatte mein Vater eine Klage wegen illegal Beschäftigter an der Backe.

Simones Vater kam eines Tages nicht mehr ins »Zorbas«. Ihre Mutter hatte ihm eines Nachts ein Messer in den Rücken gerammt. Notwehr, hieß es. Hildegard wurde in eine psychiatrische Anstalt eingewiesen. Das bedeutete auch das Ende meiner Liaison mit Simone. Sie kam in ein Heim. Ich habe sie nie wieder gesehen.

Aber bevor jetzt der Eindruck entsteht, dass das »Zorbas« eine Trinkhalle war, muss ich das Bild ein bisschen zurechtrücken. Es stimmt: Anfangs, als meine Eltern das »Badenia« übernommen hatten und daraus das »Alexis Zorbas« wurde, saßen an der langen Theke vorzugsweise Männer, die viel tranken. Aber das waren neben Toni und Simones Vater nur noch Rolf, ein Malermeister aus der Nachbarschaft, der täglich am Spielautomaten hing und sich deshalb sehr gut mit meinem Vater verstand, und Herr von Dinkelberg, ein älterer Mann, der früher Professor für Mathematik an der Tübinger Uni gewesen war, aber wegen eines dubiosen Rückenleidens in Frühpension geschickt wurde. Dubios war sein Rückenleiden vor allem deshalb, weil er meinem Vater immer von seinen tollen Skitouren in den Schweizer Alpen erzählte, die er sich zweimal im Jahr leistete.

Meine Eltern schafften es innerhalb kürzester Zeit, aus dem »Alexis Zorbas« den (nach unserer Meinung und ganz unbescheiden) besten Griechen der Stadt zu machen. Der Umsatz stieg von anfangs 200 Mark am Tag innerhalb weniger Wochen auf 1000 bis 1500 Mark. Anstatt ins »El Greco« zu gehen, kamen unsere früheren Gäste nun eben ins »Alexis Zorbas« – und das, obwohl das »El Greco« von einem neuen griechischen Pächter übernommen wurde. Während der siebziger Jahre hatte es sich unter Griechen natürlich herumgesprochen, dass man mit einem Restaurant viel Geld machen kann. Unser altes »El Greco« übernahm Fotis, ein gutaussehender Grieche, der früher bei meinem Vater oft als Kellner ausgeholfen hatte. Aber das »El Greco« und das »Alexis Zorbas« waren längst nicht mehr die einzigen Griechen in Karlsruhe. Es ist nur eine Schätzung, aber Anfang der Achtziger muss es in der Stadt schon gut zwei Dutzend griechische Restaurants gegeben haben – vor allem wenn man die Vereinsgaststätten in den Karlsruher Vororten dazurechnet. Und unter diesen zwei Dutzend waren einige, die ihr Restaurant zu einem nicht unerheblichen Teil meinem Vater zu verdanken hatten: Entweder weil er ihnen am Anfang auf den Behörden half und zum Beispiel bei Karl Baumann ein gutes Wort für sie einlegte oder ihnen den Kontakt zu Alois Schmidt und anderen Brauereivertretern verschaffte oder weil er ihnen schlicht das benötigte Geld lieh.

Bei all den schlechten Eigenschaften, die mein Vater zweifellos mit sich herumschleppt, kann ich als sein Sohn eins behaupten: Egal wo meine Brüder oder ich in Karlsruhe auftauchten, immer war der Ruf unseres Vaters bereits vorausgeeilt. Jeder kannte ihn. Er hatte unter den Griechen so etwas wie eine Vorreiterrolle eingenommen, und viele nahmen sich ein Beispiel an ihm. Natürlich barg sein Erfolg auch das Problem, dass viele neidisch darauf waren. Und ich bin mir sicher, dass über unsere Familie in Karlsruhe viele Meinungen und noch mehr Gerüchte kursierten und auch heute noch kursieren – gute wie schlechte, wahre und unwahre. Aber mein Vater hat auf die kursierenden Gerüchte nie etwas gegeben. Er sagte immer zu uns: »Jungs, das Wichtigste ist, dass ihr mit euch selbst im Reinen seid. Wenn das der Fall ist, kann euch kein Gerücht der Welt etwas anhaben.«

Allerdings tauchte Anfang der achtziger Jahre im »Zorbas« ein Gerücht auf, dem sich mein Vater als griechischer Wirt stellen musste – ob er nun mit sich im Reinen war oder nicht: Eines Tages kam eine Gruppe Studenten ins »Zorbas« und verlangte Retsina. Mein Vater brachte ihnen Retsina. Zu den gängigen griechischen Winzern, die Retsina in Griechenland anbauen, gehören die Firmen Kourtaki, Malamatina und Georgiadis. Wir hatten damals

Kourtaki und Malamatina im Angebot. Also brachte mein Vater den Gästen einen Kourtaki, öffnete die Flasche, stellte die typischen dickrandigen Gläser dazu und wünschte »Zum Wohl!« Aber die Studenten blickten meinen Vater an, als hätte er ihnen gerade reinen Essig aufgetischt. »Nein, nein, wir wollen keinen weißen Retsina, wir hätten gern roten Retsina!« Roten Retsina? Mein Vater beugte sich näher zu den Gästen und fragte: »Wie bitte?« – »Wir hätten gern roten Retsina.« Er hatte als Wirt ja schon einiges gehört. Unerhörtes: Gäste, die beim Griechen fröhlich Kebab, oder noch besser: einen türkischen Mokka, bestellten. Unglaubliches: Dass jeder Grieche einen Mercedes fahren würde. (Mein Vater fuhr ab Mitte der Achtziger tatsächlich einen!) Verrücktes: Dass in jedem Bauernsalat mindestens dreizehn schwarze Oliven sein mussten. Aber roter Retsina? Das war schon allerhand. »Der andere Grieche in der Innenstadt hat roten Retsina. Sie nicht?«, fragte das einzige Mädchen der Gruppe, als sie das überraschte Gesicht meines Vaters sah. Mein Vater schüttelte den Kopf. Nicht weil er keinen roten Retsina im Angebot hatte. Er schüttelte den Kopf, weil so etwas wie ein roter Retsina schlicht nicht existiert. »Es gibt nur weißen Retsina«, sagte mein Vater trocken. »Schade«, sagte das Mädchen, »dabei habe ich mich so auf den roten Retsina gefreut.« Wie gern hätte er den Umstand erklärt, dass sie einem schlechten Scherz aufgesessen war. Aber mein Vater zögerte. Er wollte dem Kollegen, wer auch immer es war, nicht in den Rücken fallen. »Darf ich fragen, wo sie den roten Retsina getrunken haben?«, fragte er schließlich. »Im ›Akropolis‹«, sagte das Mädchen. »Aber ist schon okay, die Jungs trinken den hier und ich nehme einen roten Demestica.« – »Sehr gern«, antwortete mein Vater und lächelte. Das »Akropolis« gehörte Michalis.

Was hatte Michalis den Studenten da serviert?, fragte sich mein Vater. Er wollte ihn anrufen, aber hatte so viel zu tun, dass er es vergaß. Am nächsten Tag kam Michalis im »Zorbas« vorbei, so wie er es jeden Montag, seinem Ruhetag, tat. Er setzte sich an die Theke und begrüßte meinen Vater. »Ja su, Christo!« In dem Moment fielen meinem Vater wieder die Studenten ein.

»Ja su, Michali! Wie geht's? Bist du vielleicht gekommen, um einen roten Retsina zu trinken?« Michalis schob seine Stirn in Falten: »Roten Retsina? Bist du verrückt geworden?«

»Bei mir waren gestern ein paar Studenten, die roten Retsina trinken wollten. Kommt dir das nicht irgendwie bekannt vor?«

»Nein.« Michalis log.

»Pass gut auf, Michali«, sagte mein Vater. »Wenn ich noch mal eine Gruppe hier habe und die verlangen von mir roten Retsina, dann sage ich ihnen die Wahrheit. Also, lass den Scheiß mit dem roten Retsina. Alles klar?«

»Schon gut. Das Problem ist: Ich habe keine Weinkaraffen und fülle deshalb den roten Athos in die 0,5-Literflaschen Retsina um. Verstehst du?«

»Du verkaufst roten Retsina. Das geht nicht.«

»Es ist doch nicht meine Schuld, wenn die Leute denken, es handelt sich um roten Retsina.«

»Hör zu: Entweder du kaufst dir endlich richtige Karaffen oder ich erzähle den Leuten, was für ein Arschloch du bist, verstanden?«

»Ja, verstanden. Kannst du mir für morgen ein paar Weinkaraffen leihen?«

Das Gerücht, es gäbe rote Retsina, war mit diesem kurzen verbalen Schlagabtausch aus der Welt geschafft.

Um sich von den anderen Griechen zu unterscheiden, beschlossen meine Eltern, die Speisekarte des »Zorbas« zu erweitern. Jeder Grieche hatte mittlerweile Statuen griechischer Götter im Lokal stehen, jeder bot mittlerweile »Grillspezialitäten«, Zaziki, Bauernsalat und Moussaka an. Das war nichts Besonderes mehr. Es war die Zeit, als fast alle Griechen den Souvlaki-Spieß auf einmal nicht mehr Souvlaki-Spieß nannten, sondern »Herkules«-Spieß. Einen Teller mit verschiedenen gegrillten Fleischsorten nannten sie nicht mehr Grillteller, sondern »Dorf«- oder »Apollon«-Teller. Was sie damit bezweckten? Sie wollten origineller als die anderen griechischen Restaurants sein. Aber diese Originalität wurde bald zur Routine. »Wenn wir etwas ändern, dann müssen wir uns auch etwas Neues einfallen lassen«, sagte mein Vater. »Wir werden ganz sicher unsere Spieße nicht in »Herkules« oder »Apollon« umbenennen, das ist doch Unsinn.« Im Sommer reiste er mit meiner Mutter nach Griechenland und besuchte jeden Abend eine griechische Taverne. Er bestellte immer mehr, als die beiden essen konnten. Er probierte von jedem Gericht ein bisschen und zum Ende des Urlaubs hatten die beiden eine Liste mit neuen Vorspeisen und Hauptgerichten erstellt, die sie fortan im »Zorbas« anbieten wollten.

Zu den neuen Vorspeisen gehörten Melizanosalata (Auberginencreme), frische Dolmadakia (Weintraubenblätter gefüllt mit Reis), Chtipiti (Schafskäsecreme), gegrilltes Knoblauchbrot mit Tomaten und Feta Skara (gegrillter Schafskäse in Joghurtsauce mit kleingeschnittenen Zwiebeln und entkernten Oliven). Zu den neuen Hauptspeisen zählten Pastitio (Maccaroni-Auflauf), Jemistes Piperies (gefüllte Paprika mit Reis aus dem Ofen) und Papouzaki (gebackene Aubergine gefüllt mit Zwiebeln oder Hackfleisch). Das alles kam auf die neue Karte des »Zorbas«. Mein Vater bewarb das neue Angebot mit Anzeigen in der Zeitung und kurzen Spots in meinem Karlsruher Lieblingskino, der Schauburg. Außerdem versprach er jedem Gast einen Ouzo Gratis. Der Gratis-Ouzo schlug ein wie eine Bombe.

Mein Vater gab schon Anfang der siebziger Jahre immer einen Ouzo aus. »Wenn ein befreundetes Pärchen, zum Beispiel Brigitte und Ehrfried, zum Abschluss einen Kaffee oder Mokka bestellte, brachte ich Ehrfried zusätzlich einen Ouzo und Brigitte einen Metaxa, dazu jeweils ein Gläschen Wasser. Alles angerichtet auf ovalen Tabletts. Das sah hübsch aus, machte etwas her. Und meist trank ich einen mit«, hat mir mein Vater erzählt. »Die anderen

Gäste sahen das. Und Sie begannen ebenfalls Kaffee zu bestellen, und so musste ich ihnen zwangsläufig auch einen Ouzo und einen Metaxa bringen.« Irgendwann saßen mehrere Gäste an einem Tisch, aber nicht jeder bestellte einen Kaffee. »Was sollte ich tun? Der Hälfte einen Ouzo bringen und die anderen zuschauen lassen? Nein, ich brachte allen einen Ouzo, so dass sie gemeinsam anstoßen konnten. Diese Geste hat sich irgendwie, irgendwann verselbständigt. Schließlich bekam jeder zum Abschluss einen Ouzo«, sagt mein Vater.

Brigitte und Ehrfried, die ein bisschen jünger als meine Eltern waren, hatten eine Bäckerei, gleich um die Ecke. Die Bäckerei hieß »Der Bäckersbub«. Aber sie hieß nicht so, weil Ehrfried ein schmächtiges Kerlchen war. Ehrfried war zwar kein großer, aber ein stämmiger Kerl mit breiten Oberarmen und riesigen Händen. Die Bäckerei hieß »Bäckersbub«, weil schon Ehrfrieds Vater Bäcker gewesen war und Ehrfried eben der Bub des Bäckers. Ehrfried brachte jeden Morgen sein frischgebackenes Brot ins »El Greco«, und wenn er Feierabend machte, kam er immer noch auf ein Pils im Lokal vorbei. Wenn er mich sah, packte er mich unter den Armen, setzte mich auf seinen Schoß und spielte »Hoppe, Hoppe, Reiter« mit mir. Ich fand das Geschaukel toll und rannte jedes Mal auf sie zu, wenn die beiden das »El Greco« betraten. Brigitte war (und ist) eine sehr schöne Frau. Im Gegensatz zu Ehrfried war sie zierlich, hatte schmale Hüften und fast so kleine Hände wie ich. Sie hatte langes brünettes Haar und braune Augen. Manchmal, wenn sie mich als Knirps aufs Klo begleitete, fragten andere Gäste, die gerade ihre Hände wuschen, ob ich ihr Sohn sei. Brigitte wirkte dann immer ein bisschen traurig und sagte: »Nein, nein, dieser hübsche junge Mann ist der jüngste Spross vom Christo.« Sie streichelte mir über den Kopf. Die beiden liebten es, ins »El Greco«, ins »Alexis Zorbas« und später in den »Griechen« zu kommen. Sie liebten es, wenn sich meine Eltern an ihren Tisch setzten und wir Kinder drumherumwuselten. Sie liebten es, die

Ouzo-Gläser gegeneinanderknallen zu lassen und laut »Jamas!« zu rufen.

Ehrlich gesagt: Ich denke, alle unsere Gäste liebten das. Aber mein Vater bekam wegen des Ouzos Ärger mit dem Hotel- und Gaststättenverband Baden-Württemberg. Ein Mann kam eines Tages ins Lokal und sagte zu ihm: »Sie können keinen Ouzo gratis verschenken.«

»Warum nicht?«, fragte mein Vater. »Ich mache das doch schon seit Jahren.«

»Das macht man einfach nicht«, sagte der Mann und unterstrich seine Meinung mit der Behauptung, das würde dem »Zorbas« einen Vorteil gegenüber den anderen Restaurants verschaffen. Mit den »anderen« meinte der Mann vor allem deutsche Gaststätten, die natürlich nichts zu verschenken hatten.

Mein Vater schüttelte den Kopf. »Jetzt bin ich schon fast zehn Jahre Mitglied im Gaststättenverband, und zum ersten Mal meldet ihr euch und wollt mir vorschreiben, wie ich mein Lokal zu führen habe?«

»Wenn Sie dieses Angebot aufrechterhalten, werden Sie Probleme bekommen«, antwortete der Mann fast drohend. Auch die anderen griechischen Restaurantbesitzer waren nicht gerade erfreut über die neue Idee meines Vaters. »Das kannst du nicht machen, Christo«, sagte Michalis. »Das ruiniert uns doch, die Deutschen trinken Ouzo wie verrückt.«

Aber mein Vater blieb stur. »Das ist mein Restaurant, und ich mache hier, was ich will. Es gibt kein Gesetz, das mir das verbietet. Also, hauen Sie ab, bevor ich Ihnen Hausverbot erteile«, sagte er zum Mann vom Hotel- und Gaststättenverband. Und zu Michalis sagte er: »Misch dich nicht in meine Angelegenheiten ein. Wenn du willst, kannst du deinen Gästen ja auch einen Ouzo anbieten, du Geizhals.« Den Rest der Geschichte kennt jeder, der mal beim Griechen zum Essen war. Bald kopierten nahezu alle Griechen das Freigetränk. Aber es wäre jetzt vermessen, das allein meinem Vater zuzuschreiben. Überall in Deutschland gab es schon in den siebziger Jahren griechische Restaurants, die ihren Gästen zum Abschluss einen Ouzo anboten, mein Vater war (wahrscheinlich) nicht der Erste.

»Wenn der Abend schon zur Nacht geworden war und nur noch wenige Tische im ›Zorbas‹ besetzt waren, ging ich mit der Ouzo-Flasche von Tisch zu Tisch«, erinnert sich mein Vater. »Ich setzte mich zu den Gästen, schenkte ihnen ein und drehte ein bisschen die griechische Musik auf, die bei uns im Hintergrund lief. Das waren die schönsten Stunden des Tages«, sagt er heute. Manchmal stellte er die Flasche auch einfach ab und ließ die Leute selbst nachschenken – so viel sie wollten, »meist bis die Flasche leer war«. In der Woche wurden im »Zorbas« auf diese Weise bis zu fünfzig Ouzo-Flaschen geleert. Michalis hatte recht. Die Deutschen tranken Ouzo »wie verrückt«.

Das war in der Nacht vom 13. auf den 14. Januar 1980 nicht anders. Es wäre nun gelogen, wenn ich sage, dass ich mich an das genaue Datum erinnere. Ich habe es nachgeschlagen: Am 13. Januar 1980 gründeten sich Die Grünen in Karlsruhe. Woran ich mich aber sehr genau erinnere, ist, dass ich in dieser Nacht nicht schlafen konnte. Ich lag im ersten Stock des »Zorbas«, und unten dröhnte Musik aus den Lautsprechern. Ich stieg aus dem Bett und ging im Pyjama die Treppe hinunter (ohne Teller), öffnete die Tür zum Restaurant und fand eine Party vor – schlimmer als jede Faschingsfeier. Langhaarige Brillenträger lagen sich in den Armen, sie hatten lange, viel zu lange, farbige Wollpullover an, breite Cordhosen, ein Wein- oder Bierglas in der Hand, eine Zigarette zwischen den Fingern und sangen fröhlich »Griechischer Wein« von Udo Jürgens. Ich kannte das Lied. Also die Melodie. Den Text habe ich erst später gelernt. Es geht um einen Deutschen, der nachts noch in eine griechische Taverne einkehrt, weil es das einzige Haus in der Nachbarschaft zu sein scheint, in dem noch Licht brennt. Dort trifft der Deutsche auf lauter Griechen, die Wein trinken und ihre Heimat vermissen. Sie laden den Deutschen zum Wein ein und erzählen von den »grünen Hügeln, Meer und Wind,/ von alten Häusern und jungen Frauen, die alleine sind,/ und von dem Kind, das seinen Vater noch nie sah./ Sie sagten sich immer wieder: Irgendwann kommt er zurück./ Und das Ersparte genügt zu Hause für ein kleines Glück./ Und bald denkt keiner mehr daran, wie es hier war./ Griechischer Wein ist wie das Blut der Erde./ Komm schenk dir ein/ und wenn ich dann traurig werde,/ liegt es daran,/ dass ich immer träume von daheim.« Ich dachte lange Zeit, das Lied wäre ein typischer deutscher Schlager, eine Witznummer zum Schunkeln wie all die anderen Songs aus diesem Genre, die von einsamen Inseln, dem Traumboot der Liebe und viel Herz-Schmerz handelten. Ich hatte nie auf den Text geachtet und kannte gerade mal den Refrain. Bis mir Toni mal erzählte – das muss Ende der Achtziger gewesen sein –, dass Udo Jürgens sein Lieblingssänger sei.

»Dieser Schnulzensänger?«, fragte ich überrascht.

»Schnulzensänger?«, antwortete Toni fast trotzig. »Kennst du seine Liedtexte überhaupt? Udo Jürgens ist großartig, ein Künstler!«

Ich kniff die Augen zusammen, blickte Toni an und wollte den kurzen Schlagabtausch schon beenden, als Toni sagte: »Morgen bringe ich dir meine Platten mit. Du hörst sie dir an und sagst mir dann deine Meinung. Einverstanden?« Ich zögerte. Ich wollte meinen Nachmittag nicht mit Udo-Jürgens-Platten verschwenden. Ich war dreizehn, vielleicht vierzehn Jahre alt und hörte am liebsten Guns N' Roses. »Einverstanden?«, legte Toni noch mal nach. Ich stand hinter der Theke, schaute zu meinem Vater hinüber und sah in seinem Blick die unausgesprochene Aufforderung, Tonis Bitte nachzugeben. »Gut, einverstanden«, antwortete ich schließlich und hatte am nächsten Tag einen Stapel Schallplatten in der Hand, vor denen es mich insgeheim grauste. Aber: Ich verbrachte nicht nur den einen Nachmittag mit den Platten, ich wurde – zum Erschrecken meiner damaligen Skateboard-Freunde – ein Udo-Jürgens-Fan. »Griechischer Wein« ist ein grandioser Song. Es geht dabei nicht um »Integrationsproblematik« wie einige Musikkritiker (und, ja!, auch Feuilletonisten) gern schrieben und schreiben. Das ist zu hoch gegriffen. Es geht schlicht um die Sicht der griechischen Gastarbeiter auf ihre Situation in Deutschland: »Schenk noch mal ein!/ Denn ich fühl die Sehnsucht wieder;/ in dieser Stadt werd ich immer nur ein Fremder sein,/ und allein.« Viele Griechen fühlten sich von Udo Jürgens verstanden und waren froh, dass sich jemand diesem Thema gewidmet hatte. Aber nicht nur die Griechen vermissten ihre Heimat, auch die Italiener, Türken, Spanier, Portugiesen, Jugoslawen – fast alle Gastarbeiter der ersten Generation. Selbst mein Vater fand den Text treffend, »auch wenn er auf unsere Familie nicht ganz passt«, fügte er lächelnd hinzu, »wir sind schließlich immer diejenigen gewesen, die den Wein an alle ausgeschenkt haben.«

Für mich zählte Udo Jürgens seit jenem Nachmittag mit Tonis Platten jedenfalls zu den besten Liedermachern Deutschlands. Aber diese Meinung vertrat ich in der Nacht des 13. Januar 1980 natürlich noch nicht, als ich im Türrahmen stand und den Grünen beim Feiern zusah. Ich erinnere mich nicht mehr an Gesichter, aber den Erzählungen meines Vaters zufolge waren Petra Kelly da, Jutta Ditfurth, Joschka Fischer, Jürgen Trittin – und alle waren noch jung, die Männer trugen noch keine Dreireiher, waren unrasiert und die Frauen nicht so geschäftsmäßig griesgrämig, wie sie heute oft zu sein scheinen. Sie alle freuten sich, waren ausgelassen, ein Haufen junger Deutsche, die Politik machen, etwas verändern wollten. Dass sie nicht immer einer Meinung waren, war in dieser Nacht bedeutungslos. Ich trug meinen Pyjama, niemand achtete auf mich. In einer Ecke beobachtete ich ein junges Paar, wie sie sich gegenseitig die Zunge in den Mund steckten, ekelhaft. Einen Tisch weiter diskutierten vier ernst dreinblickende junge Männer über ein Thema, das sie wahrscheinlich schon hundert Mal besprochen hatten. Sie hatten Pilsgläser vor sich stehen und prosteten sich zu. Dass sie die Gründung der Partei feierten, davon hatte ich natürlich keine Ahnung. Überall zog der Rauch in Nebelschwaden an den Tischleuchten vorbei. Mein Vater erinnert sich, dass er mich in der Tür stehen sah und mich auf den Arm nahm. Jutta Ditfurth kam vorbei und fragte: »Und wen haben wir da?« Mein Vater stellte mich vor, sie streichelte mir über den Kopf. Dann brachte er mich wieder hoch. Er überließ das Lokal den Grünen und legte mich ins Bett. Ich fragte ihn, warum diese Leute so spät noch da waren. Und mein Vater antwortete: »Das sind ein paar Freunde. Freunde bleiben immer ein bisschen länger. Schlaf jetzt.« Er deckte mich zu, ich bat ihn das Licht im Flur anzulassen. Dann hörte ich, wie er die Treppen wieder hinunterging, die Treppe knarrte bei jedem Schritt. Mein Vater erinnert sich noch heute an diese Nacht. »Der Fischer war damals schon ein lauter Kerl, hat immer das gesagt, was er dachte. Direkt, schnörkellos, pointiert. Aber am besten gefiel mir die Ditfurth. Wenn sie sprach, wirkte sie fast mädchenhaft, sie hatte eine weiche Stimme und ein hübsches Lächeln, sehr süß.«

Die Polizei – von Nachbarn herbeigerufen – beendete die Party abrupt. Einer der Feiernden nannte die Polizisten beim Hinausgehen »Bullenschweine«. Es dauerte eine halbe Stunde, bis sich das Lokal vollends geleert hatte. Mein Vater schloss die Tür ab, setzte sich auf die Theke und trank einen letzten Metaxa. »Christian Klars RAF-Verstrickungen hatten mich noch überrascht«, sagt er heute. »Aber ich war schon damals überzeugt, dass die Grünen bald den Bundestag aufmischen würden. Der Erfolg bei der Bundestagswahl 1983 und Joschka Fischers Ernennung zum Umweltminister in Hessen, zwei Jahre später, waren nur eine logische Folge. Ich bin sogar davon überzeugt: Wenn es die grausamen Anschläge und Mordkommandos der RAF nicht gegeben hätte, wären die Grünen noch viel schneller viel erfolgreicher gewesen bei den Wahlen.« In Deutschland hatte sich Anfang der Achtziger mit dem Erscheinen der Grünen auf der politischen Bühne eine neue Kraft etabliert, die sich gegen das Establishment auflehnte. Eine »Anti-Parteien-Partei« wollten sie sein. Es war jene Kraft, die mein Vater bis 1999 – bis zum Krieg im ehemaligen Jugoslawien – das »moralische Rückgrat« der deutschen Gesellschaft nannte.

Im Jahr 1980 beschlossen meine Eltern, ihre beiden ältesten Jungs nach Deutschland zu holen. Jorgo war zu diesem Zeitpunkt fünfzehn, Ari acht Jahre alt. Sie waren in Thessaloniki zur Schule gegangen. Ich denke, bis zu diesem Jahr war es für meine Eltern immer mal wieder eine Option gewesen, nach Griechenland zurückzukehren. Aber die Entscheidung, auch Jorgo und Ari nach Deutschland zu holen, zementierte die Absicht, den Rest ihres Lebens in Deutschland zu verbringen. Zu stark waren schon die geknüpften Bande. Sie hatten Arbeit, sie hatten Freunde, sie hatten eine Perspektive – und: sie trugen Verantwortung. Als sie nach Deutschland kamen, war mein Vater 23 und meine Mutter 18 Jahre alt. Sie waren zwar verheiratet, aber kinderlos. Jetzt war er 41, sie 36 und sie hatten drei Söhne, eine Familie. Meine Eltern sahen sich jetzt nicht mehr als Gastarbeiter, sie waren zu Einwanderern geworden. Zwar immer noch Griechen, aber eben in Deutschland. Nur die regierenden Parteien wollten noch nichts vom Wort »Einwanderungsland« hören. Weder SPD noch CDU/CSU oder FDP. Und für den neuen Bundeskanzler Helmut Kohl, der bei seinem Amtsantritt 1982 von einer »geistig-moralischen Wende« sprach, war Deutschland immer noch ein Land voller Gastarbeiter. Gastarbeiter, die nun schon knapp zwei Jahrzehnte hier lebten. Menschen, für die man einen extra Politikbereich erfunden hatte, die Ausländerpolitik. »Der Begriff der Ausländerpolitik ist sehr wahrscheinlich eine deutsche Erfindung. So wie Umweltpolitik«, hatte mein Vater einmal formuliert. Toni saß an der Theke und lachte. »Warum lachst du?«, fragte ihn mein Vater, der gerade Gläser spülte. Und Toni antwortete: »Der Unterschied zwischen Ausländer- und Umweltpolitik war von Anfang an, dass Politiker sich um das Waldsterben mehr kümmern als um das Zusammenleben mit Menschen anderer Nationalität. Warum? Das Waldsterben kann die bürgerlichen Parteien Wählerstimmen kosten. Ausländer kosten sie keine.« Mein Vater blickte zu Toni und wusste sofort, dass sein Freund absolut recht hatte.

Ausländerpolitik. Das klang schon immer so, als wären Ausländer nicht Teil dieser Gesellschaft, sondern ein abgegrenzter Bereich. Als hätten sie sich nicht längst unter die deutsche Bevölkerung gemischt, sondern als würden sie irgendwo in einem entlegenen Bergdorf im Schwarzwald wohnen. Als wären sie nicht längst Leistungsträger dieser Gesellschaft, sondern immer noch deren Wasserträger.

Nicht nur für Griechen, auch für viele andere Ausländergruppen der ersten Stunde, Italiener, Spanier, Jugoslawen, Türken waren die siebziger und die achtziger Jahre prägend, wenn man sie fragt, welches Bild sie von Deutschland haben. Das war die Zeit, in der sich viele Familien entschieden, in Deutschland zu bleiben statt in ihr Heimatland zurückzukehren. Und diese Entscheidung hatte wenig mit den Aussagen deutscher Politiker zu tun. Die »geistig-moralische Wende« Helmut Kohls hatte für die in Deutschland lebenden Ausländer wenig bis gar keine Auswirkungen. Der beliebteste Ausdruck unter den Konservativen in Sachen Ausländerpolitik lautete nach wie vor: »Das Boot ist voll.« Die Themen im Bonner Bundestag hießen Anwerbestopp (Anfang der Siebziger), Zügelung des Familiennachzugs (Mitte der Siebziger) und Verschärfung des Asylgesetzes (Anfang der Achtziger). Die Wörter »Ausländer« oder »Asylant« begannen in breiteren Bevölkerungsschichten zu Schimpfwörtern zu werden, und besonders Türken und Asylsuchende gerieten in den Fokus einer Politik, die in diesen Menschen nichts anderes sah als ein geeignetes Wahlkampfthema. Geeignet, um im bürgerlichen und rechten Spektrum auf Stimmenfang zu gehen. Damals machten sich noch die wenigsten Gedanken um Sprachkurse für junge Türkinnen. Eine Zwangsheirat interessierte nur die beteiligten Familien. Und ein Ehrenmord interessierte vielleicht gerade noch die damit befassten Kriminalbeamten. Sonst niemanden.

In dieser Zeit festigte sich in vielen Familien die Ansicht, dass man zwar in Deutschland lebe, aber seinen Lebensstil deshalb nicht ändern müsste, da man nicht als Teil der eigentlichen, der *deutschen* Bevölkerung galt.

»Deutschland nix Interesse für mich, also ich nix Interesse auch nicht für Deutschland«, sagte Mustafa in gebrochenem, aber noch verständlichem Deutsch zu meinem Vater und drehte an seinem goldenen Siegelring, weil er das Gefühl liebte, wenn der Ring die schwarzen Härchen auf seinem Finger erst nach rechts und dann wieder nach links strich. Mustafa war Türke. Er hatte dunkle schwarze Haare, dunkle Augen, eine mächtig krumme Nase und den breitesten Schnurrbart, den ich je in meinem Leben gesehen habe. Ich war fasziniert von diesem Schnurrbart, das Ding in seinem Gesicht sah aus wie ein Besen mit schwarzen Borsten. Manchmal starrte ich ihn so lange an, bis er sagte: »Wenn du groß, Alexandros, du können auch so ›Moustaki‹ haben. Aber jetzt noch zu klein sein.« Moustaki ist das griechische Wort für Schnurrbart. Mein Vater hatte Mustafa auf dem Großmarkt kennengelernt. Mustafa arbeitete dort für einen Gemüsehändler, und mein Vater kam jeden zweiten Morgen, um seine Bestellung abzuholen. Mustafa legte ihm alles zurecht: Vier Kopf- und Eisbergsalate, zwei Kisten Tomaten, eine Kiste Gurken, ein großer Sack Kartoffeln, ein kleiner Sack Speisezwiebeln, acht Paprika, fünf Zucchini, zwei Kilo Auberginen und ein Kilo grüne Bohnen. Wenn Mustafa frei hatte, kam er manchmal ins »Zorbas« und setzte sich an die Theke, um zwei bis drei Metaxa zu trinken. Er nahm das Alkoholverbot aus dem Koran nicht besonders ernst. Aber spätestens nach dem dritten Metaxa geriet er immer mit Rolf, dem Malermeister, in Streit. »Wenn's dir hier nicht gefällt, kannst du ja nach Hause gehen«, sagte Rolf. »Niemand zwingt dich, in Deutschland zu bleiben.«

Das Besondere an einem Restaurant, oder besser: der Theke eines Restaurants ist, dass Menschen mit verschiedenen Biographien und verschiedenen Ansichten für kurze Zeit zusammentreffen. Das gilt natürlich auch für andere Orte wie zum Beispiel eine Bushaltestelle oder ein Zugabteil. Aber nirgends sonst gerät man so schnell in ein Gespräch wie an der Theke einer Gaststätte. Mir war sehr früh klar, dass die Theke der beste Ort in unserem Lokal war. Es war schon immer mein Lieblingsplatz, und an jenem Tag interessierte ich mich zum ersten Mal weniger für Mustafas Schnurrbart.

»Red doch nicht so 'n Quatsch«, erwiderte Toni.

»Warrrum?«, sagte Mustafa. »Rolf sagen nur seine Meinung, stimmt's?«

Mustafa war 1964 aus Ost-Anatolien nach Deutschland gekommen. Er hatte sechzehn Jahre in Duisburger Hochöfen gearbeitet und musste seinen Job aufgeben, nachdem er sich beide Oberschenkel so sehr verbrannt hatte, dass er drei Wochen in einer Unfallklinik lag.

»Rolf«, sagte Mustafa nach einer kurzen Pause, »du sein für mich typisch Deutsche: ich gern erklären, warum nicht wieder in mein Heimatdorf zurückgehen. Aber ich nicht glauben, dass für dich Interesse. Niemand von Interesse, was ich denken. Deutsche alle kalt wie Asche.«

Beim Wort »Asche« erschrak Toni. Auch Rolf wusste nichts darauf zu erwidern.

»Seit achtzehn Jahren ich hier leben und arbeiten. Ich fast sterben in Hochofen, in Duisburg, ich jeden Monat zahlen meine Steuern, aber alles, was ich immer und immer hören, ist: der Türke schuld. Türke schuld, wenig Arbeitsplätze. Türke hinter deutsche Frauen her. Türke schuld hier, Türke schuld da, und so weiter.

Aber ich dir eins sagen: Ich kein Mensch zweiter Klasse! Ich normaler Mensch. Wie du.«

Gerade als Rolf zu einer Antwort ansetzen wollte, stellte ihm mein Vater ein neues Pils vor die Nase. »Trink und halt die Klappe.« Rolf gehorchte. Er bat meinen Vater um Kleingeld, drehte den Männern an der Theke den Rücken zu und warf ein Fünf-Mark-Stück in den Spielautomaten. Ich fand das abrupte Ende des Gesprächs überraschend und war ein bisschen böse auf meinen Vater, setzte mich zu Mustafa und fragte: »Mustafa, warum kannst du nicht nach Hause zurück?«

Mustafa lächelte. Er nahm mich auf den Schoß und sagte zu meinem Vater: »Dein Sohn ist guter Mensch, Christo.«

Dann erzählte er von dem kleinen Stück Land, das seine Eltern besaßen und erklärte mir, dass er der jüngste von sieben Söhnen sei und es in seinem Dorf keine Arbeit für ihn gegeben habe. Als er erwachsen wurde, sagte ihm ein Mann, dass Deutschland junge, kräftige Männer zum Arbeiten suche, und er kratzte bei Verwandten ein bisschen Geld für die lange Reise zusammen. Er brauchte etwas mehr als drei Wochen für die knapp 4000 Kilometer. Er fuhr mit dem Bus, er trampte, er lief. Bis nach Duisburg. Und jetzt, fast zwanzig Jahre später, habe er zwei Töchter, die in eine deutsche Schule gehen würden und die noch nie in der Türkei gewesen waren. »Deutschland mir viel geholfen, ist jetzt meine Zuhause«, sagte er zum Schluss und schaute zu Rolf hinüber. Aber Rolf hörte nicht hin. Er hatte gerade den Jackpot am Automaten geknackt.

Ich wurde am 8. August 1981 eingeschult. Morgens ging ich zur Nebenius Grundschule und nachmittags – wie jedes griechische Kind – in die griechische Schule. Die griechische Schule fand an drei Nachmittagen in der Woche zwischen 14 und 17:30 Uhr statt. Und ich hasste sie. Erstens konnte ich noch nie das »R« so schön rollen wie meine Eltern oder Brüder, und zweitens bedeutete der Nachmittagsunterricht für mich, dass ich nicht in einen Fußballverein eintreten durfte, weil sich Schul- und Trainingszeiten überschnitten. Ich lernte das deutsche Alphabet, bevor ich das griechische konnte. Und weil ich die griechischen Buchstaben beim Vorsagen immer verwechselte, sperrte mich mein Vater eines Tages in mein Zimmer ein und sagte: »Solange du nicht das griechische Alphabet kannst, bleibst du hier.« Es war grausam. Zwar sprach ich mit meinen Eltern zu Hause Griechisch, aber das war wie das griechische Einmaleins. Für den täglichen Sprachgebrauch benötigte ich vielleicht 100 bis 150 Wörter. Mehr nicht. Mein Deutsch war schon in der Grundschule besser als mein Griechisch. Und das Erlernen der griechischen Grammatik, die in ihrem Schwierigkeitsgrad der deutschen ähnelt, kostete mich viele freie Wochenenden.

Nach der vierten Klasse in der Nebenius Grundschule bekam ich eine Empfehlung fürs Gymnasium. Und erst ab da begann ich mich kurioserweise immer mehr für die griechische Schule zu interessieren. Denn während wir auf dem deutschen Gymnasium Fächer wie Latein oder Physik hinzubekamen, gehörten in der griechischen Schule auf einmal Philosophie und Mythologie zu den Hauptfächern. Herkules schlug Isaac Newton. Und: Auf dem Kant-Gymnasium war ich einer der wenigen ausländischen Jungs, wogegen ich in der griechischen Schule nur einer unter vielen war.

Mein Bruder Ari kam 1980 sofort in die zweite Klasse der Nebenius Grundschule. Und obwohl er anfangs kaum Deutsch sprach und auch sonst nicht der ruhigste Schüler war, wurde er zum Ende des Schuljahres mit Bestnoten versetzt. Auch er bekam später eine Empfehlung fürs Kant-Gymnasium.

Mein ältester Bruder Jorgo war mit fünfzehn schon zu alt für die deutsche Schule. Meine Eltern entschlossen sich, ihn weiter auf die griechische Schule zu schicken. Er ging aufs Lykeum in Bruchsal und machte dort sein griechisches Abitur. Aber sowohl für ihn als auch für Ari stand eigentlich schon früh fest, dass ihre Zukunft nicht in der Schule lag. Beide sagten meinem Vater, dass sie am liebsten im Restaurant arbeiten würden.

Und dagegen sprach damals auch noch nichts. Das »Zorbas« lief hervorragend, zumal mit der neuen Speisekarte. Jorgo arbeitete bald fast jeden Tag im Lokal, und mit siebzehn ließ ihn mein Vater auch schon mal allein. Denn das »Zorbas« lief so gut, dass mein Vater nicht mehr darauf wartete, bis die Arbeit getan war, er wartete nicht mehr bis Mitternacht, um ins Auto zu steigen und nach Baden-Baden zu fahren. Er fuhr oft bereits mittags los und blieb den ganzen Tag im Casino. Wenn er gewann, kam er früher nach Hause (das kam manchmal vor). Wenn er aber verlor (das kam öfter vor), rief er im »Zorbas« an und befahl Jorgo, ihm mit dem Taxi die Einnahmen des Tages zu bringen. Jorgo hatte damals noch keinen Führerschein, er setzte sich also mit der Tageskasse aus dem »Zorbas« ins Taxi, fuhr die dreißig Kilometer nach Baden-Baden, wartete am Casino-Eingang, bis mein Vater erschien und ihm das Geld abnahm, und fuhr dann wieder mit dem Taxi nach Hause. Jorgo hat diese Taxifahrten nie vergessen. Aber er hat meinen Vater auch nie zur Rede gestellt. Dafür war der Respekt, den er vor ihm hatte, zu groß.

»Unser Vater wusste schon damals sehr genau, dass seine Casino-Besuche ein riesiger Fehler waren«, sagte Jorgo einmal, als Ari, er und ich nach der Arbeit zusammensaßen und darüber spekulierten, wie viel Geld unser Vater wohl in seinem Leben am Spieltisch verzockt haben mag. »Es hätte damals keinen Sinn gemacht, ihn darauf anzusprechen. Wenn ich mit dem Geld ins Casino kam, schaute er mir kaum in die Augen. Er nahm einfach die Kasse und verabschiedete sich. Heute würde ich sagen, es war ihm peinlich, er schämte sich in gewisser Weise für seine Sucht, aber er hat das natürlich nie offen gezeigt. Vor allem nicht mir, seinem ältesten Sohn«, sagte Jorgo. »Wie viel Geld hat er tatsächlich verzockt?«, fragte ich. Und Ari antwortete lachend: »Darüber gibt es nur Schätzungen, Kleiner. Es ist wohl besser, sich keine bestimmte Zahl vorzustellen.« Und wir lachten alle gemeinsam. Ari nennt mich auch heute noch oft »Kleiner«, obwohl ich seit meinem neunzehnten Lebensjahr sicher drei, vier Zentimeter größer gewachsen bin als er.

Ich kenne einige Familien, die an der Spielsucht eines Familienmitglieds zerbrochen sind. Griechische Familien, deutsche Familien, italienische und türkische Familien. Spielsucht ist ein internationales Problem. Und die Vorwürfe klingen immer ähnlich: Fast immer gibt es zwangsläufig Streit wegen des verlorenen Geldes. Ehefrauen lehnen sich gegen ihre Ehemänner auf, Kinder gegen ihre Eltern, Eltern gegen ihre Kinder. Rechnungen stapeln sich auf dem Küchentisch, die Bank sperrt einen Kredit, weil die Raten und Zinsen nicht gezahlt werden können, das Finanzamt klopft an und irgendwann steht der gesamten Familie das Wasser bis zum Hals. Spielsüchtige kennen keinen Horizont, sie haben keine innere Stimme, die ihnen verbietet, das Sparbuch zu plündern, keine innere Stimme, die ihnen sagt, es ist verboten, das mit Hypotheken beladene Haus aufs Spiel zu setzen, keine innere Stimme, die ihnen sagt: »Stopp! Bis hierhin und nicht weiter.« Spielsüchtige sind wie Drogensüchtige. Sie hassen vielleicht die Droge, aber können ohne sie nicht mehr leben. Psychologen wollen sogar erkannt haben, dass Spielsüchtige einen Gewinn weniger gut ertragen als einen großen Verlust. Das niederschmetternde Gefühl der erlittenen Niederlage ist ihnen lieber als der euphorisierende Adrenalinschub eines Sieges. Der Grund? Unerforscht. Man geht davon aus, dass Spielsüchtige sehr genau wissen, wie verwerflich ihr Handeln ist. Sie wissen sehr genau, dass ihre Chancen zu verlieren größer sind als jene zu gewinnen. Sie *rechnen* quasi damit, Niederlagen ertragen zu müssen. Und wenn es so weit ist, fühlen sie sich in ihrer Annahme bestätigt. Es scheint paradox, aber Spielsüchtige *lieben* es zu verlieren. Was ihnen jedoch abgeht, ist die Einsicht: Sie verlieren nicht nur das Spiel, sie verlieren auch immer mehr die Kontrolle. Es ist ein selbstzerstörerischer Kreislauf, aus dem es nur selten einen Ausweg gibt.

Für meinen Vater traf diese Definition eines Spielsüchtigen nie zu. Jedenfalls nicht vollends. Denn zu Monatsbeginn sparte er zunächst immer das Geld für die laufenden Kosten. Beliefen sich Miete, Versicherungsprämien, Bankdarlehensrate, Einkäufe und so weiter auf 5000 Mark, sparte er am Monatsanfang eben 5000 Mark. Sobald er jedoch dieses Geld beisammen hatte, gab es für ihn kein Halten mehr, und er gab jeden Pfennig in der Tasche am Baccara-, Black-Jack- oder Roulette-Tisch aus. So gesehen war er nie der typische Fall, den Psychologieprofessoren ihren Studenten als Beispiel vorführen würden. Er war ein besonderer Fall.

»Ich habe immer darauf geachtet, dass ich nicht irgendwann mit leeren Händen dastehe«, hat er mir mal erzählt. Es war einer der seltenen Momente, in denen mein Vater über sich und seine Taten freizügig Auskunft gab, die Tür zu seinem Innersten einen Spalt öffnete, damit ich mal hineinsehen konnte. Wir saßen in einem der schicken Cafés am Aristotelous-Platz in Thessaloniki. Es war kurz nachdem meine Oma Theodora gestorben war, im Herbst 2004. Mein Vater liebte seine Schwiegermutter. Oma Theodora war für ihn eine Art Ersatzmutter gewesen. Er war traurig, aber ließ es sich nicht anmerken und wollte nach außen so stark wie immer wirken. Damit ich seinen Kummer nicht mitbekam, baute er einen Schutzpanzer um sich herum (sehr typisch für ihn). Allerdings muss er diesen Panzer an einer anderen Stelle abgelegt haben, denn er sagte:

»Wenn du krank bist, spielt es keine Rolle, ob du süchtig nach Alkohol, Drogen oder eben dem Kartenspiel bist. Du bist krank, du bleibst krank. Dein Leben lang.« Er zog an einer Zigarette, rückte seine Sonnenbrille zurecht und lehnte sich nach vorne, die Ellbogen auf den Knien abstützend: »Diese Krankheit verfolgt dich: morgens, mittags, abends, nachts. Dein Leben lang – bis du entweder einsiehst, dass du damit sofort aufhören musst oder …« Mein Vater machte eine Pause.

»Oder?«, fragte ich neugierig.

»… bis du elendig daran krepierst.«

»Du lebst ja Gott sei Dank noch«, sagte ich lakonisch.

»Wichtig ist, dass es nicht zu spät ist«, sagte mein Vater, ohne auf meine Worte zu achten. »Weißt du eigentlich, dass ich jahrelang Alkoholiker war?«

Ich zog meinen Kopf zwischen meine Schultern und die Stirn in Falten.

»Du? Wann?«

»Etwa Mitte der siebziger bis Mitte der achtziger Jahre, zehn Jahre lang. Wenn ich morgens nicht meine zwei, drei Cognac trank, zitterte meine Hand. Sie zitterte so sehr, dass ich nicht einmal einen Becher Kaffee halten konnte, ohne ihn zu verschütten. Ich trank eine Flasche Metaxa am Tag und habe sie nicht einmal bemerkt.« Mein Vater schüttelte den Kopf. Wahrscheinlich über sich selbst. Vielleicht aber auch über das, was er mich dann sagen hörte: »Das bedeutet, dass ich damals in der Grundschule die Wahrheit gesagt habe. Erinnerst du dich?«

Söhne können dem Vater in einem Vater-Sohn-Gespräch den letzten Nerv rauben. Denn Söhne können sich ihre Väter nie im Alter von zwanzig oder dreißig Jahren vorstellen. Sie können sich selten vorstellen, dass ihr Vater noch volles Haar, keine Falten, keinen Bauchansatz hatte (mein Vater hatte übrigens noch nie einen Bauch, darauf legt er Wert!). Sie können sich nicht vorstellen, dass ihr Vater nicht immer nur ein Vater, sondern auch ein verantwortungsloser, triebgesteuerter Mann gewesen war. Söhne sind in Vater-Sohn-Gesprächen immer die Nicht-Wissenden, die Dummen, und sie beweisen das, indem sie entweder blöde Bemerkungen machen oder noch blödere Fragen stellen.

»Natürlich erinnere ich mich. Ich dachte damals, dass mich einer der Bierchentrinker im ›Zorbas‹ verraten hatte. Du Arschloch.« Ich lächelte verzweifelt.

»Wie bist du davon losgekommen?«, fragte ich endlich.

»Als ich an jenem Morgen hinter der Theke im ›Zorbas‹ stand und nicht mehr die Kaffeetasse unter Kontrolle hatte, habe ich mir geschworen, mit dem Alkohol aufzuhören. Natürlich ging das nicht vom einen auf den anderen Tag.«

»Klar.«

»Ich begann einfach jeden Tag ein bisschen weniger zu trinken.«

»Und das hat funktioniert?«

»Es hat länger gedauert, als ich dachte. Aber ein Jahr später war das Zittern verschwunden, und ich brauchte morgens auch keine drei Cognac mehr, um klar denken zu können.«

»Wusste Mama davon?«

»Ich weiß es nicht.«

»Aber sie muss doch deinen Atem gerochen haben, wenn du nachts neben ihr im Bett lagst.«

»Natürlich hat sie den gerochen. Ich hatte immer eine Alkoholfahne. Aber eine Alkoholfahne hat man auch, wenn man nur zwei Ouzo trinkt.«

Mein Vater hatte sich wieder in seinen Ledersessel zurückgelehnt und schaute aufs Meer. Der Aristotelous-Platz liegt genau an der Promenade von Thessaloniki, der Wind wehte einen leichten Fischgeruch zu uns herüber, am Horizont lagen einige Frachter vor Anker, die Sonne schien. Ich bestellte zwei Whiskys auf Eis.

»Habe ich dir eigentlich je von der Zigeunerin erzählt?«, fragte er mich nach einer Weile. Die Kellnerin brachte uns den Whisky, stellte eine Schale Nüsse und Chips dazu. Ich fing sofort an zu knabbern.

»Welcher Zigeunerin? Wird das jetzt so eine Vater-Sohn-Frauengeschichte?« Ups! Warum hatte ich das nur gesagt?, fragte ich mich gerade. Aber es war schon zu spät.

»Nein, du Dummkopf. Es wird eine Vater-Sohn-Zigeunerin-Geschichte, wenn du die Klappe hältst. Willst du sie hören oder nicht?«

»'tschuldige. Ja, erzähl schon. Was für eine Zigeunerin?«

»Es ist der Sommer 1961: Ich war Soldat und schob mit ein paar Kameraden Wache neben einer orthodoxen Kapelle am Rande der

Stadt Kozani. Zur Kapelle führte ein Sandweg. Da hörten wir in der Ferne ein Klingeln und Läuten. Wir sahen eine bunte Kutsche, gezogen von zwei braunen Pferden. Neben der Kutsche liefen vier Frauen. Und als sie uns erblickten, kamen sie auf uns zu.

›Was wollt ihr?‹, fragte ich sie als ranghöchster Soldat. Ich war damals Unteroffizier und stand kurz vor meiner Entlassung.

›Wir würden euch gern von eurem Schicksal erzählen.‹

›Welches Schicksal? Wir sind Soldaten und schieben Wache neben einer Kapelle. Geht, bitte! Wir haben kein Geld für euch.‹

›Hör mich an, Soldat!‹, sagte die älteste der vier. Ihr Gesicht war zerfurcht von tiefen Falten. ›Das Schicksal ist kein unveränderlicher Zustand, es lässt sich lenken, wenn man es geschickt einzusetzen weiß. Und gerade dir habe ich viel zu erzählen. In deinem Gesicht sehe ich …‹

›Ja, ja, gute Frau‹, unterbrach ich sie. ›Das habe ich schon oft gehört. Geht jetzt bitte!‹

›Aber Christo, lass sie doch. Das könnte amüsant werden‹, sagte einer der anderen Soldaten. Und ehe ich mich versah, hatte jede der Frauen einen meiner Kameraden in Beschlag genommen. Die Frau aber, die mich angesprochen hatte, stand vor mir, blickte mir tief in die Augen, nahm meine Hand und führte mich zu einem kleinen Felsen, der wie eine kleine Insel im Meer neben der Kapelle aus dem kargen Boden ragte.

Ich streckte ihr meine linke Hand entgegen. ›Nicht diese Hand, die andere‹, sagte sie schroff. ›Nein‹, sagte ich. Denn in meiner rechten Hand hatte sich in den letzten Monaten eine Warze am Ansatz des Ringfingers gebildet. Ich war deshalb auch schon beim Arzt gewesen, aber der wollte sie nicht wegschneiden. Die Zigeunerin griff nach meiner rechten Hand und begann darin zu lesen. Es war heiß, meine Handinnenflächen verschwitzt, ich wollte das Geschwafel, das ich aus Erzählungen bereits kannte (›Deine Zukunft ist rosig, aber auch dornig‹), schnell über mich ergehen lassen. So schnell wie möglich. Schließlich hätte man mich als wachhabenden Offizier verknackt, wenn man uns mit den Zigeunerinnen gesehen hätte. Ich sagte der Frau, sie solle sich beeilen. Sie schwieg. Und plötzlich sah ich, wie ihr Tränen über die Wangen kullerten. ›Was ist?‹, fragte ich sie. ›Geht es dir nicht gut?‹

Die Frau, sie trug ein dunkelrotes Kopftuch und ein dunkles Muttermal unter dem rechten Auge, es kommt mir vor als wäre es gestern gewesen, schaute zu mir auf, die Augen gerötet. ›Du hast vor wenigen Jahren einen schlimmen Verlust erlitten. Jemand, der dir sehr nahestand, ist von uns gegangen.‹ Ich zog meine Hand weg, mein Blick gefror, meine Augen müssen sie regelrecht durchstochen haben.

›Dein Vater?‹, fragte sie leise.

›Nein‹, antwortete ich.

›Deine Mutter.‹ Ich sagte kein Wort.

Die Frau mit dem dunkelroten Kopftuch schaute mir ins Gesicht und sagte: ›Das mit deiner Mutter tut mir leid, Gott segne sie. Aber du hast auch schon als kleines Kind den Thanatos, den Tod, gesehen, stimmt's?‹

Ich hatte auf einmal ein Gefühl, als ob meine Organe Feuer fingen. Mein Magen, meine Lunge, mein Herz – alles brannte. Ich hätte am liebsten geschrien, aber ich musste vor meinen Kameraden die Contenance bewahren. Die anderen Zigeunerinnen hatten die Hände meiner Kameraden bereits ausgekundschaftet, das Schicksal meinte es mit allen gut. Vor ihnen lag ein glückliches und langes Leben. Jetzt interessierten sie sich für meins.

›Dein Vater starb, als du noch zu klein warst, um zu begreifen, was es bedeutete‹, fuhr sie leise fort. ›Und ein paar Jahre später bist du von zu Hause weggegangen. Du warst immer noch ein Kind. Aber wo bist du hin?‹

Ich fragte mich: Woher weiß diese Frau das? Das kann nicht sein! Ich konnte aber auf ihre Frage nicht antworten, mein Hals war zu trocken, und ich hörte ihr zu, als wäre sie meine Biographin und würde noch mal schnell die wichtigsten Kapitel meines bisherigen Lebens durchgehen: Den Tod meines Vaters, das Waisenhaus, den Tod meiner Mutter.

›Du bist in eine große Stadt gezogen und hast als Kind schwierige Zeiten durchgemacht. Willst du, dass ich weitererzähle?‹, fragte sie mich fast flüsternd. Ich brachte nur ein kümmerliches ›Hm‹ heraus. Sie verstand das als Aufforderung weiterzumachen.

›Jetzt bist du verliebt. In eine Frau, deren Namen mit M beginnt. Liebst du eine Martha oder Maria?‹

Das war die erste gute Nachricht aus dem Mund der alten Frau. Ich lächelte. Meine Kameraden lächelten. Wieder lag sie richtig. ›Maria‹, sagte ich. Meine Kameraden gluckten. Ich hatte deiner Mutter vor dem Wehrdienst versprochen, dass wir nach meiner Rückkehr heiraten würden.

›Aber ich sehe auch, dass du wieder weit weggehen wirst. An einen sehr fremden, kalten Ort‹, fuhr die Zigeunerin fort.

Ha!, dachte ich. Jetzt liegst du zum ersten Mal falsch, alte Frau. Ich werde nach Thessaloniki zurückgehen und heiraten. ›Fremder, kalter Ort?‹, sagte ich. ›Da liegst du falsch.‹

›Glaub mir. An diesem Ort in der Fremde sehe ich viel Geld in deinen Händen. Geld wie Heu. Unglaublich viel Geld. Das Geld kommt nur so hereingeflattert und verschwindet wieder. Du verdienst das Geld an einem Tag und gibst es gleich wieder am nächsten Tag aus.‹

›Was faselst du da, alte Frau? Ich bin ein einfacher Zimmermann. Ich werde nie viel Geld besitzen.‹

›Hör zu, Soldat. Du wirst heiraten, deine Frau wird viele Male schwanger, aber sie wird dir nur drei Kinder gebären. Drei Söhne. Und dann wird noch ein Kind …‹, sie brach den Satz ab.

›Ja? Was ist mit dem Kind?‹

›Nichts, es ist gesund und sehr hübsch. Aber irgendetwas stimmt mit ihm nicht. Ich kann nicht genau erkennen, was das Problem ist, das Kind stellt sich selbst sehr viele Fragen. Aber am

Ende wird alles gut. Mach dir keine Sorgen. Deine Familie wird es beschützen.‹

›Aha. Gut. War's das?‹, fragte ich nüchtern.

›Deine Muttermale sagen mir außerdem, dass du sehr alt werden wirst. Ein Greis. Ob du als reicher oder armer Mann stirbst, liegt jedoch in deiner Hand. Du hast alle Möglichkeiten. Dein Leben liegt vor dir. Das war's, Soldat. Mehr habe ich dir nicht zu erzählen.‹

Die Frau stand auf, streichelte mir kurz über den Kopf und ging. Sie sah nicht zurück, aber ich kann mich an ihr Gesicht erinnern, als säße sie jetzt vor mir. Ich sah ihr lange nach. Sah, wie sie auf die Kutsche stieg, die Pferde anpfiff und wegfuhr. Zwei Drachmen kostete der Blick in meine Zukunft.«

Der Fischgeruch vom Meer zog wieder durch das Café, und ich saß meinem Vater gegenüber, der an seinem Whisky nippte, das Eis im Glas klirrte. »Was sagst du dazu?«, fragte er mich.

»Und das alles hat sie dir an jenem Tag im Sommer 1961 einfach aus der Hand gelesen?«

»Ja. Ist es nicht unglaublich erschreckend, wie viel diese alte Zigeunerin wusste?«

»Der Grieche« – die Jahre 1982 bis 1988

»Wer hätte das gedacht?«, sagte mein Vater zu Toni und legte ihm die »Bild«-Zeitung und eine Ausgabe der »Badischen Neuesten Nachrichten«, der Karlsruher Regionalzeitung, aufs Krankenbett. »Helmut Kohl zum deutschen Bundeskanzler gewählt« lautete die Schlagzeile. In der Nacht auf den 3. Oktober 1982 wurde Toni ins Karlsruher Vincentius-Krankenhaus eingeliefert.

»Was ist? Hast du den Wahlausgang nicht verkraftet, oder warum bist du zu Hause umgekippt?«, fragte mein Vater auffällig gut gelaunt. Er sprach laut und seine Stimme war fest. Er wollte verbergen, dass er sich Sorgen machte.

Toni lächelte. Leise sagte er: »Ich habe 1980 zum ersten Mal in meinem Leben nicht die CDU gewählt und jetzt das.«

»Was hast du denn gewählt?«, fragte mein Vater neugierig.

»Na, die Grünen.«

Toni war in jener Nacht im Januar 1980 natürlich auch im »Zorbas« gewesen. Ich hatte ihn kurz beobachtet, als ich im Türrahmen stand. Er saß damals an der Theke und schielte wie ein kleiner Junge auf eine blonde Frau. Petra Kelly. Toni schwärmte später immer mal wieder von ihr. Wahrscheinlich war er es auch, der damals die Udo-Jürgens-Platte aufgelegt hatte. Jetzt aber lag er unter der weißen Bettdecke, nur sein Kopf schaute oben heraus, und er war blass wie nie.

»Wer so doll feiern kann wie die, hat eine Chance verdient, findest du nicht?«, scherzte Toni und versuchte zu lachen, aber er musste sofort heftig husten. Seine Lungen klangen, als wären sie eingerostet, er röchelte. Mein Vater gab ihm einen Schluck Wasser zu trinken. »Langsam, Walter«, sagte er und erschrak selbst, als er sich den Namen sagen hörte. Er hatte Toni seit den gemeinsamen Zeiten bei Bosch nicht mehr bei seinem richtigen Namen genannt. »Ich bin gleich wieder da, Toni«, sagte er und ging aus dem Zimmer.

Kaum auf dem Gang suchte er nach dem Schwesternzimmer. Die Tür stand offen, er klopfte an den Rahmen. »Entschuldigung. Ich bin ein Freund von Walter Hauser. Können Sie mir bitte sagen, was ihm fehlt?«

Im Raum standen zwei stämmige Frauen, eine trug eine dickrandige, schwarze Brille. Sie drehte sich um, zog ihre Brille auf die Nasenspitze und sagte: »Können Sie nicht sehen, dass wir uns gerade unterhalten?« Sie drehte sich wieder ihrer Kollegin zu. Mein Vater stand im Türrahmen und wartete. Nach zwei zu Ende gesprochenen Sätzen ging die Krankenschwester mit der Brille auf meinen Vater zu. »Zu wem gehören Sie, sagten Sie gerade?«

»Walter Hauser. Er liegt in Zimmer 301.«

»Sind Sie verwandt mit dem Patienten?«

Mein Vater hatte die Faxen ein bisschen dicke. »Ja, wir sind Zwillinge. Erkennen Sie die Ähnlichkeit?«

Die Schwester schaute wieder über den Rand ihrer Brille und lachte. »Der war gut. Aber jetzt ernsthaft: In welchem Verhältnis stehen Sie zu dem Patienten?«

»Er ist mein Freund.«

»Gut, warten Sie kurz. Ich hole den Arzt.«

Zwei Minuten später stand ein junger Assistenzarzt vor meinem Vater.

»Guten Tag, mein Name ist Christoforos Stefanidis. Ihr Patient Walter Hauser ist mein Freund. Ich würde gern wissen, was er hat.«

»Herr Hauser hatte einen Schwächeanfall, einen Kreislaufkollaps, außerdem eine verschleppte Grippe«, sagte der junge Assistenzarzt. »Er wurde gestern Abend eingeliefert. Wissen Sie, ob er Familie hat, die wir benachrichtigen sollten?«

»Familie? Nein, er hat niemanden. Ich bin seine Familie. Wann kann er wieder nach Hause?«

»Seine Blutwerte machen uns noch ein bisschen zu schaffen. Wir werden ihn heute noch mal gründlich untersuchen. Dann wissen wir mehr. Entschuldigen Sie mich. Visite.«

Mein Vater stand im Krankenhausflur und sah dem Arzt für ein paar Sekunden hinterher. Dann ging er wieder in Tonis Zimmer. Er stellte sich ans Bett und fragte ihn, ob er ihm aus der Zeitung vorlesen solle. Toni nickte ganz leicht mit dem Kopf. Mein Vater setzte sich auf den Stuhl neben dem Bett, nahm die erste Seite der »Badischen Neuesten Nachrichten« und begann, ihm den dreispaltigen Artikel über die Wahl im Bundestag vorzulesen. Schon während der zweiten Spalte, bei einem Zitat von Hans-Dietrich Genscher, war Toni eingeschlafen.

Als mein Vater aus dem Krankenhaus zurückkam, saß ich gerade an der Theke und schaute Ari dabei zu, wie er einen »Yps!«-Artikel über weiße Bohnensamen las, die er später in einen kleinen Topf mit Erde steckte. Mit an der Theke saß Alois Schmidt, und hinter der Theke zapfte Jorgo ein Pils. Ich kann mich deshalb so genau an diese Szene erinnern, weil der Hund meiner Erinnerung wohl ein »Yps«-Fan ist. Denn ich weiß noch genau, wie ein paar Tage später aus dem kleinen Topf mit Erde tatsächlich eine grüne Pflanze spross. Ich hatte bis dahin nie darauf geachtet, wie etwas *wächst*. Das war eine neue Erfahrung. Ich war fasziniert, dass aus fast nichts, wenn man es nur in dunkle Erde steckte, eine Pflanze werden konnte. Jeden Morgen stand ich nun auf und rannte als Erstes ans Fenster unseres Kinderzimmers (Ari und ich hatten ein gemeinsames Zimmer, Jorgo hatte sein eigenes), um mir auf dem Sims die neuesten Fortschritte der Nacht anzuschauen und die Pflanze zu gießen. Eines Morgens war die Pflanze jedoch erschlafft. Ari gab mir die Schuld. »Das kommt davon, wenn man alle zwei Minuten Wasser in den Topf schüttet, du Idiot«, sagte er zu mir. »Jetzt ist die Pflanze tot.« Er nahm den Topf, ging in die Küche;

ich folgte ihm. Er öffnete mit einer Hand den Mülleimer, machte mit der anderen Hand, in der er den Topf hielt, eine pathetische Geste und warf die Pflanze mit Schwung in den Müll. Ich fing an zu weinen.

»Toni geht es nicht besonders gut«, sagte mein Vater zu Alois Schmidt. »Er ist so blass wie seine weiße Bettdecke.«

Schmidt, der wie immer unter seinem karierten Sakko ein weißes Hemd und eine sehr bunte Krawatte mit goldener Krawattennadel trug, nippte an seinem Pils.

»Wie alt ist er eigentlich?«, fragte er meinen Vater.

»Einundsechzig.«

»In welchem Krankenhaus liegt er? Vielleicht fahr ich nachher auch kurz vorbei.«

»Im Vincentius. Zimmer 301.«

Mein Vater bat Jorgo, die Tische für den Abend herzurichten. Das bedeutete Servietten falten und Besteck auflegen. Dann wandte er sich zu Schmidt.

»Was machst du eigentlich hier? Solltest du nicht in Stuttgart sein?«

»Ich bin gekommen, um dir ein Angebot zu machen.«

»Ein Angebot?«

»Du kennst doch das ›Metro‹.«

»Ja, kenne ich. Tolles Lokal, falscher Besitzer.«

»Eben. Es steht seit gestern frei. Willst du es nicht haben?«

»Ich? Und was mache ich mit dem hier?«

»Hattest du nicht erwähnt, dass du für Jorgo ein Lokal suchst? Jorgo könnte das ›Zorbas‹ übernehmen und du und Maria, ihr macht das ›Metro‹.«

Mein Vater zündete sich eine Zigarette an. Sicheres Zeichen dafür, dass er den Gedanken – so abstrus er auch klingen mochte – nicht völlig abwegig fand.

»Gibt es andere Interessenten?«

»Du bist der Erste, der davon erfährt.«

»Aber der Laden gehört doch gar nicht deiner Brauerei. Das ›Metro‹ gehört Oskar Viellieber, dem Autovermieter.«

»Du bist gut informiert, wie ich sehe«, sagte Alois Schmidt und lächelte. »Wir würden die Gaststätte gern mit Bier beliefern. Bisher macht das die Moninger Brauerei.«

»Ah, jetzt verstehe ich. Du wusstest, dass ich den Oskar kenne.«

»Sagen wir so: Herr Viellieber hätte sicher nichts dagegen, wenn ein Grieche bei ihm einziehen würde.«

»Und deshalb kommst du zu mir?«

»Zu wem sollte ich sonst gehen?«

»Woher weißt du das alles eigentlich?«

»Das ist mein Job, Christo. Also: Hast du Interesse? Falls ja, würden wir uns freuen, wenn du uns als Brauerei ins Gespräch bringst.«

»Ich überleg's mir. Kannst du das Ganze noch ein paar Tage unter Verschluss halten?«

»Kein Problem. Aber beeil dich. Solche Chancen bieten sich nicht oft.«

Zwei Tage später durfte Toni das Krankenhaus wieder verlassen. Mein Vater holte ihn ab. Der Assistenzarzt sagte: »Herr Hausers Gesundheitszustand ist so weit wieder hergestellt. Wir haben ihn mit Antibiotika wieder aufgepäppelt. Aber mit seinen Blutwerten bin ich immer noch nicht zufrieden. Er sollte sich weiter von seinem Hausarzt behandeln lassen, okay? Ich habe ihm eine Überweisung mitgegeben.« Mein Vater nickte.

Toni saß putzmunter auf seinem Bett und zuckte mit den Schultern. »Ich fühle mich prima«, sagte er. »Dieser junge Arzt macht aus einer Mücke einen Elefanten.« Auf dem Nachhauseweg erzählte mein Vater Toni vom Angebot, das »Metro« zu übernehmen.

Meine Eltern überlegten nicht lange. Die Vorteile des neuen Lokals lagen auf der Hand: Das »Metro« war größer als das kleine »Zorbas«, bot gut dreißig Gästen mehr Platz. Das »Metro« hatte einen großen Biergarten. Das »Zorbas« hatte keinen. Und der wichtigste Vorteil, der Standort: Das »Zorbas« lag in der Südstadt, in der Umgebung standen zwar viele Wohnhäuser, aber nur wenige Firmen, deren Mitarbeiter mittags essen gingen. Das »Metro« befand sich dagegen auf der Kaiserstraße, der Hauptader der Stadt. Wenige Meter weiter begann die in eine Fußgängerzone umgewandelte Einkaufsmeile mit den großen Kaufhäusern Karstadt, C&A und Hertie. Gleich nebenan war die Karlsruher Universität, eine Straße weiter das Bundesverfassungsgericht und zwischen diesen Eckpfeilern der Innenstadt befanden sich viele alteingesessene Karlsruher Familienbetriebe wie zum Beispiel die Buchhandlung Kellner&Moessner, Photo Glock, Radio Ade, Polstermöbel Richter oder der Juwelier Fröhlich. »Einen besseren Ort für ein Restaurant gibt es in der ganzen Stadt nicht«, sagte mein Vater zu meiner Mutter. »Und die Küche liegt auf derselben Ebene wie das Lokal«, witzelte sie. Die beiden waren sich schnell einig, dass sie diese Chance nutzen wollten.

Die Ablöse an den Vorpächter des »Metro« betrug 90 000 Mark, die Kosten für den Umbau schätzte mein Vater auf knapp 30 000. Auf der Bank hatten meine Eltern 60 000 Mark, die Hälfte. Für den Rest nahmen sie bei Dieter Mayer, dem Volksbankdirektor, einen Kredit auf. Aus dem »Metro« wurde im November 1982 »Der Grieche«. Und blieb es. Für die nächsten 27 Jahre.

Mein Vater besann sich auf den alten Namen, aber er konnte das neue Lokal nicht »El Greco« nennen. Fotis hatte damals mit dem Restaurant auch den Namen übernommen. Kurz dachte mein Vater darüber nach, das »Metro« in »Megalokampos« umzubenennen, dem Heimatdorf seiner Eltern. Aber diese Option wurde schnell verworfen. »Das kann doch keiner unserer Gäste richtig aussprechen«, sagte meine Mutter. »Ist viel zu kompliziert.« Die beiden einigten sich auf die einfachste aller Lösungen: »Der Grieche«.

»Der Grieche« hatte eine breite Glasfront. In der Mitte dieser Glasfront befand sich die Eingangstür. Jeweils links und rechts davon hatte mein Vater das neue Emblem des Lokals aufkleben lassen. Es war ein freundlich lächelndes Männchen mit einem gewellten schwarzen Schnurrbart und ausgebreiteten Armen. Das Männchen trug einen weißen Faltrock, eine rote Filzmütze und rote Holzpantoffeln mit einem schwarzen Bommel an der Spitze. Über dem Männchen stand in großen weißen Buchstaben »TAVERNE DER GRIECHE«. Das Männchen war Tonis Entwurf.

Vom Grundriss her war »Der Grieche« ein Rechteck, etwa acht Meter breit und zwanzig Meter lang. Die Glasfront nahm die gesamte Breitseite des Lokals ein. Gleich rechts neben dem Eingang befand sich eine lange Holztheke in L-Form. Die Schwingtür am hinteren Ende des Lokals führte zur Küche. Von der Theke bis zur Schwingtür waren es genau sechzehn Schritte. Für einen Erwachsenen. Für mich als Achtjährigen waren es 1983 etwa einundzwanzig Schritte. Links neben der Schwingtür ging es zu den Toiletten, und ein paar Meter weiter rechts neben der Schwingtür hatte mein Vater einen offenen Holzkohlegrill einbauen lassen. Wenn jemand also ein Souvlaki, Bifteki oder vielleicht gegrillte Peperoni bestellte, konnte er dabei zusehen, wie mein Vater den Schweinespieß, das Hacksteak oder eben die Peperoni zubereitete. Besonders Kinder waren vom offenen Grill fasziniert. Manchmal ließ mein Vater ein paar Spritzer Zitrone auf die Kohlen fallen und prompt gab es eine hohe Stichflamme und weißgrauer Rauch folgte dem kurzen Zischen. Eine hohe Glasscheibe verhinderte, dass Funken oder Zitronentropfen auf die kleinen Zuschauer spritzten. Über dem Grill hing eine riesige rotgoldene Kupferhaube, auf der ebenfalls das neue Emblem zu sehen war. Jeder der neunzehn Tische hatte seine eigene rotgoldene Kupferleuchte, und natürlich prangte auch auf jeder das »Griechen«-Männchen. In der Mitte des Innenraums war eine Trennwand eingezogen, die das Lokal in ein größeres Zimmer (vorne) und ein kleineres (hinten) teilte. Die Trennwand hatte einen Rundbogen als Fenster. In diesem Fenster standen die alten Statuen aus dem »El Greco«: Athene, Nike von Samothraki und Aphrodite von Milos. Wenn man also hinter der Theke stand, hatte man alles im Blick: die Tische im vorderen Zimmer, die Tische im hinteren Zimmer und den Holzkohlegrill, hinter dem meist mein Vater stand.

Auf Helden und Götter an den Wänden hatte mein Vater diesmal verzichtet. Im Fernsehen hatte er einen Bericht über eine El-Greco-Ausstellung in der Neuen Pinakothek in München gesehen. Das brachte ihn auf eine Idee: Er bat Toni, ein Ölgemälde der Akropolis anzufertigen. Toni war zu dieser Zeit immer mal wieder zur Behandlung bei unserem Hausarzt, einem älteren Herrn namens Dr. Reiseweber. Dr. Reiseweber bat meinen Vater, auf den Alkoholkonsum Tonis zu achten und ihm, wenn möglich, auch mal eine Cola oder – noch besser – eine Apfelschorle statt eines Pils oder eines Ouzos hinzustellen. Tonis Blutwerte seien immer noch schlecht, sagte Dr. Reiseweber. Mein Vater konnte Toni das Pils zwar nicht verbieten, aber er rang ihm immerhin das Versprechen ab, dass er ab jetzt nur noch Radler und nur einen Ouzo pro Tag trinken würde. Gemessen an dem, was Toni früher so am Tag trank, hätte man ihn dafür fast schon beglückwünschen können. Wenn da nicht diese miesen Blutwerte gewesen wären. – Ich merkte von Tonis Zurückhaltung nichts. Aber ich sah, dass er jetzt immer ein Taschentuch dabei hatte und seine Nase putzte, weil sie manchmal aus heiterem Himmel blutete.

»Ein Ölgemälde der Akropolis?«, fragte Toni. »Ich bin Grafiker, kein Maler, Christo. Und selbst wenn: Das kann ich nicht einfach von einem Foto abmalen. Das müsste ich mir ansehen.«

»Gut, worauf wartest du dann noch: Flieg hin! Und wenn du schon mal in Griechenland bist, kannst du auch einen Abstecher nach Thessaloniki machen und dir den Weißen Turm an der Promenade anschauen. Davon will ich auch ein hübsches Gemälde.«

»Meinst du das ernst?«, fragte Toni mit einem Lächeln und einem Schuss Vorfreude.

»Na klar. Wir werden hier ein bisschen Kultur reinbringen. Außerdem: Dein Arzt hat doch gesagt, dir würde ein wärmeres Klima guttun, oder?«

Acht Wochen später hing ein drei mal zwei Meter großes Ölgemälde der Akropolis an der rechten Wand des »Griechen« und ein zwei mal eineinhalb Meter großes Ölgemälde des Weißen Turms an der linken Wand. Die Auftragswerke erhielten einen breiten vergoldeten Holzrahmen. Als Toni sie das erste Mal mit einem breiten Grinsen meinen Eltern präsentierte, hatte er sie in Holzpapier eingewickelt und beim Auspacken gesagt: »Hat mich sechs Wochen meines Lebens gekostet! Aber ich glaube, das hat sich richtig gelohnt!« Er riss das Papier weg und blickte erwartungsfroh zu meinen Eltern. »Was sagt ihr?«

Mein Vater und meine Mutter schauten auf das Ergebnis, erst nach rechts auf die Akropolis, dann nach links auf den Weißen Turm, dann wieder nach rechts, wieder nach links. Sie schauten sich gegenseitig an und sagten zunächst kein Wort. Der Weiße Turm ähnelte in seiner Schieflage dem Turm von Pisa. Aber das war das kleinere Übel, das größere stand rechts. 1983 hatte die griechische Regierung beschlossen, mit Hilfsmitteln der Europäischen Gemeinschaft, das Wahrzeichen der griechischen Antike zu restaurieren. Man installierte einen riesigen Kran in der Mitte des Parthenon, um die schweren Marmorblöcke einzeln anzuheben und bearbeiten zu können. Und Toni hatte den Parthenon samt Kran abgemalt! Das Gemälde wirkte mit dem Kran in der Mitte und den Absperrgittern drum herum nicht mehr wie ein Symbol der Wiege Europas. Es zeigte nichts anderes als eine Baustelle. Eine Baustelle in Öl. Meine Mutter schluckte. Mein Vater holte tief Luft, zwinkerte meiner Mutter zu und sagte: »Genau so habe ich mir das vorgestellt. Gut gemacht, Toni!« Er klopfte ihm auf die Schulter. Tonis Grinsen wurde breiter. Er hob seine Brust hervor, nahm Stellung an und bat Jorgo, ein Foto zu machen.

Leider ist dieses Foto verschwunden. Aber ich erinnere mich an das Bild: Toni steht zwischen seinen halb ausgepackten Ölbildern, er ist schmaler als früher, hat abgenommen. Aber er strahlt, als wäre er aus Plutonium. Daneben steht mein Vater, der ebenfalls lacht. Seine Zähne blitzen so hell wie der weiße Marmor des Parthenon in der Athener Mittagssonne. Neben meinem Vater steht meine Mutter. Sie lacht nicht. Als Jorgo auf den Auslöser drückte, blickte sie gerade nach rechts, auf die Baustelle. Meine Mutter ist keine Kunstkritikerin, aber ihr Gesicht spricht Bände. Sie hatte ganz sicher etwas anderes erwartet. Aber mein Vater war der Meinung, dass Toni die Wirklichkeit abgebildet hatte und das Gemälde des Parthenon exakt den politisch-kulturellen Zustand seines Heimatlandes wiedergab. Wenn ihn ein Gast auf die Akropolis ansprach und fragte, warum der Maler denn mit diesem hässlichen Kran eines der architektonischen Weltwunder der Antike verhunzt hatte, antwortete mein Vater fast schon pathetisch: »Die Kunst ist frei, mein lieber Freund. Und Griechenland ist zurzeit nun mal nichts anderes als eine demokratische Baustelle.« Dann zwinkerte er Toni zu, der ihm von der Theke aus lächelnd zuprostete.

Griechenland war zwar seit gut acht Jahren keine Diktatur mehr und seit mehr als zwei Jahren Mitglied der Europäischen Gemeinschaft. Aber: Mein Vater lag mit seiner Einschätzung nicht völlig daneben.

Als man auf der Akropolis begann, die Marmorblöcke des Parthenon einzeln herauszulösen, um sie zu reinigen, zu restaurieren und schließlich wieder an ihren ursprünglichen Ort einzusetzen, um den Glanz der Antike neu erstrahlen zu lassen, errichtete man keine dreihundert Meter Luftlinie entfernt – im griechischen Parlament – einen ganz neuen Tempel. Die Säulen, auf denen dieser Tempel aufgebaut war, versprühten allerdings wenig Glanz.

Anfang der achtziger Jahre begannen die beiden griechischen Volksparteien »Nea Dimokratia« und »Pasok« die Staatseinnahmen – vor allem Finanzhilfen der EG – an ihre jeweilige Klientel zu vergeben. Statt in die Infrastruktur des Landes zu investieren, in Straßen, Schienen, Schulen, Krankenhäuser und Universitäten, beschenkte man lieber die eigene Wählerschaft: mit versteckten Subventionen und gut bezahlten Jobs im Staatsbetrieb. Der Staat wurde zu einem riesigen Apparat aufgebläht, der mit der jeweiligen Regierungspartei gleichgesetzt wurde und dem folgerichtig nur wenige Griechen vertrauten. »Die Säulen der neugriechischen Demokratie? Unsere Politiker berufen sich zwar gern auf Sokrates, Solon und Perikles, aber im Grunde fördern sie nur Korruption, Schwarzarbeit und Vetternwirtschaft«, urteilte mein Vater.

Aber damals interessierte diese Fehlentwicklung niemand in Europa. Deutschland hatte noch seine harte D-Mark und Griechenland seine uralte, geliebte Drachme. Griechenland war immer noch ein armes Land, zwar Mitglied der EG, aber gefühlt so weit vom Fortschritt der wirtschaftlichen Entwicklung in Mitteleuropa entfernt wie damals die Bundesrepublik von der deutschen Einheit. Was die beiden Länder aber einte, war einerseits die Liebe der Deutschen zur griechischen Antike, den einsamen Buchten und Inseln, zur ungenierten Lebensfreude der Griechen, die trotz ihrer Armut mehr Spaß am Leben zu haben schienen, als die reichen, aber verkrampft wirkenden Mitteleuropäer. Die Griechen galten in Deutschland seit der Verfilmung des Romans ›Alexis Zorbas‹ als schroffe, aber liebenswürdige Lebenskünstler. Einerseits. Andererseits lebten damals noch gut vierhunderttausend Griechen in Deutschland, die über Telefon und Briefpost ständigen Kontakt mit ihren Verwandten hielten und im Sommer ihren Urlaub in Griechenland verbrachten. Und wenn sie bei ihren Familien in Griechenland über Deutschland sprachen, klagten sie nicht. Im Gegenteil: Viele verteidigten Deutschland geradezu. Zwar waren alle der Meinung, dass die Deutschen ein bisschen freundlicher, nicht so unterkühlt sein könnten. Aber sie lobten die sauberen Gehwege und Straßen, die tollen Autos, die Mercedes und BMW bauten, die vielen Kindergärten, die gut ausgestatteten Schulen und Universitäten, sie protzten manchmal ein bisschen mit ihren neu erworbenen Fernsehgeräten von Grundig oder Loewe (»Deutsche Markenqualität!«) und sie respektierten die Deutschen sehr für ihre Ordnung und Disziplin. Manche waren sogar der Meinung, dass griechische Politiker sich ruhig eine Scheibe bei ihren deutschen Kollegen abschneiden könnten. Onkel Charalambos sagte immer: »Deutsche Politiker sitzen pünktlich um acht Uhr an ihrem Schreibtisch und arbeiten. Hast du schon mal einen griechischen Politiker so früh in seinem Büro gesehen?«

Im Sommer 1983 erzählten die griechischen Gastarbeiter ihren Verwandten, dass in Deutschland jetzt ein großer, dicker Mann mit Brille Kanzler geworden war, den viele abschätzig »Birne« nannten. Politische Beobachter im In- und Ausland gingen damals nahezu geschlossen davon aus, dass Helmut Kohl nicht lange Regierungschef bleiben würde. Auch mein Vater sah in Kohl nur einen Übergangskanzler. Eine grobe Fehleinschätzung. Kohl wurde Rekordkanzler, regierte Deutschland sechzehn Jahre. Aber während die Regierung Kohl 1983 auf die damals noch unabsehbare Wiedervereinigung zusteuerte, drohte die Ehe meiner Eltern in den achtziger Jahren zu zerbrechen.

Und das kam so: In den ersten Monaten des »Griechen« versuchten meine Eltern tatsächlich beide Restaurants parallel zu führen. Im neuen Lokal arbeiteten meine Eltern und im »Zorbas« Jorgo und die Cousine meiner Mutter, Elektra. Elektra half schon seit ein paar Jahren in der Küche aus. Ihre Mutter, Tante Eleni, Oma Theodoras Schwester, hatte sie kurz nach meiner Geburt nach Karlruhe geschickt, um meine Eltern bei der Arbeit zu unterstützen. In Griechenland waren die Jobs für junge Mädchen rar. Elektra wohnte im ausgebauten Dachstuhl des »Zorbas« und war eine sehr hübsche Frau: Mitte zwanzig, dunkle lange Haare, braune, gutmütige Augen, schmale Hüften. Unsere Gäste liebten sie für ihre mädchenhafte Ausstrahlung, ihr schüchternes Lächeln. Meine Mutter liebte sie, weil Elektra ihre Cousine und damit ein Teil unserer Familie war. Und ich liebte Elektra, weil meine Mutter sie liebte. Ich kann heute noch spüren, wie sie mich als Junge immer in die Backe zwickte. Zeichen ihrer Zuneigung.

Der Plan, den »Griechen« und das »Zorbas« gleichzeitig zu bedienen, wurde jedoch schnell ad acta gelegt. »Der Grieche« hatte bald so viel zu tun, dass mein Vater sowohl Jorgo als auch Elektra dort brauchte. Außerdem fielen die Tageseinnahmen im »Zorbas« schnell von 1500 auf nicht einmal 400 Mark. Das hatte zwei Gründe, erstens: Jorgo war achtzehn Jahre alt und hatte meist andere Dinge im Kopf als nur Pilszapfen. Er interessierte sich mehr für Modetrends und Schallplatten als für Souvlaki und Zaziki. Er ließ die Arbeit schleifen. Das Restaurant allein zu leiten, dafür war er schlicht noch zu jung. Und zweitens folgten die meisten Stammgäste meinen Eltern ins neue Lokal. »Es macht keinen Sinn, beide Restaurants zu behalten«, sagte mein Vater zu meiner Mutter. Und die beiden verkauften das »Zorbas« gut ein halbes Jahr, nachdem sie das »Metro« erworben hatten, für einen Freundschaftspreis von 30 000 Mark an einen anderen Griechen.

Mit ihrem »Griechen« hatten meine Eltern allerdings voll ins Schwarze getroffen. Während in den siebziger Jahren jenes Wohlgefühl der Solidarität mit den gegen die Diktatur aufbegehrenden Griechen vor allem das linke Bildungsbürgertum und viele Studenten ins »El Greco« und ins »Zorbas« trieb, fanden sich im neuen »Griechen« alle Bevölkerungsschichten ein. Das lag einerseits an der Lage im Stadtzentrum, weil viele Gäste zum Beispiel nach einem Einkauf in der Fußgängerzone noch bei uns einkehrten. Griechisch essen zu gehen hatte sich mittlerweile auch in konservativen Kreisen zur Normalität entwickelt wie der Gang zum Italiener. Immer seltener mussten mein Vater und Jorgo unseren Gästen erklären, was Zaziki oder Gyros ist. Viele Gäste bestellten so selbstverständlich griechische Speisen, wie sie ein Schnitzel in einem deutschen Lokal bestellten. (Wobei: Ich würde hier gern noch mal festhalten, dass meine Mutter großartige Wiener Schnitzel machte. Sonst wäre ich nie ein Schnitzel-Fan geworden.) Dass der »Grieche« voll einschlug, lag zum anderen auch an den Professoren und Verwaltungsangestellten der Universität, und den Richtern und Bundesstaatsanwälten des Bundesverfassungsgerichts, die vorzugsweise mittags zum Essen kamen. Denn während es im »El Greco« und im »Zorbas« mittags kaum etwas zu tun gab, war der »Grieche« schon Anfang der Woche mit Reservierungen zur Mittagszeit völlig ausgebucht. Wegen des großen Andrangs ließen manche Gäste bereits für elf Uhr einen Tisch auf ihren Namen reservieren.

Wie in vielen anderen Berufen auch, zählt die Vorbereitung auf die eigentliche Arbeit für einen Wirt zur Basis eines erfolgreichen Betriebs. Im Fall meines Vaters bedeutete dies:

7 Uhr:	Aufstehen. Frühstücken (Kaffee und Brezel, danach erste Zigarette des Tages).
7:30 Uhr:	Zum Großmarkt, Gemüse und Salat bei Mustafa abholen.
8 Uhr:	Zum Metzger, Fleisch abholen.
8:30 Uhr:	Zur Bank, die Einnahmen des Vortages aufs Konto einzahlen (sofern sie nicht bereits in die Tagesabrechnungen des Casinos in Baden-Baden eingeflossen waren).
9 Uhr:	In der Küche das Gemüse und den Salat kleinschneiden. Ebenso das Fleisch insoweit schneiden und würzen, dass man es gleich auf den Grill legen kann.
9:45 Uhr:	Getränkelieferung kontrollieren, Getränkekisten im Lager sorgfältig stapeln, die Kühlschränke in der Theke auffüllen (sofern es die Söhne am Abend zuvor wieder mal vergessen hatten).

10 Uhr:	Den Teppich im »Griechen« saugen.
10:30 Uhr (im Sommer):	Die Tische und Stühle im Biergarten entketten, Oberflächen abwischen, saubere Tischdecken auflegen (Aschenbecher, Salz- und Pfefferstreuer nicht vergessen).
10:57 Uhr:	Die ersten Gäste willkommen heißen. (Keine Ahnung warum, aber die Gäste, die für 11 Uhr einen Tisch zum Mittagessen reservierten, kamen schon immer ein bisschen früher).

Mein Vater erledigte diese Vorbereitungen in der Regel immer selbst. Er wollte damit meine Mutter in der Küche ein bisschen entlasten.

Eines Tages, »es muss im April 1985 gewesen sein«, erzählte mir meine Mutter, »kam ich morgens ins Lokal und wollte deinem Vater bei den Vorbereitungen helfen. Ich schloss die Tür zum Lokal auf, ging in die Küche, aber dein Vater war nicht da. Ich dachte mir nichts dabei und wollte mir gerade einen Kaffee machen, als ich zuerst ein leises, und ein paar Sekunden später ein lauteres Seufzen hörte. Ich stand still und drehte mein Ohr in die Richtung der Laute. Die Geräusche kamen aus dem Lager.«

Wenn meine Mutter darüber spricht, über jene Zeit Mitte der achtziger Jahre, über die gleich folgende Szene, dann scheint es fast so, als spräche sie über eine andere Person, als wäre nicht ihr, sondern einer guten Freundin all das widerfahren. Sie spricht über die Enttäuschungen ihrer Ehe, als hätte sie irgendwann – viel früher vielleicht – schon längst damit gerechnet. Meine Mutter wird dann nicht sentimental. Sie schaut einem nur ins Gesicht, erzählt die Geschichte aus ihrer Perspektive zu Ende und wartet gespannt auf eine Reaktion des Zuhörers. Als sie mir die Geschichte jenes Morgens erzählte, hatte sie ihre rot umrandete Brille abgesetzt, saß in unserer Wohnung am Esstisch in der Küche und hatte die Hände in ihren Schoß gelegt. Die Haut ihrer Hände ist von der Arbeit in der Küche, vom jahrzehntelangen Frittieren, Backen, Braten, Grillen, Teller garnieren, Teller spülen und Pfannen schrubben, rau und eingerissen. Es sind die Hände einer Frau, die in ihrem Leben nichts anderes getan hat, als hart zu arbeiten. Für ihre Familie.

»Hast du bereits vorher etwas geahnt?«, fragte ich sie, weil ich die Geschichte jenes Morgens im Groben bereits kannte, aber sie nie von ihr erzählt bekommen hatte. (Meine Brüder Jorgo und Ari hatten mir davon berichtet.) Sie antwortete nicht.

»Mama?« – Meine Mutter holte tief Luft und seufzte. »Du weißt doch: Dein Vater hatte schon immer leichtes Spiel bei den Frauen. Er sah gut aus, sein Lächeln war spitzbübisch, offenherzig, anziehend, er hatte die Hosentaschen voller Geld und konnte Geschichten erzählen, dass einem schwindelig wurde. Wenn er einen Raum betrat, stand er gleich im Mittelpunkt. Er besaß diese Aura, die Männer unwiderstehlich macht. Es gab auch viele Frauen, die sich an ihn rangemacht haben. Die meisten hat er abblitzen lassen. Leider ist ihm das aber nicht immer gelungen.«

»Was ist damals genau passiert?«

»Ich hörte die Laute aus dem Lager, öffnete die Tür und …« Meine Mutter machte eine Pause.

»Und?«

»… sah deinen Vater und Elektra. Sie saß auf einem Stapel Gemüsekartons, er stand vor ihr und sie hatte die Beine um ihn geschlungen. Sie küssten sich.«

»Und dann?«

»Sie hatten mich gehört, blickten zu mir herüber und starrten mich an, als wäre ich der Heilige Geist. Ihre Augen und Münder waren aufgerissen. Diese überraschten Gesichter. Das ist das Bild, das ich immer vor mir sehe.«

»Hast du etwas gesagt?«

»Ja. Ich habe gesagt: ›Das haben die Auberginen nicht verdient.‹«

»Bitte was?!«

»Elektra saß auf einem Stapel Gemüsekartons, und in diesen Kartons waren Auberginen. Daraus wollten wir später eigentlich Melizanosalata, also Auberginencreme machen. Ich sagte: ›Das haben die Auberginen nicht verdient‹, schloss die Tür und machte mir einen Kaffee.«

Meine Mutter lächelte. Sie wollte nicht lachen, aber sie lächelte. Sie hatte nicht losgeschrien, der Anblick hatte ihr nicht vollends die Sprache verschlagen. Sie hatte auf ihre Art reagiert und die beiden auf weniger als eine Schachtel Gemüse reduziert.

»Das ist nicht dein Ernst? Das hast du gesagt?«

»Ja, ich dachte an die Auberginencreme.« Wieder lächelte sie. Ich glaube, im Nachhinein war sie sogar ein bisschen stolz auf ihre unterkühlte Reaktion.

»Warst du denn nicht enttäuscht? Wütend? Zornig?«

»All das, ja. Meine Hand zitterte, als ich mir den Kaffee in die Tasse goss.«

»Und was passierte danach?«

»Nichts, was man nicht aus den billigen Fernsehserien kennt. Dein Vater kam heraus und wollte mir ›die ganze Sache‹ erklären. Aber ich hörte nicht auf ihn. Ich sagte ihm, er könne sich das alles sparen.«

»Und Elektra?«

»Weißt du, deine Oma Theodora hat mir immer eingetrichtert, dass so etwas mal passieren würde und ich quasi damit rechnen müsste. ›Ein Mann sei halt ein Mann‹, sagte sie immer, ›die tragen ihren Kopf manchmal nicht auf den Schultern‹. Also hatte ich insgeheim zwar gehofft, dass es nie geschehen würde, aber ich war auf eine gewisse Art darauf vorbereitet. Was mir aber die Luft nahm, war die Tatsache, dass es meine eigene Cousine …«

Meine Mutter brach den Satz ab. Sie fuhr sich mit den Händen durch ihr volles, leicht ergrautes Haar und holte wieder tief Luft.

»Ich habe es ihr nie verziehen. Und ich werde es ihr nie verzeihen können.«

Ich nahm meine Mutter in den Arm.

»Versprichst du mir etwas?«, fragte sie mich.

»Alles, was du willst, Mama.«

»Wenn du mal verheiratet bist: Achte auf deine Frau. Respektiere und liebe sie. Und wenn du doch irgendwann fühlen solltest, dass es nicht mehr geht, beende deine Ehe mit Anstand. Sei ein anständiger Kerl und mach deine Frau nicht zum Gespött fremder Leute.«

Sie blickte mir ins Gesicht und wartete auf ein »Ja« oder ein »Okay«. Als wir damals in der Küche saßen und ich ihr neugierig diese Fragen stellte, im Jahr 2003, war ich noch nicht verheiratet. Ich war mir nicht einmal sicher, ob ich je heiraten wollte. Also nickte ich nur und umarmte sie fester als je zuvor.

1985 allerdings war ich erst zehn Jahre alt und ahnte nicht einmal, was geschehen war. Viele andere Familien hätte das vielleicht zerrissen, aber zwischen meinen Eltern gab es keinen offenen Streit. Meine Mutter war böse auf meinen Vater, keine Frage, sie wünschte ihn zum Teufel, sie hätte ausrasten können vor Zorn, ganz sicher, aber dennoch hielt sie still. Ich bemerkte nichts. Der Streit, der zwischen meinen Eltern ausbrach, blieb vor uns Kindern geheim. Meine Mutter wollte nicht, dass wir davon erfahren. Sie wollte auch nicht, dass Elektra weiter bei uns arbeitet. Der Streit endete darin, dass Elektra uns verließ. Die offizielle Version lautete: Ihr Bruder kam aus Griechenland, und die beiden eröffneten in Karlsruhe ihr eigenes kleines Restaurant. (Sie nannten es »El Greco«.) Die inoffizielle Version: Elektra hatte sich in meinen Vater verliebt und wollte, dass er seine Familie, also uns, für sie verlässt. Aber das kam für ihn nicht in Frage. Also musste sie gehen.

Meine Mutter und Elektra waren Cousinen, sie waren zusammen in Thessaloniki aufgewachsen, Tür an Tür, lebten jahrelang unter einem Dach wie Schwestern zusammen, aber jener Morgen im »Griechen« zerschnitt alle Fäden, die beide verband. Die beiden sprechen noch heute kein Wort miteinander, obwohl sie keine fünfhundert Meter auseinander wohnen. Meine Mutter konnte Elektra nie verzeihen, und wird ihr – wie sie sagte – auch nie verzeihen. Elektra dagegen träumte wie meine Mutter immer von einer großen Familie. Die blieb ihr aber verwehrt. Sie hatte nie Kinder.

Und wenn ich heute an diese Zeit zurückdenke, hätte mir damals eigentlich auffallen müssen, dass sich zwischen meinen Eltern etwas verändert hatte, dass etwas auseinanderzufallen schien. Sie küssten sich weniger, sie umarmten sich weniger, sie saßen kaum noch gemeinsam an den Tischen unserer Gäste, wie sie es früher gern getan hatten und dabei ein paar Gläser Wein tranken und lachten. Mir hätte eigentlich auffallen müssen, dass jener Morgen im »Griechen«, als meine Mutter ihre Cousine Elektra und ihren Mann auf eine Schachtel Gemüse reduziert hatte, wahrscheinlich der Beginn einer jahrelangen Ehekrise war. Aber mir fiel nichts dergleichen auf. Stattdessen kaufte ich mir nach wie vor jede Woche von meinem Taschengeld frohen Mutes ein Yps-Heft und beobachtete neugierig, wie etwas *wächst*: Bohnen, kleine Krebstiere oder Vergissmeinnicht.

Die achtziger Jahre waren ein seltsames Jahrzehnt. Ein Jahrzehnt der Paradoxa. Während meine Mutter wenigstens für ein paar Jahre meine heile kleine Welt gegen die Welt der Erwachsenenprobleme beschützen konnte, schien es außerhalb des »Griechen« so, als ob nicht nur die Ehe meiner Eltern in eine Krise geraten war. Aus heutiger Sicht wirkt es fast albern, das Wort »Atomkrieg«, aber die Aufregung wegen des NATO-Doppelbeschlusses, der amerikanischen Pershing-Raketen war sehr real. Und gleichzeitig auch ein bisschen übertrieben. Wie sich später herausstellte. Ebenso die Angst um das Waldsterben. Glaubte man den damaligen Prognosen, war es eigentlich nur noch eine Frage der Zeit, bis man Bäume nur noch in einem Naturkundemuseum hätte besichtigen können. Es schien, als wäre die ganze Welt – bis auf meine Mama – hysterisch geworden.

Als Kind habe ich den Begriff »Kalter Krieg« sowieso nie verstanden. Wie eine Glocke hingen diese zwei Worte über jeder politischen Diskussion im »Griechen«. Ich aber fragte mich: Was hat das zu bedeuten: kalter Krieg? Ein Krieg in einem kalten Land? Ein Krieg, der mit Gewehren aus dem Gefrierschrank geführt wurde? Oder vielleicht ein Krieg, den die Eskimos angezettelt hatten? Und falls ja, was hatten die Eskimos mit uns zu schaffen? Im Fernsehen war oft die Rede vom Kalten Krieg, aber für mich war dieses Wort schlicht unverständlich. Denn es gab ja gar keinen Krieg. Das Ganze war für mich ein unauflösbares Paradoxon. Wie Rubiks Zauberwürfel. So oft ich das bunte Quadrat auch drehte und wendete, ich habe es nie geschafft, alle Seiten des Würfels nach gleichfarbigen Rechtecken auszurichten. Ari, der mir zu erklären versuchte, dass der Kalte Krieg kein echter Krieg war, sondern nur die Androhung eines Krieges darstellte, knackte das Geheimnis des Würfels innerhalb von zehn Minuten. Ich schaffte höchstens eine gleichfarbige Seite. So gesehen führte auch ich kalten Krieg. Gegen Rubiks Zauberwürfel. Ich donnerte ihn in die Ecke und schwor, ihn nie wieder anzufassen. Das Scheißding.

Ein ähnlich unauflösbares Paradoxon änderte die Beziehung meines Vaters zu Deutschland. Mehr als zwanzig Jahre lebte er nun mit seiner Familie in einem neuen Land. Er hatte gemeinsam mit meiner Mutter beschlossen, sein weiteres Leben hier zu verbringen, seine beiden Söhne ins Land geholt und insgeheim darauf gehofft, dass sich das Klima zwischen den Deutschen und den ehemaligen Gastarbeitern bessern würde. Aber das Gegenteil traf ein. Während im »Griechen« hauptsächlich und bis auf ein paar wenige Ausnahmen freundliche und aufgeschlossene Deutsche einkehrten, begann außerhalb des »Griechen« ein Gemisch aus Fremdenangst und Ausländerfeindlichkeit zu gären.

Einen Monat nach jenem Gemüse-Morgen im »Griechen« hielt der neue Bundespräsident Richard von Weizsäcker eine Rede im deutschen Bundestag. Es war die wohl bedeutendste und auch beste Rede eines deutschen Politikers zum Jahrestag des Weltkriegsendes in Europa. »Es geht nicht darum, Vergangenheit zu bewältigen«, sagte Weizsäcker. »Das kann man gar nicht. Sie lässt sich ja nicht nachträglich ändern oder ungeschehen machen. Wer aber vor der Vergangenheit die Augen verschließt, wird blind für die Gegenwart. Wer sich der Unmenschlichkeit nicht erinnern will, der wird wieder anfällig für neue Ansteckungsgefahren.«

Mein Vater hörte die Rede und war frustriert. Er stand hinter der Theke und vor ihm saß ein aus der Nase blutender Toni. Ich saß daneben auf einem Hocker.

»Warum bist du so sauer?«, fragte Toni. »Ist doch eine gute Rede gewesen.«

»Ja, das war eine gute Rede. Aber leider hat sie der Politiker gehalten, der in Deutschland nichts zu sagen hat.«

»Weizsäcker ist immerhin Bundespräsident«, erwiderte Toni.

»Und dennoch hat er nichts zu sagen«, wiederholte mein Vater. »Seit Jahren wächst in diesem Land der Ausländerhass. Es ist noch schlimmer geworden als in den Anfängen der sechziger Jahre, als jeder Ausländer nur ein Gastarbeiter war. Heute nennen uns sogar namhafte Politiker wie dieses Arschloch Franz Josef Strauß ›Kanaken‹, ohne sich zu schämen.«

»Das ist nicht fair. Wir sind nicht alle Strauß«, sagte Toni. Er blickte auf das Radler und nahm einen Schluck aus seinem Glas. Die sonst eher gelbliche Färbung des Mixgetränks war kaum noch auszumachen. Mein Vater schoss Tonis Zitronenlimonade seit längerem nur noch ein kleines bisschen Bier zu. Er wusste, dass sein Freund der falscheste aller falschen Adressaten für seine Wut war, aber in dem Moment war halt kein anderer anwesend.

»Nicht fair?«, fragte mein Vater. »Hast du in den letzten Jahren mal in die Zeitungen geschaut?«

Tatsächlich schürten seit Anfang der achtziger Jahre rechtskonservative Kreise bewusst Ressentiments gegen Ausländer. Bestes Beispiel war das »Heidelberger Manifest« vom 17. Juni 1981, eine pseudowissenschaftliche Schrift, die viele sogenannte Intellektuelle unterschrieben. Das Manifest richtete sich – Zitat – »gegen die Unterwanderung des Deutschen Volkes durch Ausländer, gegen Überfremdung unserer Sprache, unserer Kultur und unseres Volkstums«. Es gab Bürgerinitiativen mit »Ausländer-Stopp«-Buttons, die geläufige Parole hieß nicht mehr nur »Das Boot ist voll«, sie lautete nun »Deutschland den Deutschen!«. Der Berliner CDU-Fraktionschef Landowsky sprach in einem Interview von Ausländern, die »bettelnd, betrügend, ja auch messerstechend durch die Straßen ziehen, festgenommen werden und nur, weil sie das Wort ›Asyl‹ rufen, dem Steuerzahler in einem siebenjährigen Verfahren auf der Tasche liegen«. Rechtsradikale verübten schon damals erste Anschläge auf Asylbewerberheime, die Todesopfer forderten; ein Neonazi hatte 1982 in einem Amoklauf in Nürnberg drei Ausländer exekutiert. Und in Karlsruhe, kurz vor der Landtagswahl in Baden-Württemberg, hatten meine Eltern eines Tages einen Zettel im Briefkasten. Der Text unter der Überschrift »Deutschland den Deutschen«: »Was soll das dumme Gequatsche über die Integration der Ausländer in Deutschland??? Wir wollen mit diesem Pack privat nichts zu tun haben. Es ist schon verrückt, diese Banden nach Deutschland zu holen, wo wir doch fast eine Million Arbeitslose im Land haben! Fahren Sie mal in die Türkei, nach Süditalien und sehen Sie sich an, wie die dort hausen und wie die Schweine leben. Und mit diesem Gesindel sollen wir uns vereinigen? Dieses Gesindel sollen wir in unser deutsches Volk integrieren??? Durch das Ausländergesindel ist Deutschland doch zu einem Tummelplatz für Verbrecher geworden! Denken Sie an die Molukker in Holland, die Vietnamesen, die Nigger aus Eritrea, die Jugoslawen, das Kommunistenpack aus den Ostblockländern, die Makkaroni- und Gyrosfresser … Wir werden dem Gesindel das Fürchten lehren und ihnen zeigen, dass sie in Deutschland nur geduldet sind!«

Mein Vater hat diesen Brief behalten und mir Jahre später in die Hand gedrückt. Ich habe ihn weggeworfen. Aber ich erinnere mich. Es war kein NPD-Logo darauf, kein Absender, nur ein Blatt Papier, tausendfach fotokopiert und in Briefkästen wie den unseren geworfen. Die unbekannten Absender hatten nicht einmal darauf geachtet, ob am Briefkasten ein ausländischer oder ein deutscher Name stand.

Toni hatte den Zettel auch gelesen. »Gib nichts drauf. Das sind nur ein paar Glatzköpfe, die sich wichtig machen wollen.«

»Ich soll nichts darauf geben?«, fragte mein Vater erzürnt. »Seit mehr als zwanzig Jahren lebe ich nun hier und muss mir jeden Tag Beleidigungen anhören. Ich muss sie in der Zeitung lesen, ich muss sie mir im Fernsehen anschauen. Wann hat das alles endlich mal ein Ende?«

Toni putzte seine Nase. »Keine Ahnung.«

1986 lebten 4,6 Millionen Ausländer in Deutschland. Fünf davon waren meine Eltern, meine Brüder und ich. Laut einer repräsentativen Umfrage befürworteten damals zwei Drittel aller Deutschen eine Rückkehr der ausländischen Arbeitnehmer in ihre Heimat. Achtzehn Prozent waren der Meinung: »Unter Hitler hatte es Deutschland besser.«

Für meinen Vater waren das klare Signale. In einer Zeit, in der man die Weichen rechtzeitig in Richtung Gemeinsamkeiten hätte drehen können, wurde das Klima zwischen Deutschen und Ausländern bewusst vergiftet. Von Politikern, die im rechten Spektrum auf Wählerfang gingen. Von Politikern, die sich profilieren wollten. Von Politikern, die verantwortungslos mit ihrem Mandat umgingen. Kohl gehörte dazu. Heiner Geissler. Alfred Dregger. Franz Josef Strauß. Und viele andere aus der ersten, zweiten und dritten Reihe des Bundestages. Sie alle waren Befürworter einer restriktiven Ausländerpolitik, einer »härteren Gangart«, wie sie es nannten. Ihr Sinn stand danach, dem »kleinen Mann von der Straße« nach dem Mund zu reden, einen Sündenbock für die wirtschaftlichen Probleme und die steigende Massenarbeitslosigkeit zu suchen, der »Bild«-Zeitung neue Schlagzeilen zu liefern. Kohl wollte das Ausländerproblem allen Ernstes damit lösen, indem er die Zahl der Ausländer von 4,6 auf zwei bis drei Millionen im Jahr 1990 zu verringern suchte. Mit Rückkehrprogrammen. Mit einer Herabsetzung des Nachzugsalters für Familienangehörige.

»Damals hatte ich zum ersten Mal seit langem wieder das Gefühl, wir wären hier unerwünscht«, sagte mir mein Vater. »Zwanzig Jahre war ich immer auf die Deutschen zugegangen, hatte ihnen freizügig aus meinem Leben erzählt, sie eingeladen. Und das war jetzt das Ergebnis.« Aus dem schon unglücklich klingenden Begriff »Ausländerpolitik« wurde das abschätzige Wort »Ausländerproblem«. Und obwohl viele unserer Gäste im »Griechen« meinem Vater in Gesprächen zu verstehen gaben, dass mit dem »Ausländerproblem« eher die Türken und nicht die Griechen gemeint wären, begann er, den Deutschen immer mehr zu misstrauen. »Türken oder Griechen, was spielt das für eine Rolle? Philhellenismus hin, Philhellenismus her, diese ganze Debatte um das sogenannte Ausländerproblem ist ein gewaltiger Fehler«, sagte er ihnen. Zu dieser Zeit war mein Vater mehr denn je ein bekennender Fan der Grünen, die bereits 1984 im Bundestag einen »Entwurf eines Gesetzes über die Niederlassung von Ausländern« eingebracht hatten, das Einwanderern die gleichen Rechte und Pflichten wie deutschen Staatsangehörigen zubilligte. »Die Grünen sind die einzige Partei, die uns Ausländer als gleichberechtigte Mitbürger dieses Landes anerkennen. Da könnt ihr so lange quatschen, bis euch der Mund fusselig wird«, sagte er seinen Gästen.

Und während bei meinem Vater und in weiten Teilen der ausländischen Bevölkerung ein Klima des Misstrauens gegenüber den Deutschen wuchs, so wie aus einem Samen eine Pflanze wächst, starteten Historiker und Philosophen, an der Spitze Ernst Nolte und Jürgen Habermas, in den deutschen Feuilletons eine Diskussion über die Gräueltaten der Nazis. Bekannt wurde diese Diskussion unter dem Begriff »Historikerstreit«. Die zentralen Fragen, die Nolte in den Raum stellte, lauteten sinngemäß: War das jetzt wirklich alles so schlimm im Dritten Reich? Und gab es für deutsche KZ nicht ähnliche Vorbilder in der Geschichte? War es für Deutschland nicht Zeit, die Geschichte abzuhaken, neuen Mut zu schöpfen und neuen Stolz zu empfinden für das Erreichte? Mein Vater stand klar auf der Seite Habermas', der Treblinka und Auschwitz immer noch als singuläre historische Ereignisse erkannte und gegen eine Verharmlosung der Nazis eintrat. Er schrieb damals den ersten und einzigen Leserbrief seines Lebens an die Redaktion der »Frankfurter Allgemeinen Zeitung«, jener Zeitung, in der Ernst Nolte für seine – wie er sie nannte – »unvermeidbaren Fragen« eine Heimat fand. Er erinnert sich nicht mehr an den genauen Wortlaut, es war ein wütender, ein zorniger Brief. Er erinnert sich aber an das Zitat, mit dem er den Brief abschloss. »Deutschland rühmt sich doch das Land der Dichter und Denker zu sein. Vielleicht sollten Sie wieder mal Ihren Goethe lesen. ›West-östlicher Divan‹. Da steht: ›Das Land, das seine Fremden nicht beschützt, geht bald unter.‹« Eine Antwort der FAZ-Redaktion erhielt er nicht.

Die Professoren, Richter und Bundesstaatsanwälte, die in den »Griechen« kamen, waren allesamt FAZ-Leser. Viele hatten die Zeitung unter den Arm geklemmt, wenn sie an einem unserer Tische Platz nahmen. Viele verbrachten ihre Mittagspause mit einer kurzen Lektüre, während sie einen Moussaka oder einen Bauernsalat aßen.

Unsere Professoren, Richter und Bundesstaatsanwälte waren eine eigenwillige Kundenschar. Sie mochten es, wenn man sie mit Professor, Richter oder Bundesstaatsanwalt ansprach. Sie mochten es, wenn man ihnen immer denselben Platz, ihren *Lieblingsplatz*, freihielt. Sie mochten es, wenn man sie zuvorkommend bediente und über ihre kleinen Anekdoten staunte, die immer etwas mit der großen weiten Welt, also wenig mit Karlsruhe zu tun hatten.

Mein Vater hatte aber noch nie viel auf Titel oder Namen gegeben. Ob nun jemand in Anzug und Krawatte aus einem Vorlesungssaal mit dreihundert Studenten gekommen war, ob einer gerade im Bundesverfassungsgericht die Erhöhung des Kindergeldes bundesweit für rechtens erklärt hatte oder ob einer mit zwei Aldi-Tüten aus dem nächstgelegenen Supermarkt in den »Griechen« eingetrudelt kam – es war meinem Vater völlig gleich. Im »Griechen« war jeder vor dem Gesetz gleich. Und dieses Gesetz war mein Vater.

Offenbar wurde das in seiner Ansprache: Mein Vater begrüßte jeden, der mittags in den »Griechen« kam, mit »Mensch, wie geht's?« Auch die C4-Professoren, auch die hohen Richter und Bundesstaatsanwälte. Besonders unter den Robenträgern hat das anfangs noch etwas Befremden ausgelöst, aber mit der Zeit gab sich jeder damit zufrieden, und sie ließen es meinem Vater mit einem Augenzwinkern durchgehen. Sie schrieben das seiner – wie es einer einmal formulierte – »kauzigen« Art zu. Nicht selten kam es mit einigen der Richter, Staatsanwälte und Professoren zu Diskussionen wegen Deutschlands Ausländerpolitik. Aber in der Regel versuchte mein Vater, andere, *weichere* Gesprächsthemen zu finden.

Im Sommer 1987 kam ein neuer Professor an die Karlsruher Uni. Er hieß Emil Specht, war Mitte fünfzig und gehörte nicht zu den FAZ-Lesern. Specht war Abonnent der »Süddeutschen Zeitung«. Zur ersten Begegnung zwischen Specht und meinem Vater kam es, als sich mein Vater gleich beim ersten Besuch Spechts zu ihm an den Tisch setzte und ihn fragte, was ihn zurzeit so bewege. Specht schaute etwas verdutzt: »Wie bitte?«

Auf dem Tisch lag neben der SZ ein Band über ›Die Geschichte Roms. Kunst & Kritik‹. Mein Vater nahm das Buch in die Hand, drehte es auf den Rücken und sah Spechts Gesicht auf dem Autorenfoto.

»Sie haben das geschrieben?«

»Ja. Ich bin Professor für Kunstgeschichte«, antwortete Specht, und in seiner Antwort vibrierte unterschwellig dieser selbstbewusste Ton eines überzeugten Ichs, das Professoren gern ihren Studenten präsentieren. Ein bisschen nach dem Motto: Hört besser zu, denn was ich sage, das hat Gewicht!

»Aha, wunderbar!«, sagte mein Vater. »Haben Sie schon meine beiden Kunstwerke gesehen?« Er zeigte mit seinem Daumen über die Schulter hinweg auf Tonis Ölgemälde.

Specht lächelte gütig. »Allerdings. Haben Sie die gemalt?«

»Nein, nein«, antwortete mein Vater lachend. »Das hat ein Freund für mich übernommen. Gefallen Sie Ihnen?«

Tonis Gemälde legten wenig Wert auf Genauigkeit. Die Proportionen stimmten nicht. Beide Gebäude waren übertrieben groß im Vergleich zu den angedeuteten Bäumen drum herum, und farblich sprangen sie einem wegen des grellen Anstrichs sprichwörtlich ins Auge.

»Na ja, ich würde sagen: Sie sind, hm, expressionistisch«, urteilte Specht vorsichtig.

»Expressionistisch«, wiederholte mein Vater. Im fielen die Namen Braque und Picasso zwar nicht ein, aber ich glaube auch nicht, dass er sie erwähnt hätte, wenn sie ihm eingefallen wären. Ihn interessierte etwas anderes. »Klingt gut. Gefällt mir. Aber Sie haben meine Frage noch nicht beantwortet.«

»Welche Frage?«

»Was Sie so bewegt?«

»Aber ich kenne Sie doch gar nicht«, sagte Specht etwas abwehrend. Er lehnte sich zurück und verschränkte seine Arme. Einige seiner Kollegen hatten ihn bereits gewarnt: Der Inhaber des Griechen um die Ecke ist ein etwas eigenwilliger Kerl, hatten sie zu ihm gesagt, er setzt sich zu dir an den Tisch und beginnt ohne Vorwarnung eine Diskussion.

»Sehen Sie, Professor. Das ist ja das Problem, das sollten wir ändern. Mein Name ist Christo.« Mein Vater gab dem Professor die Hand.

»Freut mich«, antwortete Specht, und während sich die beiden Männer die Hände schüttelten, fügte er seinen Vornamen hinzu: »Emil.«

Mein Vater gab Jorgo einen Wink, und mein Bruder brachte den beiden zwei Metaxa. »Trinken wir auf das Leben und die Kunst, Emil!«

Specht zögerte. Mittags Metaxa?, schien er sich zu fragen. Aber es war schon zu spät, mein Vater drückte ihm das Glas in die Hand. »Jamas!«

»Jamas!«, prostete Specht und trank. Seine Gesichtszüge verzerrten sich für einen kurzen Augenblick, dann aber grinste er. Nach einer kurzen Pause, in der beide noch das Brennen im Hals spürten, fragte mein Vater.

»Also Emil, du interessierst dich für die Römer. Warum nicht für die Griechen?«

Specht, dunkler Dreireiher, dunkelblaue Krawatte, weißes Hemd, sah meinen Vater wieder erstaunt an. Und obwohl er damals gut zehn Jahre älter als mein Vater war, lächelte er spitzbübisch und in seinen Wangen bildeten sich Grübchen, was ihn sehr sympathisch erscheinen ließ.

»Weil die Römer, Christo, uns am meisten geprägt haben, nicht ihr Griechen!«

»Ach, du lieber Himmel!«, entfuhr es meinem Vater. »Und du bist auch noch Professor für Geschichte an der Universität! Wenn meine Jungs groß sind, werde ich sie nicht zu dir an die Uni schicken, bei dir lernen sie nichts.«

Specht lachte. »Wie bitte?«

»Kennst du den Ausspruch ›Una razza, una fatsa‹?

»Nein«, antwortete Specht.

»Siehst du, Professor. Da beginnt schon unser nächstes Problem.«

»Welches Problem?«

»Die Griechen und Italiener sind verwandte Völker. Süditalien war eine griechische Kolonie. Neapel, Syrakus, Messina – alles griechische Stadtgründungen. Kannst du mir folgen?«

»Ja, ja, das weiß doch jedes Kind. Worauf willst du hinaus?«

»Den Ausspruch ›Una razza, una fatsa‹ benutzen sowohl Griechen als auch Süditaliener. Sie bezeichnen damit die Ähnlichkeit, die zwischen beiden herrscht: ›Eine Rasse, ein Gesicht‹.«

»Okay, verstehe. Aber was hat das mit den Römern zu tun?«, fragte Specht.

»Was das mit den Römern zu tun hat? Sag mal, wer waren denn die sogenannten Römer, von denen du sprichst? Waren das die Mailänder mit ihren schicken Modeshows oder etwa die Turiner mit ihrem Fiat? Nein, das waren Menschen aus Italiens Süden. Also eigentlich Griechen.«

»Jetzt mal langsam. Du meinst, die Römer waren eigentlich Griechen? Das ist deine These?«

»Ja, natürlich, daran gibt es überhaupt keinen Zweifel. Die Römer waren eingewanderte Griechen. Punkt.«

Jetzt lachte Specht noch lauter. »Ihr Griechen seid wirklich ein lustiges Völkchen. Ihr denkt, alles stammt von euch ab«, sagte er halb im Ernst, halb amüsiert.

»So ist es«, grinste mein Vater zurück. Ihm war natürlich klar, dass seine These – na ja, sagen wir – *gewagt* war. Aber er hat es schon immer geliebt, in Diskussionen etwas übers Ziel hinauszuschießen.

»Aber Christo. Die römische Kultur war der griechischen doch weit überlegen. Das kannst du nicht ernst meinen«, sagte Specht ruhig.

»Überlegen? Wovon sprichst du, Professor? Soll ich dir Beispiele nennen?«

»Jetzt bin ich aber gespannt.«

»Nimm das Alphabet. Das sogenannte lateinische Alphabet stammt zu neunzig Prozent vom griechischen Alphabet. Die Römer haben nur ein paar Buchstaben anders geschrieben, eine Folge der zeitlichen und räumlichen Distanz zum antiken Griechenland. Aber im Großen und Ganzen: Unser Alphabet.«

»Na ja …«

»Was ›na ja‹?«, unterbrach ihn mein Vater. »Das ist eine historische Wahrheit. Alpha-Beta, ein griechisches Wort.«

»Du magst damit wohl recht haben …«, sagte Specht und versuchte gerade, zu einer wohl weitschweifigen Erklärung anzusetzen. Aber:

»Ein anderes Beispiel: Die sogenannten römischen Götter. Alles Griechen. Jupiter, der römische Göttervater, ist in Wahrheit Zeus, der griechische Göttervater. Mars ist Ares, Bacchus ist Dionysos, Diana ist Artemis und so weiter. Oder stimmt das etwa auch nicht?«

»Ja, das haben die Römer übernommen. Das stimmt«, sagte Specht und trank noch einen Schluck Metaxa. Ihm wurde jetzt warm.

»Na also, so langsam kapierst du es ja. Alle großen römischen Dichter und Denker gingen nach Athen, um zu lernen: Cicero, Ovid und so weiter und so weiter. Wir waren die eigentliche Denkfabrik der römischen Kultur.«

»Aber die Römer hatten die größere Streitmacht. Sie gingen als Sieger hervor«, sagte Specht.

»Als *Sieger*. Dass ich nicht lache.«

»Sie waren in kriegerischen Belangen den Griechen weit überlegen. Gegen eine römische Phalanx saht ihr Griechen alt aus.«

»Und selbst das haben sie uns geklaut!«, rief mein Vater. Ein paar der anderen Gäste im »Griechen« stoppten ihre Unterhaltung und schauten zu den beiden hinüber.

»Bitte was?«, fragte Specht, die Blicke der anderen Gäste durchaus registrierend.

»Die römische Phalanx. Glaubst du denn, das war eine römische Erfindung?«

»Was denn sonst? Die römischen Legionen waren dafür weltberühmt.«

»Weltberühmt, was? Schon mal was von der weltberühmten Schlacht bei den Thermopylen gehört, Professor?«, sagte mein Vater und drehte den Kopf leicht zur Seite.

»Ja, klar. Dreihundert Spartaner stellten sich der Übermacht der Perser, das kennt doch jeder. Wanderer, kommst du nach Sparta und so weiter.«

»Sehr gut, Professor. Weißt du auch, in welcher Streitformation sich die Spartaner den Persern in den Weg stellten?«

»Die Thermopylen waren ein schmaler Durchgang zwischen hoch aufragenden Felsen. Dort warteten die Spartaner auf ihre Gegner und konnten ihre zahlenmäßige Unterlegenheit kompensieren.«

»Richtig«, sagte mein Vater und Specht lächelte. »Aber das ist nur die halbe Wahrheit. Die Spartaner kämpften in der Phalanx-Formation, die Schilde in erster Reihe geschlossen wie eine Wand, ihre Speere dazwischen. Vor Pfeilgeschossen schützten sie sich, indem die hinteren Reihen ihre Schilde über den Kopf hielten. Damit waren sie quasi unverletzbar. Und das Ganze etwa ein halbes Jahrhundert bevor die Römer damit durch Europa tingelten. Alles klar?«

Triumphierend hob mein Vater seinen Metaxa in die Höhe und trank den letzten Tropfen aus dem Glas.

»Du drehst einem das Wort ja im Munde um, Christo«, sagte Specht und war dennoch amüsiert. »Obwohl ich in vielen Punkten nicht deiner Meinung bin, gefällt es mir hier bei dir.«

Mein Vater lachte. »Wie wär's dann mit noch einem Metaxa für deinen verdrehten Gaumen, Emil?«, fragte er.

»Ja, gern. Schenk ein. Was soll's. Ist eh bald Wochenende.« Mein Vater winkte wieder Jorgo herbei.

»Sag mal, warst du eigentlich auf der Universität?«, fragte Specht meinen Vater.

»Ich? Um Gottes willen, nein. Das habe ich in der Grundschule gelernt.«

»Hahaha! In der Grundschule. Guter Witz!«

»Das ist kein Witz, Emil. In der griechischen Grundschule sind Altgriechisch, Antike Geschichte sowie Philosophie Hauptfächer. Wir haben die Schriften Platons oder Aristoteles in der vierten Klasse im Original gelesen.«

Specht sah meinen Vater staunend an und nickte anerkennend. »Das sollten wir hier in Deutschland auch machen. Manchmal stehe ich in meiner Vorlesung und versuche, jungen Menschen das Wesen der römischen, entschuldige, griechisch-römischen Kultur näherzubringen und verzweifele, weil die meisten nicht einmal wissen, wer Marc Aurel oder Cicero waren.«

»Du kannst sie ja zu mir schicken«, sagte mein Vater. »Jeder deiner Studenten wird hellhörig, wenn ich ihm sage, dass Cicero nichts lieber trank als griechischen Metaxa!«

»Was? Stimmt das denn?«, fragte Specht aufgeregt.

»Nein, natürlich nicht. Aber es weckt ganz sicher das Interesse. Hahaha!«

Emil Specht grinste.

»Du bist ein großer Geschichtenerzähler, Christo! Jetzt weiß ich, warum alle meine Kollegen immer so von dir schwärmen. Ich werde fortan öfter kommen.« Emil Specht kam seitdem nicht nur mittags. Er kam auch abends und brachte seine Frau Irene mit. »Irene«, sagte mein Vater, als er sie das erste Mal sah. »Das ist ein schöner Name. Griechischen Ursprungs natürlich. Weißt du, was er bedeutet?«, fragte er Specht. Aber der zuckte mit den Achseln.

»Frieden«, sagte mein Vater. »Irene bedeutet Frieden.«

Wenige hundert Meter vom »Griechen« entfernt, in der Fußgängerzone, befand sich das Bekleidungskaufhaus C&A. Mitte der achtziger Jahre hatte die C&A-Geschäftsführung Montage-Arbeiter aus Düsseldorf beauftragt, den Teppich im Kaufhaus auszutauschen. Der Zufall wollte es, dass diese Montage-Arbeiter in der Pension »Europa«, die im ersten Stock über dem »Griechen«

zwanzig Betten anbot, übernachteten und auch jeden Tag bei uns zu Mittag aßen. Eines Tages erzählte einer der Arbeiter meinem Vater von dem Teppich. Der Teppich im »Griechen« war nicht mehr im allerbesten Zustand, er musste ohnehin ausgewechselt werden.

»Warum nimmst du nicht den Teppich von C&A, den die sowieso auf den Müll werfen wollen?«, fragte der Arbeiter.

Mein Vater runzelte die Stirn. »Was soll ich denn mit dem alten Teppich von C&A?«

»An manchen Stellen ist dieser dicke und weiche Teppich abgelaufen, aber viele Stellen sind noch nie von einem Fuß betreten worden, die sind wie neu«, sagte der Arbeiter. »Wir schmeißen jeden Tag viele Meter Teppich in einen Container hinter dem Kaufhaus. Dann kommt ein LKW und bringt den Teppich zur Mülldeponie. Wenn du für einen Tag einen Transporter organisierst, werfen wir dir die guten Teppichmeter in den Transporter. Dauert nur ein paar Minuten. Sei nicht blöd, das ist ein sehr, sehr guter Teppich. Dafür würdest du normalerweise Tausende von Mark hinblättern.«

Wenn die den Teppich sowieso wegwerfen, dachte mein Vater, ist es auch kein Diebstahl, und willigte ein. Gesagt, getan. Am nächsten Tag fuhr er den Transporter hinter das Kaufhaus. Die Montage-Arbeiter legten ihm den Teppich in den Laderaum. Dauerte keine fünf Minuten. Mit einem mulmigen Gefühl, aber auch mit einem schelmischen Grinsen, fuhr mein Vater zurück zum »Griechen«, wo er gleich am nächsten Tag einen Bekannten damit beauftragte, den schönen, neuen, alten Teppich auszulegen. Ende gut. Leider nicht alles.

Außer den Montage-Arbeitern aus Düsseldorf, die für ihren speziellen Dienst selbstverständlich die ganze Woche keine Mark für ihr Mittagessen zahlen mussten, kamen auch einige der C&A-Verkäuferinnen zu uns. Und einer von ihnen fiel natürlich unser neuer Teppich auf. Sie fragte meinen Bruder Jorgo: »Sag mal, wo habt ihr denn den Teppich her?« Mein Bruder, keinen Gedanken daran verschwendend, dass an dem Deal etwas illegal gewesen sein könnte, antwortete: »Na, aus eurem Kaufhaus. Schön, oder?«

Drei Tage später kam ein Brief aus der C&A-Zentrale in Düsseldorf, in dem mein Vater offiziell des Diebstahls bezichtigt wurde. C&A forderte knapp 9000 Mark Entschädigung, um von einer Anzeige abzusehen. Mein Vater traute seinen Augen kaum und rief Horst an.

Horst war Ende der siebziger Jahre aus England zurückgekehrt und hatte 1983 in München seine eigene Kanzlei eröffnet. Er war jetzt promovierter Rechtsanwalt, aus »Doppel-Horst« war Dr. Jähne geworden, und Dr. Jähne verbrachte seine Zeit hauptsächlich damit, frustrierten Ehefrauen aus der feinen Münchener Gesellschaft bei ihrer Scheidung behilflich zu sein. Nicht selten war er selbst ein Grund für die Scheidung gewesen. Er hatte seine dicken Brillengläser gegen Kontaktlinsen eingetauscht, trug teure Anzüge und fuhr einen Porsche 911. Manchmal kam er damit die 270 Kilometer nach Karlsruhe gefahren, um mit einer seiner »Freundinnen« bei uns zu essen. Die Beziehung zu meinem Vater war immer noch sehr eng, auch wenn die beiden sich vielleicht nur ein oder zwei Mal im Jahr sahen. Mein Vater nannte ihn seit seiner Promotion nur noch Dr. Horst und hatte es stets abgelehnt, wenn Horst ihm jene 2000 Mark zurückgeben wollte, die er ihm einst geschenkt hatte. »Irgendwann werde ich wieder deine Hilfe brauchen«, sagte er ihm lächelnd. »Und dann will ich nicht deine überhöhten Münchener Preise zahlen!«

Mein Vater erzählte Horst die ganze C&A-Geschichte, inklusive der Tatsache, dass der Teppich bereits im Abfallcontainer lag, als er ihn dort abholte. »Das ist gut«, sagte Horst und schrieb an die Geschäftsleitung des Kaufhauses zurück, dass der Teppich nicht als »wertvolle Ware« gelten könne, da er bereits im Müll lag. Er wies alle Forderungen von C&A strikt zurück, ließ aber ein Hintertürchen offen. Man könne sich vielleicht einen außergerichtlichen Vergleich vorstellen, schrieb er in dem Brief, der aber weit unter 1000 Mark liegen müsste.

Zwei Wochen später kam erneut ein Brief aus Düsseldorf, dessen Inhalt mein Vater so wiedergibt: »Okay, wir sind einverstanden, wenn Sie 800 Mark bezahlen.« Was mein Vater mit Freuden dann auch am selben Tag bei seiner Bank veranlasste. Der C&A-Teppich hielt bis zum Umbau des »Griechen« im Jahr 1992. Und als die C&A-Verkäuferinnen nach der Beilegung des Streits das erste Mal wieder zu uns in den »Griechen« kamen, fragte mein Bruder Jorgo etwas trotzig und mit einem Schuss Ironie: »Und Mädels? Wie gefällt euch *unser* neuer Teppich?«

Im Juni 1988 erreichten meinen Vater aber auch noch zwei andere Briefe, deren Inhalt ihm mehr zu schaffen machte. Sie waren zwar nicht blau, aber im Schuljargon nannte man sie »Blaue Briefe«. Sie betrafen Ari und mich und kamen von der Direktion des Kant-Gymnasiums. Wir hatten beide das Klassenziel nicht erreicht. Ich befand mich in der siebten Klasse, Ari in der achten. Er war bereits zuvor einmal sitzengeblieben und wurde daraufhin vom Gymnasium verwiesen. Aber zuvor leistete er sich am letzten Schultag noch einen Auftritt, der im Kant-Gymnasium Geschichte schrieb. Er hatte sich von unserem Vater ein graugrünes Cordsakko aus dem Schrank geholt, seine weißen Sportschuhe und eine verwaschene Levi's angezogen, stand mitten im Englisch-Unterricht auf, ging auf Herrn Schulz, Englischlehrer und Direktor des Gymnasiums, zu und sagte: »Herr Schulz, mit Verlaub, Sie sind ein Arschloch!« Dann verließ er das Klassenzimmer für immer. Ari war wie mein Vater ein Joschka-Fischer-Fan. Schulz hatte sowohl ihm als auch mir eine Sechs im Hauptfach Englisch gegeben, die wir im Zeugnis nicht mehr mit guten Noten in anderen Hauptfächern ausgleichen konnten. Mit einer Fünf in Englisch hätten wir beide die Versetzung in die nächste Klassenstufe geschafft, Ari hatte in Mathe eine Zwei, ich in Deutsch. Aber Schulz war nie besonders gut auf uns zu sprechen. Warum? Ich weiß es nicht. Für Ari bedeutete diese Sechs in Englisch jedenfalls, dass er kein Abitur machen durfte, er brach die Schule ab und überredete meinen Vater, voll ins Lokal einzusteigen. So wie es Jorgo seit gut drei Jahren tat. Für mich aber hatte diese Sechs in Englisch eine völlig andere Konsequenz. Ich kam im Sommer 1988 mit dreizehn Jahren auf ein Internat.

Meinen Eltern war unser Leistungsabfall in der Schule natürlich schon vorher aufgefallen. Sie hatten Studenten beauftragt, uns Nachhilfeunterricht zu geben. Aber weder Ari noch mir stand der Kopf nach Schule. Wir kamen mittags vom Kant-Gymnasium in den »Griechen« geschlendert, schleuderten unsere Schultaschen in die Ecke, aßen ein Schnitzel mit Pommes und verschwanden für den Rest des Tages – sofern wir nicht im »Griechen« aushelfen mussten – auf einen Fußballplatz. Hausaufgaben hielten wir grundsätzlich für Streberzeug.

Der Fußballplatz neben der Schillerschule, keine 800 Meter vom »Griechen« entfernt, war Ende der achtziger Jahre – man würde heute wohl sagen – ein »sozialer Brennpunkt«. Unsere Fußballkumpels hießen Tayfun, Avi, Ahment, Ivan, Tuncay, Dario. Alle gehörten zur »Creme de la Creme« der zweiten Gastarbeitergeneration und hatten hier und da schon mal Kontakt mit der Polizei gehabt. Meistens wegen unerlaubtem Waffen- und Betäubungsmittelbesitz. Ari, ich und ein paar unserer griechischen Freunde wie Jannis, Miltos oder Dimitris gingen da zwar nur zum Kicken hin, aber dennoch wussten wir selbstverständlich, wer wann welchen Zigarettenautomaten geknackt oder den Kiosk um die Ecke bestohlen hatte. Butterfly-Messer und Gaspistolen gehörten zur Grundausrüstung jener Jungs, es war damals – denke ich – nicht anders als heute an den berühmt gewordenen Berliner Schulen, in denen der Ausländeranteil mehr als achtzig Prozent beträgt. Junge Menschen spüren sehr genau, wenn sie irgendwo unerwünscht sind. Und so existierte zwischen all den Ausländerjungs auf dem

Fußballplatz neben der Schillerschule schon damals ein unausgesprochener Ehrenkodex: »Wir halten zusammen. Gegen die Deutschen.«

Die meisten dieser Jungs haben später eine Lehre gemacht, eine Familie gegründet und erzählen heute noch die alten Geschichten vom Fußballplatz neben der Schillerschule. Viele von ihnen haben mittlerweile einen deutschen Pass und fahren statt nach Antalya oder Izmir nach Mallorca in den Urlaub. Einige wenige sind im Milieu hängengeblieben und versuchen sich als Kaufhausdetektive, Türsteher oder Zuhälter durchzuschlagen, einer oder zwei haben lupenreine Karrieren als Vermögensverwalter oder Rechtsanwalt hingelegt.

Als Ari mit sechzehn Jahren vom Kant-Gymnasium geschmissen worden war und ich ins Internat kam, waren unsere Mittage am Fußballplatz neben der Schillerschule jedenfalls passé. Ari arbeitete fortan im »Griechen«, und ich lernte eine völlig neue Welt kennen.

Mein Vater hatte lange mit seiner Entscheidung gerungen, mich auf ein Internat zu schicken. Schließlich wusste er als Waisenhausjunge nur zu genau, wie sich das anfühlte, nicht *zu Hause* zu sein. Ich erinnere mich noch sehr genau an den Tag, als er mich das erste Mal hinfuhr. Kurz bevor wir ankamen, machte er Halt, parkte das Auto und sagte: »Wenn es dir dort nicht gefällt, wenn du Heimweh nach uns hast, wenn irgendetwas ist, brauchst du es mir nur zu sagen, und ich bin sofort da und hole dich nach Hause. Okay?« Ich saß auf dem Beifahrersitz, schaute ihm in die Augen und nickte. Er lächelte und fuhr mir wie einem kleinen Bub übers Haar. »Weißt du«, sagte er nach einer Pause, in der er sich eine Zigarette anzündete, das Wagenfenster herunterkurbelte und sehr nachdenklich schien, »unsere Familie stammt von einem kleinen Dorf. Von uns hat noch nie jemand eine höhere Schule besucht, geschweige denn studiert. Ari und Jorgo sind kluge Jungs, aber bei ihnen habe ich es verpasst, mehr auf ihre Schulbildung zu achten. Deine Mutter hat mir immer wieder gesagt, dass es falsch wäre, die Jungs im Lokal aufwachsen zu lassen. Das würde sie zu sehr prägen, sie würden gar keinen anderen Job mehr machen wollen. Ich habe das aber immer als Gerede abgetan, weil ich der Meinung war, dass man in einem Restaurant sehr viel fürs Leben lernt. Aber deine Mutter hatte recht. Wie fast immer, hatte sie recht«, sagte er und schaute zur Fahrertür hinaus in den Wald neben der Nothaltestelle. »Ari und Jorgo werden ein Leben lang in der Gastronomie arbeiten. Und ich bin daran schuld. Ihre Arbeit wird darin bestehen, andere Menschen zu bedienen. Versteh mich nicht falsch, an der Arbeit gibt es nichts auszusetzen. Aber sie hätten es besser, einfacher haben können. Und du, du bist noch jung.« Er wischte sich irgendetwas mit der linken Hand aus dem Auge. Dann griff er sich mit beiden Händen an den Hals, öffnete den Verschluss seiner Kette, legte sie mir um den Hals und schloss sie wieder. »Diese Kette hat mir meine Mutter geschenkt. Oma Kyriaki. Sie wird dich dein Leben lang beschützen.« Ich schaute auf das goldene Kreuz, das an der Kette hing, und erblickte die griechischen Initialen X. Σ. Sie stehen für Χριστοφορος Στεφανιδης. Ich lächelte. »Versprichst du mir, dein Bestes zu geben?«, fragte er mich nach einer kurzen Pause. Ich nickte. Zwei Mal. »Gut«, sagte er. Dann ließ er den Motor starten und fuhr wieder los.

Das Studienheim Sankt Pirmin lag im Dahner Felsenland in der Vorderpfalz, fünfzig Autominuten von Karlsruhe entfernt. Träger des Internats, in das nur Jungen aufgenommen wurden, war die Katholische Kirche, in diesem Fall also die Erzdiözese Speyer. Das Internat lag in einem von Eichen und Kastanienbäumen gesäumten Park oberhalb des Ortes Dahn und verfügte über zwei Fußballplätze, einen Tennisplatz beziehungsweise ein Basketballfeld – je nach Bedarf – und über ein offenes Schwimmbad im Sommer. Ich war der einzige ausländische Junge im Sankt Pirmin und besuchte wie alle anderen Internatsschüler das öffentliche Gymnasium im Ort. Es war eine tolle Zeit. Ich spielte zwar jeden Nachmittag Fußball, Basketball oder Tennis, aber machte auch regelmäßig meine Hausaufgaben, was durchweg und fast automatisch gute Noten zur Folge hatte. Ich lernte in der Schule neue Freunde kennen, durchweg Deutsche, die ich noch heute meine Freunde nenne. Ich lernte in der siebten Klasse meine erste Freundin kennen (sie war die Tochter des Dahner Polizeichefs!), mit der ich fast sieben Jahre zusammen war. Ich machte irgendwann als Erster in meiner Familie Abitur und meinen Vater stolz. Und ich hielt die wahrscheinlich langweiligste Abi-Rede, die je ein Abiturient gehalten hat. Ich weiß zwar nicht mehr genau, worum es in der Rede ging. Aber bis auf meine Eltern, die sich sehr freuten, mich auf dem Podium zu sehen, waren – glaube ich – alle anderen anwesenden Lehrer, Eltern und Schüler eingeschlafen. Hätte ich zwei Minuten länger im Saal des Bürgerhauses von Dahn gesprochen, hätte der Hausmeister wohl das Licht ausgeschaltet, um die Eingeschlafenen in ihrer Nachtruhe nicht zu stören. Aber ich hörte rechtzeitig auf und erhielt höflichen Applaus. Mein Vater aber stand als Einziger auf und klatschte so fest in die Hände und jauchzte, als hätte ich mit meiner Rede gerade den Weltfrieden gerettet. Komischerweise war mir das in jenem Moment gar nicht peinlich. Im Gegenteil.

1988 lag dieser Moment aber noch sieben Jahre in der Zukunft. Die DDR bereitete mit Erich Honecker an der Spitze die Feiern für ihr vierzigjähriges Bestehen im Jahr darauf vor, und niemand hätte damals auch nur einen Pfennig darauf gewettet, dass in nicht einmal zwei Jahren der ominöse Begriff vom Kalten Krieg bald Geschichte sein würde. Nicht einmal mein Vater, der keiner Wette aus dem Weg ging.

Die doppelte Wiedervereinigung – die Jahre 1988 bis 1990

Mein Vater setzte sich in der Nacht vom 29. Dezember 1988 in seinen weinroten Mercedes 250 und düste die A8 von Karlsruhe runter nach Stuttgart. Natürlich kannte er alle Gaststätten, die Hinterzimmerrunden organisierten, und es wäre nicht übertrieben, wenn man die Griechen als Meister des versteckten Glücksspiels bezeichnen würde. Ich habe als Dreizehn- und Vierzehnjähriger oft bei solchen Runden zugeschaut. Manchmal haben mich die Spieler als »Kellner« eingesetzt. Dann musste ich durch dunkle Hinterhöfe gehen, Türen mit großen Schlüsseln öffnen, um durch die Hintertür in eine Kneipe zu gelangen, wo ich dem Wirt die Bestellung aus dem Pokerzimmer übermittelte. Wenn ich wieder zurückkam, zum Beispiel mit einer Whiskyflasche oder einer Schale Obst und Erdnüssen, wurde mein Botengang mit einem extrem hohen Trinkgeld belohnt. Mal waren es zehn Mark, mal zwanzig, manchmal auch fünfzig Mark. An einem Abend habe ich mal als Vierzehnjähriger um die 220 Mark Trinkgeld eingesackt. Sie können sich nicht vorstellen, welche Summen in dieser Nacht auf dem Tisch lagen.

Mein Vater kannte nicht nur jede Hinterzimmerrunde, er kannte eigentlich jeden Zocker im Großraum Stuttgart. Sein Spitzname unter den Spielern lautete seit den Sechzigern »Sheriff«, weil er früher oft bestimmte, wer in den Hinterzimmerrunden mitspielen durfte. An diesem Abend des 29. Dezembers verschlug es ihn in die »Klosterklause«, ein gemütliches Lokal in Stuttgart-Feuerbach, das es heute leider nicht mehr gibt. Als er das Hinterzimmer des Lokals betrat, gab es ein großes Hallo, er hatte sich seit knapp einem Jahr hier nicht mehr blicken lassen. Der Wirt lud ihn sofort auf einen Cognac ein, ein weiterer wurde getrunken, und mein Vater fragte laut in die Runde: »Ist irgendwo ein Platz für mich frei?« Er entschied sich für den Würfeltisch, setzte sich ans Kopfende, legte 3500 Mark auf den grünen Filz und sagte: »Ihr könnt anfangen zu setzen.«

Beim Würfeln spielt der Würfelnde gegen jeden Spieler am Tisch, der gegen ihn wettet. Die Wetten dürfen insgesamt den Einsatz des Würfelnden nicht überschreiten. In diesem Fall also 3500 Mark. Zeigen die beiden Würfel in der Summe mehr als sieben, hat der Würfelnde gewonnen. Zeigen sie weniger, gewinnen die anderen und dürfen sich ihren Anteil am Einsatz nehmen. Die anderen Spieler setzten im ersten Spiel insgesamt 2000 Mark gegen meinen Vater, er ließ die Würfel rollen und holte eine Sechs und eine Fünf. Gewonnen! Er steckte die 3500 Mark wieder in die Tasche und sagte: »Ihr könnt wieder wetten.« Wieder fanden sich sechs, sieben Spieler, die insgesamt um die 2000 Mark gegen ihn setzten. Und wieder gewann er. Keine zehn Minuten später hatte er 10 000 Mark gewonnen, die 3500 noch in der Tasche. Er ließ 500 Mark am Tisch, sagte dem Wirt, alle Getränke der Spieler seien bezahlt und verabschiedete sich. Ein kurzer Auftritt. Zwei Stunden, nachdem er meiner Mutter gesagt hatte, dass er nach Stuttgart fährt, um zu spielen, war er wieder auf dem Nachhauseweg. Und auf der Rückfahrt schoss ihm eine Idee durch den Kopf: Er könnte doch mit dem gewonnenen Geld ein paar Tage mit meiner Mutter in Griechenland ausspannen.

»Was hältst du von der Idee?«, fragte er sie, als er in der Küche des »Griechen« stand. Meine Mutter winkte ab. Sie rührte in einem Topf mit Hammelfleisch und nannte ihn, ohne aufzuschauen, einen »Hammel«. Es sollte witzig und gleichzeitig ein bisschen angriffslustig klingen.

»Ich werde nach Griechenland fliegen. Ob du nun mitkommst oder nicht«, sagte er ihr. Es klang trotzig. Denn eigentlich war das

Ganze ein Versöhnungsangebot von ihm. Seit dem Morgen mit den Auberginen kennzeichnete die Ehe meiner Eltern eine kühle Art der Kommunikation, die – wie ich später gelernt habe – viele Paare praktizieren, die bereits sehr lange zusammen sind. Sie fragen und antworten nicht mehr in der zweiten Person singular, sondern in Hauptsätzen mit schwach konjugierten Verben. Beispiele: »Der Müll muss geleert werden« statt »Leerst du bitte den Müll?« Oder: »Jemand muss noch die Gurken schälen« statt »Schälst du die Gurken?« Es sind diese kleinen, vermeintlich unwichtigen alltäglichen Dinge, die sich mit den Jahren in eine Beziehung einschleichen. Der zärtliche Kuss vor dem Einschlafen, der irgendwann ausfällt. Das Lächeln am Frühstückstisch, das sich irgendwann hinter einer Zeitung verbirgt. Das Ausbleiben grundloser Umarmungen oder von Gelegenheits-Knutschern. Kleine Dinge eben. Anfangs vielleicht noch unbemerkt, unbewusst, entschwinden diese Dinge aus dem Alltag, und der Alltag wird irgendwann zur Routine. Wie die Beziehung selbst.

Kurioserweise korreliert das Einsparen der persönlichen Anrede mit dem sparsamen Haushalten von offen gezeigten Gefühlen. Denn wer seine Gefühle verbirgt, erspart sich auch neue Enttäuschungen. Ein Selbstschutzmodus, der unweigerlich zur Folge hat, dass man sich irgendwann wirklich *nichts* mehr zu sagen hat.

»Man soll Reisende nicht aufhalten«, antwortete meine Mutter kühl und rührte weiter in ihrem Topf mit dem Hammelfleisch. Sie blickte nicht zu ihm auf. Am nächsten Morgen rief mein Vater bei Lufthansa in Frankfurt an und buchte einen Flug nach Thessaloniki. Nur für sich.

Onkel Charalambos und Onkel Kostantinos holten ihn vom Flughafen ab. (Noch mal kurz zusammengefasst zur Vergegenwärtigung: Mein Vater hatte drei Geschwister, der Älteste war Konstantinos, dann kamen Nikos und Eleonora, er war der Jüngste. Meine Mutter hatte keine Geschwister, aber Oma Theodora – nicht erschrecken – deren zwölf: Eleni, Ilias, Sokratis, Despina, Takos, Anastasia, Kostas, Tatika, Simela, Charalambos, Charis, Jorgos. Diese zwölf sind zwar alle – wenn man den Verwandtschaftsgrad korrekt tituliert – nur Großonkel und Großtanten. Aber für meine Brüder und mich spielte die korrekte Titulierung nie eine Rolle. Für uns waren sie immer unsere Onkel und Tanten.)

Als Erstes verschlug es die drei in das Kafeneion, das meinem Onkel Takos gehörte. Sie setzten sich an einen der vorderen Tische und bestellten sich etwas zu essen. Gebackenes Lammfleisch in einer scharfen Paprikasoße, Bauernsalat, Zaziki, eine Scheibe Fetakäse, dazu zwei, drei Flaschen Retsina. Gegen 21 Uhr begann das Glücksspiel an den hinteren Tischen. Ende der achtziger Jahre war eine Mark etwa 100 Drachmen wert. Gegen 23:30 Uhr hatte mein Vater, der den Gewinn aus dem Hinterzimmer der »Klosterklause« nach Thessaloniki mitgenommen hatte, knapp 3000 Mark (300 000 Drachmen) davon wieder verloren. An einen Kerl namens Panos. Dieser Panos war ein großer, dickbäuchiger Immobilienmakler mit einer Glatze, der unter den Spielern im Kafeneion nicht gut gelitten war; er gewann fast immer. Aber das war nicht der einzige Grund, warum ihn niemand leiden konnte. Wenn er gewann, machte er sich gern über die Verlierer lustig. Er stand vom Tisch auf, zog am Gürtel seine Hose hoch und sagte herabblickend zu meinem Vater: »Stefanidis, jetzt bist du extra aus Deutschland gekommen, um uns echten Griechen zu zeigen, wie man pokert. Und dann verlierst du fast dein gesamtes Hab und Gut. Lass dir eins sagen: Ich kann jeden deiner Züge voraussehen. Du spielst wie ein Deutscher. Und ich mag die Deutschen nicht.«

Mein Vater kochte innerlich vor Wut. Sein Bruder Kostantinos legte ihm die Hand auf die Schulter. Er wusste, dass mein Vater – jähzornig und impulsiv wie er nun mal ist – gleich aufstehen könnte, um Panos eine zu knallen. Der aber stichelte ungeniert weiter: »Beruhige dich, Deutscher, geh lieber und trink einen Ouzo an der Bar, bevor ich dir auch noch den Rest deines Geldes abknöpfe und du als armer Mann in deine Heimat zurückreist.«

Onkel Kostantinos machte einen Schritt auf Panos zu, aber jetzt hielt ihn mein Vater mit einer kurzen Handbewegung zurück.

Bis hierhin hatten die Männer zu zehnt an einem der Filztische gepokert. Mein Vater zog sich eine Zigarette aus der Schachtel, zündete sie an, zog den Rauch tief in die Lungen und blickte Panos von unten mit zusammengekniffenen Augen an. »Jetzt weiß ich, warum dich hier niemand leiden kann, Panos«, sagte er ruhig und pustete den Rauch gegen die Decke des Kafeneions. »Du bist ein Arschloch.«

Onkel Kostantinos, der immer noch wie ein Bodyguard hinter meinem Vater stand, lächelte. Manche der Mitspieler lachten. Andere nickten. Ein paar, vielleicht vier oder fünf, scharrten sich hinter Panos. »Und weil ich noch ein paar Drachmen übrig habe, mache ich dir ein Angebot: Wir spielen nicht mehr zu zehnt, wir spielen ab jetzt nur noch zu zweit. Du gegen mich. Einverstanden?«

Panos schaute um sich. »Du musst verrückt sein, Deutscher«, sagte er. Seit zweieinhalb Stunden hast du kein Spiel gegen mich gewonnen. Und jetzt willst du offenen Auges in dein Verderben rennen? Von mir aus. Macht Platz.«

Die anderen Mitspieler standen auf, und schnell bildete sich um den Tisch eine Runde Zuschauer, die sich dieses Duell nicht entgehen lassen wollten. Mein Vater bat Kostantinos, ihm seine Herrentasche zu bringen. Er öffnete den Reißverschluss, griff hinein und legte 600 000 Drachmen auf den Tisch. Ein kurzes Raunen ging durch den Raum. Panos griff in seine Tasche, die etwas größer als die meines Vaters war, und knallte knapp eine Million Drachmen neben sich auf die Tischplatte. Ein noch lauteres Raunen.

Als Kartengeber wählten die beiden den jungen Rechtsanwalt Theodoros, der beiden unparteiisch schien und auch gleich zu mischen begann. Auf dem Tisch lagen neben den beiden Batzen Geld außerdem zwei Aschenbecher, zwei Feuerzeuge, eine Schachtel Marlboro (Panos) und eine Schachtel Lucky Strike.

Wie beim normalen Poker geht es auch bei der griechischen Variante Koukou darum, die beste Kartenkombination auf die Hand zu bekommen. Das Ass ist die höchste Karte, die niedrigste ist die Sieben. Die Karten Zwei bis Sechs werden aus dem Stapel entfernt. Das höchste Blatt ist ein Royal Flush und besteht aus einer Straße von der Zehn bis zum Ass (also: Zehn, Bube, Dame, König, Ass) in der gleichen Farbe (alle Karten in einer Farbe: Karo, Herz, Pik oder Kreuz). Der Royal Flush begegnet einem Spieler im Laufe seiner jahrzehntelangen Karriere vielleicht ein, zwei oder drei Mal. Mehr nicht. Poker nennt man einen Vierling, also vier Asse, vier Könige, vier Damen und so weiter. Poker ist das zweithöchste Blatt. Auch auf ein Poker trifft man nicht alle Tage. Danach kommt das Full House, ein Blatt aus einem Drilling und einem Pärchen (beispielsweise drei Buben und zwei Zehner). Schwächer als ein Full House ist ein Flush, also eine Hand, in der alle fünf Karten eines Spielers die gleiche Farbe besitzen, zum Beispiel Kreuz. Nach dem Flush kommt die Straße. Die kleine Straße verläuft von der Sieben bis zum Buben, die große Straße von der Zehn bis zum Ass. Auch die Straßen dazwischen, also zum Beispiel von der Neun bis zum König, zählen. Jede Straße ist stärker als ein Drilling, ein Blatt aus drei gleichen Karten, zum Beispiel drei Achten oder drei Damen. Unter dem Drilling gibt es noch zwei Pärchen (zum Beispiel zwei Siebener und zwei Könige), und als schwächstes Blatt gilt das einfache Pärchen. Wenn man nicht einmal das auf der Hand hat, zählt die Kartenfolge wieder vom Ass abwärts, also vom Ass bis zur Sieben.

Mein Vater hatte sich von Onkel Kostantinos eine Flasche Scotch und ein dickrandiges Glas mit Eiswürfeln auf den Tisch stellen lassen, dazu einen Kaffee. Panos trank Wasser. Leitungswasser.

Koukou war schon deshalb immer eine beliebte Pokervariante, weil du dir bis zum Schluss nie wirklich sicher sein kannst zu gewinnen. Das Spiel ist sehr einfach, jeder versteht es innerhalb von wenigen Minuten. Aber unter Pokerspielern heißt es, es dauere Jahrzehnte, um es wirklich zu beherrschen. In den vergangenen zehn Jahren hat Koukou die klassische Pokervariante weltweit als populärstes Spiel abgelöst. Nur nennen die Amerikaner das Spiel nicht Koukou, sondern Texas Hold'em. Es funktioniert so: Jeder Spieler bekommt zwei Karten auf die Hand, die nur er zu sehen bekommt. Zunächst werden drei Karten vom Kartengeber offen auf den Tisch gelegt, dann noch eine und letztlich die letzte und fünfte Karte. Das Ziel ist es, die beiden eigenen Karten mit den fünf offenen Karten auf dem Tisch zu kombinieren, um mit fünf der sieben Karten das bestmögliche Ergebnis zu erzielen.

Die ersten Runden verlor mein Vater deutlich. »Willst du es dir nicht noch einmal überlegen?«, fragte Panos hochmütig und hob den Kopf. Er bekam keine Antwort. Viele der Zuschauer im Kafeneion befürchteten das Allerschlimmste: Dass Panos auch diese Partie gewinnen würde und ihnen jahrelang immer und immer wieder diese Geschichte erzählen würde. Wie er dem »Deutschen« damals das Fell über die Ohren gezogen habe und ihn arm wie eine Kirchenmaus zurück nach Deutschland geschickt hatte. Sie rauchten und flüsterten und besprachen die einzelnen Runden, als wäre es ein dramatisches Schachspiel zwischen Garry Kasparov und Anatoli Karpov.

Beim Pokern geht es letztlich nicht nur darum, die besten Karten zu erwischen. Ähnlich wie beim Schach geht es in erster Linie darum, deinen Gegner auszutricksen. Du musst Finten setzen, Bluffen, Fallen stellen. Deshalb halten Pokerspieler das Ganze auch nicht für ein Glücksspiel. Sie nennen es Geschicklichkeitsspiel. Und das größte Geschick hat am Ende der, der seinen Gegner so gut einschätzen kann, dass er ihn auch mit schlechteren Karten besiegt.

Mein Vater kannte Panos seit gut drei Stunden. Und Panos hatte in diesen drei Stunden unglaubliche Hände auf den Tisch gelegt. Ein Full House folgte dem anderen, er spielte bald so aggressiv, dass meinem Vater oft nichts anderes übrigblieb, als die hohen Einsätze mitzugehen. Er hoffte darauf, dass Panos irgendwann das Glück verlassen würde. Aber in der ersten Stunde nach Mitternacht gewann Panos knapp 200 000 Drachmen. Es sah schlecht aus.

Und es sollte noch schlechter kommen. Nach zwei Stunden hatte Panos 1,5 Millionen Drachmen auf seiner Seite, mein Vater nur noch 100 000. Viele der Zuschauer waren zu diesem Zeitpunkt schon nach Hause gegangen. Sie wünschten meinem Vater zwar viel Glück, aber sie hätten sicher nicht mehr darauf gewettet. Die Zuschauer hinter Panos klopften ihm auf die Schulter. Panos nickte überlegen und zündete sich eine dicke Siegeszigarre an. »Na, Deutscher, was habe ich dir gesagt?«

Mein Vater hatte jetzt die Faxen dicke. Er hatte zwar nur eine Sieben und eine Zehn auf der Hand, also eigentlich ein eher unterdurchschnittliches Blatt, aber er setzte alles, was er noch hatte. Panos ging mit, drehte seine Karten um und zeigte zwei Asse. »Das war's dann wohl mit dir«, sagte Panos. »Du wurdest gewogen und für zu leicht befunden, Deutscher.« Die verbliebenen Zuschauer im Kafeneion stöhnten. Onkel Kostantinos und Onkel Charalambos wollten gar nicht mehr hinschauen. Auf die zwei Asse blickend lehnte sich mein Vater zurück. Kurz erschien ihm der ganze Abend wie im Zeitraffer vor den Augen. Er hatte nicht ein Mal, wirklich kein einziges Mal, ein gutes Blatt getroffen. Konnte man so viel Pech an einem Abend haben?, fragte er sich. Und bevor Kartengeber Theodoros die offenen Karten auf den Tisch legen konnte, sagte mein Vater: »Warte!« Er griff in seine Herrentasche und packte sein restliches Geld auf den Tisch, 350 000 Drachmen. »Wie wäre es mit einer kleinen Seitenwette?«, fragte er Panos.

»Eine kleine Seitenwette? Drehst du jetzt völlig durch? Ich habe das beste Blatt, das es gibt. Zwei Asse. Und du hast eine lausige Zehn und eine noch lausigere Sieben.«

»Ich weiß«, antwortete mein Vater. »Aber gleich werden auf diesem Tisch von Theodoros eine Zehn und eine Sieben aufgedeckt werden. Und deshalb biete ich dir eine Seitenwette über 350 000 Drachmen an. Nimmst du an?«

Panos fasste sich an die Stirn und lachte. »Der Deutsche ist verrückt geworden«, rief er laut. »Kommt alle her und schaut euch das an. Gleich schicke ich ihn für immer zum Teufel! Ich nehme deine verzweifelte Wette an!«, sagte Panos.

Im Pot lagen nun 200 000 Drachmen plus die 700 000 Drachmen aus der Seitenwette, also 900 000 Drachmen. Theodoros öffnete die erste Karte. Eine Sieben. Mein Vater lächelte. Er nahm einen Schluck Whisky. Panos lächelte auch. »Das reicht dir noch lange nicht«, sagte er. Die zweite Karte ging auf. Eine Neun. »Ha, siehst du!«, entfuhr es Panos.

»Warte ab«, antwortete mein Vater. »Dieses Spiel wird alles ändern.«

Die dritte Karte wurde aufgelegt. Ein König. »Du kannst schon mal anfangen zu weinen«, sagte Panos und rieb sich die Hände. Er trank einen Schluck Leitungswasser, stand vom Tisch auf und packte bereits das erste Bündel Geldscheine in seine Tasche. Mein Vater aber saß ganz ruhig am Tisch und zündete sich eine Zigarette an. Onkel Charalambos und Onkel Kostantinos standen hinter ihm. Beide hatten ihn zuvor gewarnt, nicht auch noch sein letztes Geld zu setzen, das sei Unsinn, sagten sie. Aber mein Vater ließ sich nicht beirren. »Ihr werdet sehen«, sagte er nur.

Die vierte Karte wurde aufgedeckt. Eine Dame. »Wer ist nun das Arschloch?«, fragte Panos.

Und dann kam die fünfte Karte, ganz langsam drehte sie Theodoros um. Es war eine … *Zehn*!

»Das bist immer noch du!«, sagte mein Vater lächelnd und strich seinen Gewinn ein. Im Kafeneion war die Hölle los, die Männer schrien und lachten und konnten es nicht fassen. Zehner und Siebener! Die Prophezeiung meines Vaters war eingetroffen. Er hatte das Spiel gewonnen. Ein Paar Asse wurden von zwei Pärchen, Zehner und Siebener, geschlagen.

»Das gibt's nicht!«, rief Panos und schaute auf Theodoros, der aber nur mit den Achseln zuckte und sich ebenfalls ein Lächeln nicht verkneifen konnte. Onkel Charalambos und Onkel Kostantinos klopften sich auf die Schenkel und bestellten eine Flasche Retsina. Panos setzte sich wieder an den Tisch und wollte sofort weiterspielen. Wahrscheinlich sein größter Fehler an diesem Abend. Denn ab dieser Hand nahm ihn mein Vater regelrecht auseinander. Keine Stunde später hatte Panos sein Geld verloren. Auf der Seite meines Vaters stapelten sich jetzt knapp zwei Millionen Drachmen, 20 000 Mark.

»Und jetzt?«, fragte ihn mein Vater. »Was machst du jetzt?«

Panos' Kopf lief rot an. »Das ist doch Kinderkram«, sagte er. »Wenn du um richtige Summen spielen willst, dann warte hier. Ich bin gleich wieder da.«

Panos stand auf und ging nach Hause, um frisches Geld zu holen. Zwanzig Minuten später setzte er sich wieder an den Tisch. Es war jetzt vier Uhr morgens und Panos legte fünf Millionen Drachmen auf den Filz. Onkel Takos schloss das Kafeneion ab und dimmte das Licht. Er brachte den beiden Spielern einen Koffer mit Jetons, und Theodoros, der zwar am nächsten Tag wieder in seiner Kanzlei sitzen musste, aber sich dieses Duell nicht entgehen lassen wollte, bestimmte kurzerhand, welcher Chip wie viel Geld wert sein würde. So konnten die beiden anstatt der Bündel Geldscheine ein paar Chips in die Tischmitte werfen.

Die nächsten Runden gingen eine nach der anderen an meinen Vater. Wie ein Magnet zog er jetzt die guten Karten an. Full House mit drei Damen und zwei Königen. Kleine Straße von der Sieben bis zum Buben. Drilling Zehner. Flush mit Herz. Full House mit drei Neunen und zwei Achten. Es war, als hätte jemand einen Schalter umgelegt. Auf der einen Seite saß mein Vater fröhlich im Licht, auf der anderen Seite kämpfte Panos im Dunkeln mit seinen Dämonen. Um sechs hatte er seine zusätzlichen fünf Millionen Drachmen verloren. Er fauchte Theodoros an, legte sich mit Onkel

Takos an, er stand sogar einmal auf und wollte in die Taschen meines Vaters greifen, weil er versteckte Karten dort vermutete. Aber mein Vater wies ihn schroff zurück. »Du wirst nie in deinem Leben in meine Hosentaschen greifen.« Er meinte das natürlich auch ein bisschen metaphorisch, krempelte aber die Ärmel seines Hemdes auf, so dass jeder sehen konnte, dass er fair spielte und dass sich eben nur das Glück gewendet hatte.

Panos aber witterte eine Verschwörung. »Ich werde euch alle anzeigen«, rief er. »Glücksspiel ist illegal.« Er zeigte auf meinen Onkel Takos. Der aber tippte sich nur an die Stirn. Mein Vater sah in die Runde, noch gut ein Dutzend Männer hatte bis in den Morgen im Kafeneion ausgeharrt. Er fragte: »Würde jemand von den hier Anwesenden bezeugen, dass hier die ganze Nacht ein Glücksspiel lief? Oder war es nicht eher so, dass sich zwei Männer ein sportliches Duell geliefert haben?« Er lächelte. Keiner der Männer, auch jene nicht, die hinter Panos standen, widersprach. Panos blickte um sich. Er war allein. Er hatte sechs Millionen Drachmen verloren, 60 000 Mark. Das hatte ihn nicht ruiniert, das wusste jeder im Raum. Er war ein reicher Mann, der Villen an noch reichere Männer verkaufte. Er hatte sich immer als etwas Besseres als alle anderen im Kafeneion betrachtet, weil alle anderen mit ihrer Hände Arbeit ihr Geld verdienten. Mein Onkel Kostantinos war zeitlebens Landwirt, Onkel Charalambos war Elektriker, mein Vater war Zimmermann, Onkel Takos ein Kafeneionbesitzer. Außer Theodoros, dem Karten gebenden Rechtsanwalt, gehörten alle im Kafeneion zur Arbeiterschicht. Und selbst Theodoros blickte auf Panos und schüttelte mit dem Kopf.

»Wir könnten noch den nächsten Tag und das nächste Jahr hier spielen, du würdest gegen mich nicht mehr gewinnen«, sagte mein Vater abschließend. »Und was deine Ansprache betrifft: Ja, ich lebe in Deutschland. Aber ich bin Grieche. Und ich werde mein ganzes Leben Grieche bleiben.« Er stand auf, füllte sein Glas mit Whisky und fragte die umstehenden Männer, wer wann wie viel Geld an

Panos verloren hatte. Fast jeder meldete sich, mal waren es 70 000 Drachmen, mal 160 000, einer hatte 420 000 Drachmen an Panos verloren. Mein Vater schrieb die Zahlen auf einen Block. Dann las er sie wieder vor, bat die Männer einzeln an den Tisch und gab jedem den angegebenen Betrag in bar zurück, so dass ihm nur etwas mehr als sein ursprünglicher Einsatz blieb. Panos blickte erstarrt auf die einzelnen Bündel, die einer nach dem anderen den Tisch verließen. »Was tust du da?«, rief er.

Mein Vater gab ihm keine Antwort. Draußen war es hell geworden. Der Milchmann fuhr klingelnd über die Straße, der Kioskbesitzer gegenüber zog die Rollläden hoch, die Nacht war vorbei.

Panos stampfte wütend und wortlos durch das Kafeneion und verließ es keine zwei Minuten später. »Wir werden uns noch einmal über den Weg laufen«, sagte er drohend in Richtung meines Vaters. Aber der winkte nur. »Guten Tag«, flüsterte er. Die anderen Männer im Kafeneion bedankten sich mehr als einmal bei meinem Vater, nicht nur für das zurückgegebene Geld. Sie dankten ihm für diese Nacht. So etwas, sagten sie, hätten sie in ihrem ganzen Leben noch nicht gesehen.

Als mein Vater mir diese Geschichte Jahre später erzählte, strahlte sein Gesicht. Es war eine jener Glücksspiel-Storys, die gut ausgegangen war. Wir saßen im »Griechen«, es war dunkel draußen, unsere Gäste waren alle schon nach Hause gegangen, und wie immer tranken wir noch ein Glas Whisky zum Abschluss des Tages. Ich fragte ihn, warum er das Geld den Leuten gegeben hatte. Schließlich war es doch sein Geld gewesen und niemand hätte es ihm übelgenommen, wenn er damit einfach aus dem Kafeneion spaziert wäre. Und er antwortete: »Ehrlich gesagt, weiß ich es nicht.« Er machte eine Pause und nahm einen Schluck aus seinem Glas. »Vielleicht hatte es mich gestört, dass dieser reiche Sack immer zu den armen Leuten ins Kafeneion kam und ihnen auch noch ihr Geld abluchste. Vielleicht störte es mich, dass er mich die ganze

Zeit einen Deutschen nannte, und ich wollte ihm zeigen, wie der ideale Grieche gehandelt hätte. Aber die Wahrheit ist: Ich weiß es nicht. Ich habe aus einem Impuls heraus gehandelt.«

»Hat dir eigentlich schon mal jemand dein Geld zurückgegeben, wenn du es am Pokertisch verloren hattest?«, fragte ich ihn.

Er schnaufte. »Nein«, sagte er schmunzelnd.

»Und warum fühltest du dich dazu berufen?«

Er schnaufte wieder. »Diese Frage hat mir deine Mutter so oft gestellt. Aber ich habe keine Antwort darauf.«

Schweigend saßen wir ein paar Sekunden nebeneinander und schauten in unsere Gläser, ließen das Eis darin klirren. Mein Vater hatte einmal im Baden-Badener Casino, das war Mitte der achtziger Jahre, mehr als 280 000 Mark gewonnen. Er kam nach Hause und legte das Geld bar auf den Wohnzimmertisch. Meine Mutter schaute auf die sauber gebündelten Scheine und sagte: »Nimm das wieder mit! Ich will mit deinem gewonnenen Geld nichts zu tun haben.« Er bat sie, zumindest einen Teil auf die Bank zu tragen. Sie weigerte sich. Drei Tage später hatte er die gesamte Summe wieder verzockt.

Jetzt saß er da und wusste, dass ich alle diese Geschichten kannte, auch jene, die nicht gut ausgegangen waren. Und trotzdem schwieg er.

»Vielleicht war mir auch mulmig zumute«, sagte er nach einer Weile.

»Mulmig?«, fragte ich.

»Ja, vielleicht war mir bewusst, dass ich Glück hatte.«

»Deshalb heißt es doch auch *Glücks*spiel, oder?

»Nein, du Dummkopf!« Ich hatte schon wieder die falsche Frage gestellt. »Pokern hat vielleicht zu dreißig Prozent, allerhöchstens dreißig Prozent, mit Zufall zu tun. Der Rest ist Psychologie, Intuition, Geschick. Aber das meine ich gar nicht mit *Glück*.«

»Was meinst du dann?«

»Ich meine, schau dich an. Schau mich an. Schau dir unsere Familie an. Wir sind eine glückliche Familie. Ich hatte so viel Glück in meinem Leben. Und dennoch hetze ich im Casino und in verrauchten Hinterzimmern dem Glück hinterher«, sagte er.

»Tut mir leid, aber das verstehe ich nicht. Was hat unsere Familie damit zu tun, dass du den Leuten ihr verlorenes Geld wiedergegeben hast?«

»Ich weiß, es klingt absurd, aber ich denke, das könnte eine Erklärung sein. Ich habe nie darüber nachgedacht, wie viel Geld ich gewonnen habe und was man damit alles anstellen könnte. Das war mir egal. Ich schaute in die traurigen Gesichter meiner Mitspieler und wusste, wie sie sich gerade fühlen. Und weil ich das wusste, habe ich ihnen manchmal das Geld wieder zurückgegeben. Ich dachte: Mensch, Christo, du hast so viel Glück im Leben gehabt. Du verdienst es eigentlich nicht, auch noch am Spieltisch Glück zu haben. Dieses Gefühl, es nicht verdient zu haben, hat das Geld für mich wertlos erscheinen lassen. Verstehst du jetzt?«

»Du hast nicht des Geldes wegen gespielt?«

»Du bist gar nicht so dumm, wie deine Fragen immer klingen«, sagte mein Vater. Wahrscheinlich meinte er das als Kompliment.

»Aber weshalb hast du dann gespielt?«

»Gute Frage.«

Ich erinnerte mich daran, dass mir meine Mutter mal gesagt hatte, dass ihr Mann ein »guter Mensch« sei, »vielleicht ein zu guter Mensch«, hatte sie gesagt. Und ich fragte mich, ob dieser Charakterzug etwas mit seinem Spielverhalten zu tun hatte. Würde ein guter Mensch nicht darauf achten, das gewonnene Geld beisammenzuhalten? Würde ein guter Mensch es nicht für sein Alter oder seine Kinder auf die Seite legen? Würde ein guter Mensch stets so irrational handeln wie mein Vater? Diese Fragen fegten mir durch den Kopf, und sie rasten so schnell, dass ich gar nicht bemerkte, dass mein Vater aufgestanden war und hinter der Theke in der Schublade nach etwas suchte.

»Was suchst du?«, fragte ich ihn, erhielt aber keine Antwort.

Kurz darauf hielt er etwas in der Hand, ein Foto. Er schob die Schublade ins Fach, kam zurück an den Tisch und legte mir das Bild vor die Nase. Auf dem Foto waren ein Mann, eine Frau und ein kleines Mädchen zu sehen. Sie lachten. Im Hintergrund erkannte ich den Eingang ins Städtische Klinikum von Thessaloniki. Ich drehte das Foto um und auf der Rückseite stand nur ein Wort: »Ευχαριστω!«

»Wer ist das?«, fragte ich.

Mein Vater nahm mir das Foto aus der Hand und schaute lange darauf. »Das sind Pavlos, seine Frau Eleni und seine kleine Tochter Anna. Du kennst sie nicht, sie sind nicht mit uns verwandt, aber sie wohnen nur ein paar Straßen von Oma Theodora entfernt.«

»Und warum steht da ›Danke‹ auf der Rückseite?«

»Pavlos war in jener Nacht auch im Kafeneion von deinem Onkel Takos. Er hatte zwei Tage zuvor 420 000 Drachmen an dieses Arschloch Panos verloren.«

»Und?«

»Er hatte gespielt, weil er Geld brauchte, um die Ärzte in diesem Krankenhaus zu schmieren. Sie wollten die kleine Anna ohne ein üppiges Fakelaki nicht operieren.«

»Was fehlte ihr denn?«

»Eine ihrer Nieren funktionierte nicht richtig.«

Ich versuchte, meinem Vater in die Augen zu schauen, aber er starrte nur auf das Foto. Die Geschichte klang, als wäre sie aus einem schlechten Hollywoodstreifen. »Wusstest du davon?«

»Nein, ich hatte keinen blassen Schimmer. Er hat mir ein paar Wochen nach dieser Nacht einen Brief geschrieben und mir dieses Foto geschickt.«

Ich war sprachlos. Immer noch ungläubig starrte ich auf das Foto. Die kleine Anna kam mir irgendwie bekannt vor.

»Ist das die Anna, die jetzt diesen Kiosk unten an der Hauptstraße führt?«, fragte ich.

»Ja, woher weißt du das?«

Und da fiel es mir wie Schuppen von den Augen. Seitdem ich mit dem Rauchen angefangen hatte, kaufte ich meine Zigaretten, wenn ich in Griechenland war, immer an diesem Kiosk. Anfangs beachtete sie mich nicht. Aber wir waren beide etwa im selben Alter, und irgendwann fragte sie mich, ob ich vielleicht der Sohn von Christoforos sei. Ich bejahte, und da kam sie aus ihrem Kiosk gelaufen und umarmte mich. Einfach so. Als ich wissen wollte, warum sie das getan hatte, sagte sie nur: »Frag deinen Vater.« Ich hatte es aber immer vergessen, ihn danach zu fragen.

Ich erzählte meinem Vater diese Geschichte. »Sie schenkt mir jeden Sommer eine Packung«, sagte ich ihm. Er lachte. »Jetzt weißt du ja, warum«, fügte er ein bisschen stolz hinzu.

Wir schauten beide auf das Foto. Plötzlich fiel mir die entscheidende Frage ein. »Woher wusstest du eigentlich, dass deine Zehn / Sieben die beiden Asse schlagen würde?«

Mein Vater sah mich überrascht an. »Ich wusste es nicht«, antwortete er.

Im Februar 1989 war ich seit einem knappen halben Jahr auf dem Internat. Die Eltern der meisten Internatsschüler waren geschieden. »Gesprengte Elternhäuser«, nannte das einer unserer Erzieher. Auf mein Elternhaus traf das nicht zu. Jedenfalls nicht bis jetzt.

Und wenn ich heute über meinen Vater schreibe, über meine Familie, über Deutschland, kommen mir manche Dinge so unwirklich vor, dass ich mich frage, ob sie wirklich passiert sein können. Fest steht: Die Jahre 1989 und 1990 sollten historische Jahre werden. Sowohl für Deutschland als auch für meine Familie.

Der Vorbote der anstehenden Veränderungen war eine Nachricht, die uns alle aus heiterem Himmel traf. Ende Februar erhielt mein Vater morgens einen Anruf von unserem Hausarzt Dr. Reiseweber.

»Kann ich Sie kurz sprechen, Herr Stefanidis?«

»Ja, natürlich. Was gibt's, Doktor?«, fragte mein Vater. Schon als er die Frage stellte, fühlte sich sein Magen an, als läge dort ein zentnerschwerer Stein.

»Es geht um Ihren Freund Walter Hauser.« Ein kurzes, aber kräftiges Knacken war in der Leitung zu hören.

»Was ist mit ihm?«

»Herr Stefanidis, ich habe ihn gestern Nacht ins Krankenhaus einliefern lassen.«

»Was fehlt ihm, Herr Reiseweber?«

»Ich weiß nicht, wie ich Ihnen das erklären soll, also mach ich es kurz: Herr Hauser hat Aids. Die Krankheit ist voll ausgebrochen. Ich glaube nicht, dass ihm noch viel Zeit bleibt.«

Meinem Vater stockte der Atem. Ihm blieb die Luft weg. Für Sekunden sagte er kein Wort, hielt den Hörer aber immer noch ans Ohr. Er hatte von der Krankheit gehört, klar, er wusste, dass sie unheilbar war. Aber Toni? Aids? War das nicht die Krankheit der Schwulen? Wie konnte Toni an Aids erkrankt sein? Diese Fragen schossen ihm durch den Kopf.

»Herr Stefanidis?«, fragte Dr. Reiseweber leise. »Sind Sie noch dran?«

»Äh, ja, ich bin noch dran.«

»Wenn es irgendetwas gibt, dass ich für Sie tun kann, lassen Sie es mich wissen«, sagte Dr. Reiseweber. »Herr Hauser liegt im Vincentius, Zimmer 428.«

»Äh, ja, danke, Herr Reiseweber«, antwortete mein Vater. »Entschuldigen Sie, eine Frage noch.«

»Ja?«

»Gibt es an Ihrer Diagnose, ich meine, könnte es sich dabei vielleicht … Ich kann mir einfach nicht vorstellen …«

»Nein, Herr Stefanidis. Die Kollegen aus dem Krankenhaus haben meine Diagnose bestätigt. Tut mir leid.«

Meinem Vater lief ein kalter Schauer über den Rücken.

»Okay. Danke«, sagte er. Am anderen Ende der Leitung verabschiedete sich Dr. Reiseweber mit einem fast geflüsterten »Auf Wiederhören«.

Mein Vater stand hinter der Theke des »Griechen« und legte gerade den Hörer auf, als meine Mutter das Lokal betrat. Es war neun Uhr morgens. Sie wollte das Zaziki für den Tag vorbereiten. Sie schaute auf ihren Mann, aber der beachtete sie nicht. »Christo?«, sagte sie. Keine Antwort. Mein Vater drehte sich um, griff nach einem Cognacglas, füllte es mit Metaxa und kippte den Alkohol mit einem Schluck hinunter. Dann schüttelte er sich. »Christo? Was ist los?«, fragte meine Mutter. Sie kannte ihren Mann zu gut, um nicht zu erkennen, dass etwas nicht stimmte.

»Das war gerade Dr. Reiseweber am Telefon. Toni hat nicht mehr lange zu leben. Er hat …« Mein Vater brach den Satz ab. Zu unglaublich schien ihm die Diagnose. Er schaute durch die Glasfront des »Griechen« auf die Straße hinaus. Ihm fielen all die Momente ein, in denen er Toni umarmt, auf die Wange geküsst, geherzt hatte. Er dachte kurz darüber nach, ob er sich vielleicht auch angesteckt hatte. Dann dachte er an Toni. Er fuhr sich mit den Händen durchs Haar.

Meiner Mutter schossen die Tränen in die Augen. Sie stand da wie angewurzelt. »Was hat er?«, fragte sie und rechnete unbewusst mit einer der Krebsvariationen oder vielleicht einer Leberzirrhose. Auf Aids wäre sie nie im Leben gekommen.

»Er hat Aids, Maria«, antwortete mein Vater und meine Mutter schlug die Hand vor den Mund.

Für meine Eltern – wie für Millionen andere auch – waren diese vier Buchstaben damals gleichbedeutend mit zwei Aspekten: Homosexualität und Tod. Sie hatten sich nie näher mit der Krankheit beschäftigt, kannten aber die Bilder der abgemagerten Patienten in ihren Krankenhausbetten, Patienten, die nur noch darauf warteten, erlöst zu werden.

Mein Vater machte meiner Mutter einen Kaffee. Automatisch. Fast lautlos. Es schien, als würde er um jeden Preis Lärm vermeiden wollen, weil er seine Gedanken sortieren musste. Er riss langsam das Zuckerpäckchen mit dem »Griechen«-Männchen auf und schüttete die Körnchen vorsichtig in die Tasse. Meine Mutter hatte sich unterdessen an die Theke gesetzt. Sie weinte.

Toni starb an einem sonnigen Frühlingsmorgen am 10. April 1989. Er wog achtundvierzig Kilo. Die offizielle Todesursache lautete: Lungenentzündung. Er wurde siebenundsechzig Jahre alt.

Als ich ihn eine Woche vorher mit meinem Vater im Krankenhaus besuchte, war er so schwach, dass er nicht mehr reden konnte. Aber er strich mir ein letztes Mal übers Haar. Sanft. Zärtlich. Ich werde diesen Moment nie vergessen. Bis dahin hatte ich immer die kindliche Vorstellung, dass man in einem Krankenhaus wieder gesund wird. Aber dieser Moment machte mir klar, dass ein Krankenhaus auch ein Ort des Abschiednehmens sein kann. »Tschüss, Toni!«, sagte ich winkend, als ich aus dem Zimmer ging.

Das Begräbnis auf dem Karlsruher Hauptfriedhof fand drei Tage später statt. Oma Theodora und Onkel Charalambos flogen aus Thessaloniki ein, Horst war da, Alois Schmidt, Brigitte und Ehrfried, Mustafa, Karl Baumann, Professor Specht, sogar Rolf, der Automatenspieler aus dem »Zorbas«. Ich trug zum ersten Mal in meinem Leben einen Anzug. Alle Männer unserer Familie waren so gekleidet: Schwarzer Anzug, schwarze Krawatte, weißes Hemd. Als der Sarg in den Boden gelassen wurde, fing es an zu regnen, und die meisten spannten farbige Regenschirme auf.

Der Hund meiner Erinnerung ist dieses Bild: Regen, Blumenkränze, eine gespenstische Ruhe, dunkle Anzüge – gelbe, rote, blaue, weiße und grüne Regenschirme.

Etwas abseits der Trauergemeinde stand eine ältere Frau in einem beigefarbenen Kostüm. Sie fiel mir auf, weil sie zwar Nylonstrümpfe trug, aber ihre Füße in Turnschuhen steckten. Eine merkwürdige Kombination, dachte ich. Später stellte sich heraus, dass sie Tonis Halbschwester aus Chicago war. Sie nannte sich Beth und war gekommen, um ihr Erbe anzutreten. Toni hatte nie von ihr erzählt. Deshalb waren meine Eltern auch sehr überrascht, als Beth ihnen kurz nach dem Begräbnis ein Schreiben ihres Anwalts in die Hand drückte, in dem meine Eltern aufgefordert wurden, auf Tonis Hinterlassenschaft zu verzichten. Toni war kein reicher Mann. Aber sein Erbe umfasste immerhin seine Karlsruher Zwei-Zimmer-Wohnung, einen alten Opel und knapp 90 000 Mark auf einem Sparbuch.

Wenn Toni früher in Bierlaune war, versprach er Ari seinen alten Opel und Jorgo seine Wohnung. Er sagte dann immer: »Ich habe ja keine Familie außer euch.« Es klang einerseits ein bisschen traurig, aber andererseits lächelte er immer, wenn Ari ihm dann antwortete: »Die alte Schrottkiste?! Die kannst du behalten!«

Etwa so ähnlich reagierte mein Vater auf das Schreiben der Halbschwester Beth. Nur ohne den ironischen Unterton. Er zerriss das Papier und ging wortlos an ihr vorbei. Horst sammelte die Papierfetzen auf.

Toni hatte kein Testament geschrieben. Aber es gab genügend Zeugen, die bestätigen konnten, dass Toni mehr als einmal gesagt hatte, dass mein Vater seinen Besitz bekommen sollte. Mein Vater hatte darauf immer geantwortet: »Red nicht so einen Unsinn. Du wirst uns alle sowieso überleben!«

»Ein paar unbedeutende Wortwechsel zwischen einem Wirt und seinem Gast. Mehr nicht.« So fasste Beths Anwalt die Beziehung meines Vaters zu Toni zusammen. Beth, so viel erfuhren wir, war Anfang der sechziger Jahre mit einem GI nach Illinois ausgewandert. Der GI starb im Vietnamkrieg, und Beth erhielt seitdem eine großzügige Pension. Wie ihr Halbbruder blieb sie kinderlos. Sie wohnte in einem Vorort von Chicago und hatte wieder den Namen ihres Vaters angenommen: Hauser. Beth und Toni hatten denselben Vater, aber nicht dieselbe Mutter. Und Beth gab offen zu, dass sie Toni höchstens zwei oder drei Mal im Leben gesehen hatte. Aber sie war fest entschlossen, das Erbe ihres Halbbruders nicht einem »bunch of foreigners« – so nannte sie uns – zu überlassen.

Horst redete auf meinen Vater ein, er habe gute Chancen, zumindest einen Teil von Tonis Hinterlassenschaft zu erhalten. »Du wirst doch dieser hässlichen Krähe nicht alles in den Rachen stopfen wollen«, sagte er zu ihm.

»Und wie lautet dein Rat?«, fragte mein Vater. Sie saßen kurz nach der Beerdigung an der Theke des »Griechen«. Ich saß neben Horst, Horst neben meinem Vater. Hinter der Theke standen Jorgo und Ari. »Soll ich mich etwa um das Erbe meines Freundes streiten? Soll ich mich auf dieses eklige Niveau herabbegeben und gierig meine Taschen füllen?«

Er blickte in die Runde. Ari und Jorgo senkten die Köpfe. Ich schaute auf Horst.

»Es ist deine Sache, Christo«, sagte er. »Aber wenn du dich für den Rechtsstreit entscheidest: Ich bin da.«

Mein Vater klopfte Horst auf die Schulter. »Ich weiß. Danke.« Dann rief er nach meiner Mutter. Familienrat. Meine Mutter kam aus der Küche und setzte sich neben mich.

»Was meint ihr?«, fragte mein Vater in die Runde. »Sollen wir uns mit dieser Frau um das Erbe von Toni streiten?« Weder meine Mutter noch Jorgo, Ari oder ich antworteten.

»Es geht alles in allem immerhin um rund 200 000 Mark«, sagte Horst in die Stille hinein. Und in seiner Manier als erfolgreicher Scheidungsanwalt fügte er hinzu: »Ich kenne niemanden, der freiwillig auf so viel Geld verzichtet.«

»Das ist sicher viel Geld«, sagte meine Mutter schließlich. »Aber steht es uns überhaupt zu?«, fragte sie ihn.

»Toni war unser Freund«, sagte Jorgo.

»Mehr als das«, sagte Ari.

»Er gehörte zur Familie«, sagte mein Vater.

Ich sagte nichts.

»Wie wär's mit folgendem Vorschlag«, empfahl Horst. »Ich kümmere mich um alle Formalitäten, und wir zeigen dieser Krähe, wo der Hammer hängt! Der drehen wir den Hals um! Das wäre doch gelacht! Diese Ami-Tussi machen wir fertig!«

Horst hatte trotz seines gehobenen Studiums der Rechtswissenschaften in den vergangenen Jahren ein Faible für unpassende Formulierungen entwickelt. Ich glaube, das lag daran, dass er schon zu lange in der Schickimicki-Szene Münchens unterwegs war. Dieser hemdsärmelige Macho-Sprech, den neureiche Baulöwen und gierige Immobilienhaie auf Bogenhausener Champagnerpartys mit einem breiten Grinsen in die Runde grölten, passte irgendwie nicht zu ihm. Mein Vater sah ihn an, als hätte er gerade das entscheidende Gegenargument geliefert.

»Nein, Horst«, sagte mein Vater. »Du setzt noch heute ein Schreiben auf, dass wir keine Ansprüche stellen.«

»Du willst darauf verzichten?! Bist du dir absolut sicher?« Fassungslos starrte Horst meinem Vater, der lautlos nickte, ins Gesicht. »Ich wusste schon immer, dass du ein merkwürdiger Typ bist, Christo!«, sagte Horst. »Aber das ist schlichtweg töricht.« Er schaute zu meiner Mutter. Aber auch meine Mutter nickte. Jorgo nickte. Mit leichter Verzögerung nickte auch Ari. Als Letzter nickte ich die Entscheidung ab, obwohl ich mir eigentlich gar nicht sicher war, ob das noch jemanden interessierte. Ich denke, ich habe auch nur genickt, weil alle anderen vor mir genickt hatten. Denn ich hätte dieser Krähe sehr gern den Hals umgedreht.

Mein Vater aber bat Horst, eine einzige Bedingung in dem Schreiben festzuhalten. Er bat um Erlaubnis Tonis Wohnung nach persönlichen Dingen durchsuchen zu dürfen. Beth willigte ein. Sie legte keinen besonderen Wert auf die persönlichen Gegenstände ihres Halbbruders. Sie flog noch am selben Tag, nachdem sie die Verzichterklärung meines Vaters erhalten hatte, zurück nach Chicago. Wir haben nie wieder etwas von ihr gehört.

Mein Vater betrat Tonis Wohnung mit einem flauen Gefühl im Magen. Erst jetzt wurde ihm bewusst, dass er ihn fast nie zu Hause besucht hatte. Toni kam ins »El Greco«, ins »Zorbas« und in den »Griechen«. Bei ihm zu Hause war er so gut wie nie. Und während mein Vater im Wohnzimmer seines Freundes stand und um sich blickte, fragte er sich, ob vielleicht die Wohnung, die ein Verstorbener hinterlässt, viel mehr über ihn aussagt als die Höhe des Betrages, den er seinen Verwandten vererbt. – Er sah auf das Bücherregal, neigte den Kopf und las die einzelnen Buchtitel: ›Deutschland-Chronik. 1945 bis heute‹, ›Die Weimarer Republik‹, Golo Manns ›Deutsche Geschichte 1919–1945‹, Robert Musils ›Der Mann ohne Eigenschaften‹, ›Die italienische Riviera‹, ›Toskana‹, Günter Grass' ›Die Blechtrommel‹, ›Griechenland – früher und heute‹, ›Athen‹, Nikos Kazantzakis' ›Alexis Zorbas‹, Franz Kafkas ›Die Verwandlung‹, Johann Wolfgang von Goethes ›Die Leiden des jungen Werther‹, ›Adolf Hitler. Eine Biographie‹.

Neben der Hitler-Biographie stand ein Ordner, auf dem der Name Udo Jürgens geschrieben war. Mein Vater öffnete den Ordner und fand jede Menge ausgeschnittener Zeitungsartikel: Konzertberichte, Porträts, Homestorys. Er lächelte. Manche Passagen hatte Toni rot unterstrichen. Neben dem Udo-Jürgens-Fan-Ordner befand sich eine Glasvitrine, in der viele teure Kristallgläser standen. Zwischen den Gläsern: ein gerahmtes Foto von meinem Vater und Toni. Mein Vater nahm das Foto in die Hand. Es zeigte die beiden in der Küche von Tonis alter Wohnung in Stuttgart. Jenem Ort, wo mein Vater Anfang der sechziger Jahre Tonis Kriegsgeschichten lauschte, aber nur die Hälfte verstand. Jenem Ort, wo er zum ersten Mal in näheren Kontakt mit einem Deutschen getreten war. Er erinnerte sich, wie Tonis Frau Waltraud das Foto geschossen hatte. Widerwillig zwar, aber sie hatte auf den Auslöser gedrückt, bevor sie wieder im Wohnzimmer verschwand. Das war jetzt mehr als fünfundzwanzig Jahre her.

Mein Vater seufzte. Das Wohnzimmer, in dem er nun stand, war ausgefüllt mit einem alten Fernseher, einer fast unbenutzten Couchgarnitur, einem Tisch und einer hohen Stehlampe. Neben dem Fernseher lag auf einer dunkelbraunen Kommode ein alter Plattenspieler. Daneben hatte Toni seine Udo-Jürgens-Schallplatten gestapelt, die er mir mal ausgeliehen hatte.

Mein Vater öffnete die Schubladen im Wandschrank. Er fand ein paar Fotos von Waltraud, eine alte, noch originalverpackte Einspritzpumpe von Bosch, Tonis Malerutensilien, einige Skizzen des »Griechen«-Männchens und jede Menge handgeschriebener Briefe, die Toni von der Ostfront an seine Frau geschrieben hatte. Sonst nichts. Außer seinen Medikamenten im Bad, ein paar leeren Flaschen Retsina und Ouzo, verstaubtem Souvenirkitsch aus Rimini und Athen in der Küche und dem vollen Kleiderschrank im Schlafzimmer war die Wohnung praktisch leer. Im Kühlschrank stand eine angebrochene Flasche Orangensaft und daneben lagen zwei Packungen Kinderschokolade.

Mein Vater ging wieder ins Wohnzimmer und nahm das gerahmte Foto aus der Vitrine. Er packte sich auch die Einspritzpumpe von Bosch ein. Als er zur Wohnungstür kam, schaute er sich noch einmal kurz um, hielt einen Moment lang inne, flüsterte »Mach's gut, alter Freund« und schloss die Tür hinter sich. 16. April 1989.

So sehr ich mich auch anstrenge: Ich konnte mich bis dahin an keinen einzigen Nachmittag erinnern, an dem Toni nicht an seinem Platz im »Griechen« saß: Gleich rechts neben der Eingangstür auf der Sitzbank mit dem grünen Flokati-Teppich, den meine Eltern Mitte der Siebziger aus Griechenland mitgebracht hatten. Mein Vater wollte den Flokati schon vor Jahren loswerden, aber Toni drohte ihm: »Wenn dieser Flokati geht, gehe ich auch!« Nun war Toni gegangen. Der Platz blieb leer. Und mein Vater ließ das alte abgewetzte grüne Ding trotzdem unberührt.

Aber der Flokati war nicht der einzige Gegenstand, der im

»Griechen« an Toni erinnerte. Da waren auch die beiden »expressionistischen« Ölgemälde und natürlich das freundlich lächelnde »Griechen«-Männchen an der Glasfront, über dem offenen Holzkohlegrill, auf den Leuchten und auf den Servietten. Fast alles erinnerte an Toni. All das war Tonis wahres Erbe.

Und dennoch: Mit Toni starb für uns auch ein Stück Deutschland. Toni hatte das Hitlerregime und den Krieg erlebt, er hatte in den Fünfzigern Adenauer gewählt und in den Sechzigern italienische, griechische und spanische Gastarbeiter bei Bosch eingewiesen. Er hatte den Beginn der Studentenbewegung kritisch beobachtet, 1971 Willy Brandts Kniefall in Warschau, er freute sich über den Fußballweltmeistertitel 1974 und verabscheute Ende der Siebziger den Terrorismus der RAF, trotzdem wählte er 1980 zum ersten Mal in seinem Leben die Grünen, eine linke Partei. Aus dem Mitglied der Waffen-SS, dem stockkonservativen CDU-Wähler Walter Hauser wurde Toni, ein toleranter aufgeschlossener Staatsbürger, der sich Auschwitz sein Leben lang bewusst war und sich um die Umwelt sorgte. Eigentlich gehörte Toni nicht nur zur alten Bundesrepublik, sein Leben spiegelte Deutschlands Wandel seit dem Krieg wieder, Toni *war* die alte Bundesrepublik. Mit all ihren Facetten, mit Bonn als Hauptstadt und mit einer innerdeutschen Grenzlinie, an der noch scharf geschossen wurde. Doch das alles änderte sich. Kurz nach Tonis Tod veränderte sich Deutschland. Bonn wurde Berlin und die Grenze verschwand. Die alte Bundesrepublik war Geschichte, *gestorben*, ein neues Deutschland entstand, das wiedervereinte Deutschland.

Und wenn ich jetzt schreibe, dass diese Wiedervereinigung entgegen aller Behauptungen kein einmaliger Prozess war, historisch nicht singulär und einmalig, wenn ich sage, dass während der Revolution zumindest ein wenig Blut geflossen ist, dann ist das nicht im Geringsten gelogen. Im Gegenteil. Denn 1990 gab es neben der allgemein bekannten noch eine zweite, etwas blutiger verlaufende Wiedervereinigung. Und das kam so:

Die DDR feierte 1989 ihr vierzigjähriges Bestehen mit Bruderkuss, wehenden Fahnen und Massenaufmarsch und begann gleichzeitig zu implodieren. Im Jahr 1989 siedelten knapp 400 000 DDR-Bürger in den Westen um – mit dem Auto über Ungarn und Österreich, über Sitzblockaden in deutschen Botschaften in Prag und Warschau, mit Sonderzügen, die durch das Staatsgebiet der DDR fuhren und letztlich spazierend durch das Brandenburger Tor. Ende September fand in Leipzig die erste Montagsdemonstration statt. 5000 Teilnehmer. Am 2. Oktober waren es 20 000 Demonstranten. Eine Woche darauf 70 000, zwei Wochen später 300 000. Erich Honecker trat zurück. Am 4. November demonstrierten mehr als eine halbe Million Menschen in Berlin für demokratische Reformen, fünf Tage später öffnete die neue, aber überforderte Staatsführung der DDR die Grenzübergänge zur Bundesrepublik. Die Mauer, die eine Stadt und gleichzeitig einen ganzen Kontinent teilte, war gefallen. 9. November 1989. Ein historischer Tag. Helmut Kohl entwarf einen Zehn-Punkte-Plan, der zur deutschen Einheit führen sollte, er besiegelte die Einheit im Kaukasus mit Michail Gorbatschow, eingehüllt in eine überdimensional große Strickjacke. Der 2+4-Vertrag wurde ausgehandelt, die Russen zogen ab, die Sowjetunion war Geschichte, der Ostblock war Geschichte, man sagt, damals habe Kohl seinem französischen Kollegen François Mitterrand versprochen, bald auf die D-Mark zugunsten des Euro zu verzichten. Auf die berechtigte Frage eines Journalisten, warum gerade der 3. Oktober zum Tag der deutschen Einheit ernannt wurde, antwortete Kohl: »Ich beneidete die Franzosen schon immer für ihren Nationalfeiertag am 14. Juli, da scheint stets die Sonne. Deshalb haben wir mit dem 3. Oktober einen Tag zum Feiern bestimmt, an dem wenigstens manchmal die Sonne scheint.« Der 9. November, das Datum, das jedem einleuchten würde, das Erinnerungen weckt, weil sich Hunderttausende fremder Menschen in Berlin und in anderen Städten um den Hals fielen und sich umarmten, der Tag, an dem in

Deutschland wohl die meisten Champagner- und Sektkorken in der Geschichte knallten, wurde vom Bundeskanzler ignoriert, weil der Tag des Mauerfalls laut Wetterbericht normalerweise ein kühler, grauer, wolkenbedeckter Herbsttag ohne Sonneschein ist. Typisch deutsch. Und: So weit, so bekannt. Die deutsche Wiedervereinigung im Schnelldurchlauf.

In Griechenland gibt es zwei nationale Feiertage. Der eine, am 25. März, erinnert an den Freiheitskrieg gegen die Osmanen im 19. Jahrhundert. Der andere, am 28. Oktober, ist der »Tag des Neins«. Am 28. Oktober 1940 war das die knappe Antwort des kleinen Bauernstaats im Südosten Europas auf die Kapitulationsforderung der Nazi-Weltmacht Hitlers. Das Wetter spielte bei der Ansetzung dieser beiden Nationalfeiertage eine untergeordnete Rolle. In Griechenland scheint sowohl im März als auch im Oktober meistens die Sonne.

Als ich noch die griechische Schule besuchte, mussten wir Schüler an diesen Feiertagen Gedichte vortragen, Lieder singen und manchmal auch Theater spielen. Unsere Eltern wurden eingeladen, in die Karlsruher Kreuzstraße, evangelisches Gemeindezentrum, sie brachten Kuchen und Kaffee mit und saßen vor der Bühne, applaudierten und rauchten die Halle voll. Mein Vater hat sich diese Aufführungen selten angetan. Meine Mutter dagegen ließ sie nie aus. Sie nutzte die Gelegenheiten, um mit Freundinnen zu plauschen. Selbst wenn ich gar nicht mehr auf der Bühne auftrat.

Am 28. Oktober 1989 brachte sie eine deutsche Freundin mit. Edda Rastetter. Edda ist eine waschechte Karlsruherin. Sie sagt nicht »Nein«, sie sagt »Ha noi«. Das ist die badische Steigerungsform von »Nein«. Meine Mutter erinnert sich noch, wie sie über Eddas Vorschlag lachten, den »Tag des Neins« in »Tag des Ha nois« umzuwandeln. Edda machte schon immer gern abstruse Vorschläge. Sie kam seit Jahren mit ein paar deutschen Freundinnen in den »Griechen« und wurde bald zur besten Freundin meiner

Mutter. 1989 war sie Mitte dreißig, ungebunden, aber mit dem großen Wunsch, ein Kind in die Welt zu setzen. Oft, wenn sie mit meiner Mutter im »Griechen« saß, gingen die beiden geeignete Vater-Kandidaten durch: Karl Baumann – leider verheiratet. Harald Specht – zu intellektuell. Alois Schmidt – zu alt. »Horst?«, fragte meine Mutter. »Um Gottes willen«, antwortete Edda. »Nachher verklagt er mich auch noch!« Die Auswahl fiel ihr nicht leicht. Für Edda war eigentlich immer klar, dass sie nie Teil einer klassischen Familie sein wollte, sie liebte ihre Unabhängigkeit. Sie suchte zwar einen Vater, aber keinen Ehemann.

Es muss entweder im Dezember 1989 oder im Januar 1990 passiert sein. Es schneite, im »Griechen« saßen meine Mutter, mein Vater und Edda. Sie tranken Retsina, Ouzo, am Ende – morgens um drei – auch ein paar Gläser Whisky. Vielleicht feierten sie das neue Jahr, wer weiß. Vielleicht war es Sylvester. Möglich. Über die genauen Begleitumstände wurde auch später nie viel gesprochen.

Jedenfalls erhielten Jorgo, Ari und ich fünf Monate später einen dreiseitigen Brief auf Griechisch. Handgeschriebenen. Von meinem Vater. Der Brief ist leider verschwunden. Jorgo las uns den Brief vor. Es war eine laue Mainacht, wir saßen draußen im Biergarten des »Griechen«, ich erinnere mich sehr gut daran, weil das, was Jorgo vorlas, hat mich damals fast vom Stuhl gehauen. Jorgo machte zwischendrin immer mal wieder Pausen, weil er die Schrift unseres Vaters nicht entziffern konnte, er stotterte die Buchstaben regelrecht zusammen.

Mein Vater schrieb, dass Edda schwanger sei.

Im fünften Monat.

Und er sei der Vater.

Meine Mutter wüsste bereits davon, er hätte es ihr gestanden. –

Ari und ich blickten uns an, als handele es sich um einen Scherz. Jorgo las die Stelle noch einmal vor. Ich dachte an Mama. Wir dachten alle an Mama.

Jorgo las weiter. Die entscheidende Passage des Briefes kam weiter unten: »Ich weiß, das trifft Euch wie ein Schock. Aber es geht jetzt nur um das Kind. Aller Voraussicht nach wird es ein Mädchen. Und Ihr habt nun die Wahl: Entweder das Mädchen, Eure Schwester, wächst hier mit uns auf. Oder Ihr sagt, das wollen wir nicht. Dann werden wir Edda wegschicken. Eure Mutter und ich wollen die Entscheidung Euch überlassen, aber bedenkt bitte eins: Wollt Ihr, dass irgendwo in der Stadt ein Mädchen aufwächst, dass Eure Schwester ist – und Ihr kennt sie nicht einmal? Oder wollt Ihr, dass sie hier mit uns lebt?«

Während Jorgo las, schaute er immer mal wieder zu uns auf und schüttelte den Kopf. Am Ende des Briefes stand: »Ich hoffe, Ihr könnt Eurem alten Herrn verzeihen. Christoforos.«

Es war ein seltsamer Moment, als mein Bruder aufhörte vorzulesen. Jorgo, Ari und ich sind nicht gerade auf den Mund gefallen. Aber für ein paar Minuten sagte niemand etwas. Jorgo legte den Brief auf den Tisch, nahm seine Brille ab, und knetete seine Nasenwurzel mit Daumen und Zeigefinger. Ari zündete sich eine Zigarette an. Ich starrte konzentriert auf den Brief, der im Wind hin- und herschaukelte. Ich dachte, ich werde seekrank. Als Jorgo seine Brille wieder aufgesetzt hatte, fragte er: »Und jetzt?«

»Und Mama weiß wirklich darüber Bescheid?«, fragte ich, ohne einen meiner Brüder direkt anzusprechen. Es war mehr eine Frage, die ich mir selbst stellte.

Wieder schwiegen wir eine Weile. Ari stand auf und seufzte. Dann blickte er zu Jorgo. »Du bist der Älteste, du gehst zu Mama und sprichst mit ihr«, sagte er in seine Richtung. »Wir werden die Entscheidung sicher nicht ohne ihr Einverständnis fällen. Geh bitte und rede mit ihr.«

Ich sah Jorgo an und nickte. Ein, zwei, drei Mal. »Du bist der Älteste«, wiederholte ich und konnte mir ein Grinsen nicht verkneifen.

Das Grinsen entsprang nicht der geschilderten Situation um den Brief, es war ein automatisches Grinsen. Denn oft genug kam es vor, dass Jorgo seinem jüngeren Bruder Ari einen Befehl erteilte. Zum Beispiel sagte er nach der Arbeit: »Füll die Kühlschränke hinter der Theke auf!« Jorgo war der Älteste, er durfte seinem jüngeren Bruder einen solchen Befehl erteilen. Ari wiederum grummelte und tat wie geheißen. Wenn ich allerdings anwesend war, gab er den Befehl an mich weiter: »Füll die Kühlschränke auf, Kleiner!«, sagte er dann. Und grinste. Ich war der Jüngste. Ich hatte niemand, an den ich den Befehl weitergeben konnte. Also blieb die Aufgabe an mir hängen. Ich fand das schon immer ungerecht. Aber es hatte Tradition. Unsere Eltern hatten uns eingetrichtert, dass der eine auf den anderen aufpassen muss; dass der Ältere auf den Jüngeren achtet und der Jüngere auf den Älteren hört. Diese Respektsache wurde zwischen uns dreien zum Spiel, wir haben uns immer darüber lustig gemacht. Manchmal gab es auch Streit, aber keinen, der nicht nach ein, zwei Stunden wieder verraucht war. Jorgo durfte also seinen jüngeren Brüdern Befehle erteilen, weil er der Älteste war. Aber andererseits musste er für uns auch Verantwortung übernehmen. Das war seine Pflicht. Als Ältester. Nachdem er den Brief vorgelesen hatte, wusste er, dass es seine Aufgabe war, in die Küche zu gehen und mit unserer Mutter zu reden. Die Tradition, diese Aufgabe per Befehl an einen Jüngeren abzugeben, war aufgehoben, durch die Pflicht, als Ältester die Verantwortung zu tragen. Deshalb grinste ich. Auch in Aris Gesicht war ein leichtes Grinsen erkennbar. Auch wenn er versuchte, ernst zu bleiben. Ich erkannte ein Grinsen.

Während wir draußen saßen und schwiegen, war meine Mutter in der Küche und schrubbte den Herd sauber. Dachten wir. Denn das tat sie jede Nacht. Aber als Jorgo gerade aufstehen wollte, stand meine Mutter plötzlich in der Tür des »Griechen«. Sie trug ihren weißen Kittel, eine blaue Schürze und hatte die Hände in die Hüften gestemmt. In einer Hand hielt sie einen rosafarbenen Lappen fest.

»Habt ihr den Brief eures Vaters gelesen?«, fragte sie.

Wir nickten.

»Und? Was sagt ihr?«

»Was *wir* sagen?«, fragte Jorgo. »Viel wichtiger ist doch: Was sagst *du*?«

»Ari, mach mir bitte einen Kaffee«, sagte meine Mutter. Sie setzte sich zu uns an den Tisch. Ari nickte mit dem Kopf und gab mir zu verstehen, dass ich den Kaffee machen sollte. Befehl. Ich seufzte, aber Ari sagte nur: »Und wenn du schon dabei bist: Mach mir auch einen!« Er zündete sich eine weitere Zigarette an. »Und mir auch!«, sagte Jorgo. Er grinste.

Als ich mit den drei Kaffee zurückkam, waren meine Mutter und meine Brüder schon voll in der Diskussion. Sie sprachen über Edda, über meinen Vater, über die Zukunft. Ich hörte meine Mutter sagen: »Ihr kennt euren Vater. Er war noch nie ein Kind von Traurigkeit. Und ihr wisst auch, dass wir die letzten Jahre nicht den allerbesten Draht zueinander hatten. Und dennoch, trotz all seiner Fehler: Ich liebe ihn.«

Sie lächelte wie ein kleines Mädchen und drehte den Löffel in der Tasse herum, obwohl gar kein Zucker drin war. Sie trank nie Kaffee mit Zucker. Nur mit einem Schuss Magermilch. Ich hatte erwartet, dass sie sehr traurig oder wütend und zornig wäre. Aber ihr Blick war ruhig, gefasst, geduldig erklärte sie uns: »Ich weiß nicht, ob Männer und Frauen dazu geschaffen sind, ihr ganzes Leben in ein und derselben Beziehung zu verbringen. Ich habe da meine Zweifel. Ihr werdet eure eigenen Erfahrungen machen, irgendwann. Aber eines weiß ich ganz sicher, Jungs: Nichts, wirklich nichts, merkt euch das, ist wichtiger als die Familie. Nichts ist wichtiger, als dass die Familie zusammenhält.«

Meine Mutter schaute uns allen tief in die Augen, erst Jorgo, dann Ari und schließlich mir.

»Versteht ihr, worauf ich hinaus will?«, fragte meine Mutter.

»Nicht ganz«, antwortete Jorgo. »Du hast also nicht vor …?« Jorgo zögerte.

Meine Mutter ließ ein paar Sekunden verstreichen. »Nein«, sagte sie und nahm einen Schluck Kaffee. »Mein Platz ist hier bei euch.« Sie machte eine Pause. »Und bei eurem Vater.«

1990 existierte das Wort Patchwork-Familie noch nicht. Irgendwie war mir immer noch nicht klar, wie diese Diskussion enden würde.

»Du wärst also dafür, das Mädchen hier bei uns aufwachsen zu lassen?«, fragte Jorgo.

Meine Mutter nickte. »Ja, ich glaube, das wäre das Beste«, sagte sie nach einer Weile. »Eine Familie muss auch in den schwierigsten Situationen zusammenhalten.«

Ein Fels ist eine große Masse aus festem Gestein, es kann ein schroffer, steiler, mächtiger, harter, verwitterter, überhängender, glatter, zackiger Fels sein. Der Fels kann steil herabhängen oder sanft abfallen. Man kann beim Graben auf einen Felsen stoßen, man kann aber auch Stufen in einen Felsen hauen. Man kann einen Felsen besteigen oder erklettern, aber ein Fels steht nun mal wie ein Fels, unerschütterlich, felsenfest eben. Und wenn er auch noch in der Brandung steht, ergibt sich daraus fast automatisch ein romantisches Caspar-David-Friedrich-Motiv. *Der Fels in der Brandung.*

In politischen Zeitschriften, historischen Büchern, in Fernseh- und Radioreportagen wird Helmut Kohl sehr oft als *Fels in der Brandung* bezeichnet, wenn es um die Jahre 1989 und 1990 geht. Allen politischen Witterungen zum Trotz hat er damals seine massige Körperfülle gegen die Flut der sich überschlagenden Ereignisse gestellt. Tag um Tag, Monat um Monat. Unerschütterlich glaubte Kohl an die Gunst der Stunde. Er gilt deshalb als Architekt einer zwar fehlerhaften, aber im Endeffekt gelungenen Wiedervereinigung der beiden deutschen Staaten.

Damals, im Biergarten des »Griechen«, dachte ich natürlich nicht an Helmut Kohl. Aber komischerweise dachte ich an Caspar

David Friedrich. Es existiert von ihm kein Bild mit dem Titel *Der Fels in der Brandung*. Man müsste *Das Eismeer* und *Mondaufgang am Meer* schon kombinieren, übereinander legen, um sich das Bild in meinem Kopf vorzustellen. Ich dachte an diese Bilder Friedrichs, und ich dachte an meine Mutter.

»So, meine Meinung habt ihr nun gehört. Wie euer Vater bereits geschrieben hat: Es bleibt eure Entscheidung.« Meine Mutter stand auf, sammelte die leeren Kaffeetassen ein und ging in die Küche, um den Herd sauberzuschrubben. Zurück blieben drei Gesichter, die sich jetzt wieder ansahen, als hätte gerade das Orakel von Delphi zu ihnen gesprochen. War das des Rätsels Lösung? Zusammenhalten? Den Familienkreis einfach erweitern?

Ich weiß, die Metapher vom *Fels in der Brandung* ist wahrscheinlich so alt wie Caspar David Friedrich. Und doch kann ich nicht umhin: Nicht Helmut Kohl, meine Mutter war 1990 der *Fels in der Brandung*. Ich kannte ja alle Geschichten meiner Internatskollegen, deren Eltern sich scheiden ließen. Übrigens, aus viel nichtigeren Gründen. Denn welche emotionale Verletzung einer Frau konnte tiefer und blutiger klaffen, als jene, dass ihr Mann mit einer anderen Frau ein Kind gezeugt hatte?

Und was machte meine Mutter? Schrie sie wild um sich? Stellte sie ihren Mann öffentlich an den Pranger? War sie am Boden zerstört und verlangte die sofortige Scheidung? Verlangte sie von ihren Söhnen, den Vater zur Rede zu stellen oder ihn zum Teufel zu jagen? Nein. Sie setzte sich mit ihren drei Söhnen zusammen, trank mitternachts einen Kaffee, dachte an das ungeborene Kind und sagte ihnen, dass nichts wichtiger sei als die Familie. Unerschütterlich, felsenfest. Zusammenhalten.

Man kann das altmodisch finden. Naiv und unkritisch. Aber es ist vor allem eins: selbstlos.

Wieder einmal hatte meine Mutter eigentlich nicht viel gesagt. Aber sie hat mich an jenem Abend im Biergarten gelehrt, dass es wichtigere Dinge im Leben gibt als das eigene Ego. Jorgo,

Ari und ich saßen in dieser Nacht noch lange im Biergarten. Es wurde fast hell, als wir uns entschlossen, dem Rat unserer Mutter zu folgen.

Ein paar Monate später, am 28. August 1990, rund einen Monat vor dem Tag der deutschen Einheit, kam Kitsa zur Welt. Unsere kleine Schwester. Noch bevor Helmut Kohl die politische Wiedervereinigung mit Unterschriften und Stempeln in Berlin besiegeln konnte, hatte eine griechische Familie – weit im Südosten der Republik – eine andere Art der Wiedervereinigung mit Deutschland geschlossen. Wir hatten eine deutsche Frau, die uns im Grunde genommen fremd war, in unsere Familie aufgenommen. Und während es in Deutschland hier und da einige Stimmen gab, die gegen die Wiedervereinigung der beiden deutschen Staaten aufbegehrten, existierten beim Anblick unserer kleinen Schwester bei uns keine Gegenstimmen.

Erst Jahre später, in der politischen Debatte ging es gerade um die Einführung des Euro, um das alte Versprechen Kohls an seinen Freund und Kollegen François Mitterrand, erfuhr ich, welche Bedingung meine Mutter ihrem Mann für unsere persönliche Wiedervereinigung gestellt hatte. Als ich von der Bedingung hörte, wurde mir schlagartig klar, dass sich kleine Familienpolitik manchmal kaum von großer Weltpolitik unterscheidet. Meine Mutter hatte meinem Vater die Bedingung gestellt, mit dem Kartenspielen aufzuhören. Der Familie wegen. Sie hatte ihm das Versprechen abgerungen, nie wieder um Geld zu spielen. Das war der Preis, den er zahlen musste. Und das Erstaunliche war: Mein Vater, der »Sheriff«, beendete ohne zu zögern und von einem Tag auf den anderen seine Spielerkarriere. Nach dreißig Jahren.

»Wir sind die Stefanidis-Familie« – die Jahre 1990 bis 1999

Es geschah irgendwann Mitte der zweiten Halbzeit des legendären WM-Spiels zwischen Holland und Deutschland 1990: Rudi Völler war mit Rot vom Platz geflogen, Jürgen Klinsmann hatte gerade das Führungstor geschossen, und in den anderen Wohnzimmerstadien war die Hölle los, als mein Vater plötzlich den Ton abstellte. »Ich kann diesen faschistischen Dreck nicht mehr hören!« Er meinte Heribert Faßbender, den ARD-Kommentator, der zuvor den argentinischen Schiedsrichter übel beleidigt hatte. »Ich weiß«, sagte mein Vater, »dass du zu Deutschland hältst, aber du wirst bald merken, dass du in diesem Land immer ein Ausländer bleiben wirst, ein Zaungast, über den man die Nase rümpft.« Auf dem Spielfeld kämpfte Deutschland fortan lautlos um den Ball, und in unserem Wohnzimmer saßen zwei stumme Zuschauer. Einer hielt weiterhin zu Deutschland.

Die doppelte Wiedervereinigung ließ weder im Osten Deutschlands noch in unserem Familienleben ausschließlich *blühende Landschaften* wachsen. Kohls vollmundige Versprechen lösten sich bald in Luft auf. Enttäuschung machte sich breit. Die ersten Jahre der politischen Einheit Deutschlands waren geprägt von der Debatte um das Asylgesetz. Das »Ausländerproblem« kam wieder auf die Tagesordnung. Viele ehemalige Volksbetriebe machten Pleite. Die Arbeitslosigkeit stieg, und wieder – als existierte dafür eine Art Automatismus – mussten die Ausländer als Sündenbock herhalten. Bezeichnenderweise war die Ausländerfeindlichkeit in jenen Gebieten Ostdeutschlands am höchsten, in denen der Anteil der ausländischen Bevölkerung am niedrigsten war.

Hoyerswerda, Rostock-Lichtenhagen, Mölln, Solingen – eine Welle rassistischer Gewalttaten schwappte durchs vereinte Land, getragen von altbekannten, fast vergessenen Sprechblasen an den Stammtischen der Republik: »Ausländer raus!« Die Unworte der Jahre 1991 und 1993 hießen »ausländerfrei« und »Überfremdung«. Ein Foto ging um die Welt, das neue Deutschlandbild: Es zeigte einen Mann vor einem brennenden Asylantenheim. Er trug ein Deutschland-Trikot, reckte die Hand zum Hitlergruß, und auf seiner grauen Jogginghose war mittig ein handballgroßer Pissfleck zu sehen. Bierdose in der linken Hand inklusive.

Nach knapp dreißig Jahren in Deutschland waren meine Eltern wieder dort angekommen, wo sie 1963 begonnen hatten. Sie waren wieder *das Problem*, die Ausländer, die sie eigentlich nie sein wollten. War es an der Zeit, wieder zurückzugehen? War die doppelte Wiedervereinigung vielleicht doch ein Fehler?

1990 lebten 5,5 Millionen Ausländer in Deutschland. Helmut Kohl, der in den Achtzigern mit dem Vorsatz angetreten war, die Zahl der Ausländer bis 1990 von 4,6 Millionen auf zwei Millionen zu reduzieren, musste feststellen, dass sich sein Plan ins Gegenteil verwandelt hatte. Aber statt endlich einzusehen, dass Deutschland de facto ein Einwanderungsland geworden war, beharrte die CDU/CSU auf ihrer Position und zog eine klare Trennlinie: Ausländer sind Ausländer. Und Deutsche sind Deutsche. Die Regierungsparteien verwiesen immer wieder gern auf das Staatsbürgerschaftsrecht, einem Relikt aus dem Jahr 1913, in dem vom »deutschen Volkstum« die Rede war, von »Blut und Erde«. Statt der Realität ins Auge zu sehen, verschanzten sich führende Politiker ein weiteres Mal hinter dümmlichen Parolen, die aus einer Zeit stammten, als Kaiser Wilhelm II. noch mit Kutschen übers Land fuhr.

Die neunziger Jahre waren für griechische Restaurants geschäftlich keine gute Zeit. Die Romanfigur Alexis Zorbas hatte schon mehr als zwei Jahrzehnte Staub angesetzt. Zorbas wurde zum Auslaufmodell. Der Reiz, griechisch essen zu gehen, war anderen Reizen gegenüber chancenlos geworden. Wie giftige Pilze schossen überall McDonald's-Filialen, Döner-Buden und China-Imbisse aus dem Boden und füllten fortan das Bild fast jeder deutschen Stadt mit BigMacs, Drehspießen und Wok-Schüsseln. Der Gyros-Teller mit Zaziki und Pommes, der frühere Klassiker, verlor den Wettstreit gegen den amerikanischen Hamburger und den türkischen Döner. Fastfood war in. Hamburger und Döner waren schneller zubereitet und viel, viel billiger als das handgemachte Gyros meiner Mutter. Als meine Eltern Anfang der Siebziger ihr »El Greco« eröffneten, lebten knapp 700 000 Türken in Deutschland. 1990 waren es fast dreimal so viele. Der Anteil der Griechen blieb konstant, bei etwa 340 000. Und während viele Deutsche zwar immer noch gern Urlaub in Griechenland machten, war es viel angesagter, seine Ferien zum Beispiel in Thailand zu verbringen. Wer in Griechenland urlaubte, erhielt als Antwort ein »Ah, nett«, wer nach Südostasien flog, galt als cool. In etwa dasselbe galt fürs Essen. Die Gäste blieben aus. In der Folge mussten viele »Griechen um die Ecke« schließen, weil sie schlicht nicht mehr wettbewerbsfähig waren.

Auch unser Restaurant lief nicht mehr wie zuvor. Zwar hatte meine Mutter das Auseinanderbrechen der Familie verhindert, aber das bedeutete nicht, dass jetzt alles besser wurde. Natürlich war Edda froh über unsere Entscheidung, sie mietete sich in der Nähe des »Griechen« eine Wohnung, aber auch sie musste erst ihren Platz in unserer Familie finden. Und natürlich gab es nicht nur einmal Streit. In einem Familienbetrieb wie dem unseren schlug sich das sofort in der täglichen Arbeit nieder. Nach mehr als zwanzig Jahren in der Gastronomie war aus der fröhlichen Familie, die einst jeden Gast einzeln begrüßte, ein gewöhnlicher Betrieb geworden, der sein Flair eingebüßt hatte. Mit der Zeit verloren wir immer mehr Stammgäste. Ein schleichender, kein plötzlicher Prozess, der auch von der unerwarteten Wiedervereinigung Deutschlands nicht aufgehalten wurde. Karlsruhe ist eben nicht Berlin. In Karlsruhe änderte die Einheit Deutschlands so gut wie nichts. Es war, als ob im Fernsehen über ein anderes Land berichtet wurde. Ich kann mich jedenfalls nicht an eine einzige offizielle Feier erinnern, und auch unsere Gäste nahmen die geschichtliche Wendung größtenteils fast teilnahmslos hin. Manchmal hatte ich den Eindruck, dass ich mich mehr darüber freute als jeder andere im »Griechen«.

Auch am Stammtisch des »Griechen« wurden eher Witze über Ostdeutsche gerissen, als dass Freudentränen flossen. Das heißt, bis auf einen Stammgast: Hannelore Kraut – »Weißweinschorle und ein Topinambur, bitte!« – hatte eine Schwester in Halle namens Gertrud. Gertrud war der erste Mensch, den ich komisch Deutsch sprechen hörte. Das lag einerseits an ihrem Dialekt, den ich bisher nie live, höchstens mal im Fernsehen zu hören bekam und andererseits an dem, *was* sie sagte: Gertrud war – wie sie freimütig einräumte – »stolz«, Deutsche zu sein. Das hatte ich bisher noch nie von einem Deutschen gehört – außer von ein paar rechtsradikalen Glatzköpfen. Und Gertrud hatte reichlich Haar auf dem Kopf, sie toupierte es gern nach oben wie die Frauen aus den Sechzigern. Gertrud kam Hanne Anfang der neunziger Jahre mehrmals und für mehrere Wochen besuchen und wurde ebenfalls Mitglied unseres Stammtisches, der nun aus Gertrud, Hanne, Fritz und Hilde bestand. Fritz arbeitete auf dem Wertstoffhof. Hilde war Hausfrau. Die beiden hatten sich eines Abends im »Griechen« kennengelernt und nur sechs Monate später geheiratet. Sie waren beide schon Mitte fünfzig und hatten aus vorherigen Ehen, die gescheitert waren, jeweils ein Kind. Fritz trank Pils, Hilde versuchte mitzuhalten. Bevor Gertrud Mitglied des Stammtisches wurde, erzählte Fritz den ganzen Abend Sex-Witze und Hilde lachte darüber. Hanne war die meiste Zeit über ruhig, nippte an ihrer Weißweinschorle und grinste. Nachdem Gertrud hinzugekommen war, hatte sich das Gesprächsthema der vier geändert. Gertrud fand es »unerträglich«, dass so viele Ausländer in Deutschland lebten. Fritz nickte. Hilde nickte, weil Fritz nickte. Hanne sagte: »Aber die Griechen sind in Ordnung.« Es war ein merkwürdiger Wandel, der da stattfand. Die vier saßen in einem griechischen Restaurant und lästerten über Ausländer, wobei sie speziell die Griechen immer ausklammerten. Mein Vater sah sich das eine Zeitlang an, aber wie sollte er reagieren? Sie rausschmeißen, weil sie keine Türken mochten? Das ging nicht. Dann hätten ihm täglich 50 bis 80 Mark in der Kasse gefehlt. Sie maßregeln? Dafür war er nicht der Typ. Zu impulsiv. Er reagierte auf seine Weise: Da Fritz, Hilde, Gertrud und Hanne nur abends ins Lokal kamen, zog er sich ab fünf Uhr immer mehr aus dem »Griechen« zurück, arbeitete in der Küche oder blieb abends ganz weg, machte das Mittagsgeschäft zu seinem Hauptjob. Und wenn er dann doch mal gleichzeitig mit dem Stammtisch anwesend war, nannte er sie alle: »Arschlöcher« – bis auf Hanne. »Du, Hanne«, sagte er, »du bist in Ordnung.«

Der Stammtisch wurde so zu einer Art Parallelwelt im »Griechen«, eine Art geistiges Ghetto der biederen Ausländerfeindlichkeit. Und dieses Ghetto wurde Anfang der neunziger Jahre wieder salonfähig, es rumorte im »Griechen«, wie es anscheinend im ganzen Land rumorte. Als ich 1991, mit sechzehn Jahren, als gebürtiger Karlsruher, von der Stadt aufgefordert wurde, meine Aufenthaltsgenehmigung zu beantragen, sagte eine freundlich schauende Sachbearbeiterin zu mir: »Du solltest dir deinen schwarzen Wuschelkopf scheren lassen, dann siehst du nicht auf Anhieb aus wie ein Türke.« Ich glaube, sie meinte das gar nicht so böse, wie es am Ende klang. Aber mir wurde langsam klar, was mein Vater meinte.

Als Heranwachsender stellte ich mir damals oft die Frage, wo ich eigentlich hingehöre. Ich war in Deutschland geboren, aufgewachsen, viele meiner Freunde waren Deutsche, ich sprach außer Haus hauptsächlich Deutsch, und Griechenland war nicht viel mehr als der Ort meiner Sommerurlaube. Mein Lieblingsessen war ein Schweineschnitzel und nicht Gyros oder Bifteki. Ich war ein Fan der deutschen Fußballnationalmannschaft, von »Icke« Häßler und Pierre Littbarski, und ich fand das Ölgemälde der Akropolis im »Griechen« zwar nett, aber mich verband – außer der Beziehung zu meiner Oma Theodora und einigen Onkel und Tanten – nicht viel mit der Heimat meiner Eltern. Auf dem Papier war ich allerdings Grieche. Und ich sah auch so aus wie einer. Das hatte mir die Sachbearbeiterin deutlich zu verstehen gegeben. Auf der Suche nach meiner eigenen Identität pendelte ich damals zwischen dem Land, das ich kannte – Deutschland –, und dem Land, dem sich meine Familie zugehörig fühlte – Griechenland.

Jorgo und Ari sahen sich damals ausschließlich als Griechen. Sie waren zum Teil ja auch in Griechenland aufgewachsen, ihre Bindung zu unserer Nachbarschaft und den Verwandten in Thessaloniki war viel stärker als meine. Ich brachte damals die Namen unserer Onkel und Tanten immer wieder durcheinander und außerdem konnte ich das »R« immer noch nicht so rollen wie die beiden. Ari machte sich über mich immer lustig, weil ich seinen Namen nicht korrekt aussprechen konnte. Bei mir klang sein Name nach »Ali« statt nach »Arrrri«. Jorgo dagegen tröstete mich: »Das ist nicht so schlimm«, sagte er zu mir und nahm mich in den Arm.

Kitsa erhielt gleich einen deutschen Pass. Edda wollte ihr das Hickhack um ihre Identität ersparen. Aber, wie sich Jahre später herausstellen sollte, war auch das nicht im Voraus zu planen.

Ich habe mit meinem Vater nur einmal länger über Kitsa gesprochen. Das war damals, im Café auf dem Aristotelous-Platz, 2004, als Oma Theodora gestorben war und er offen wie nie über sein Leben sprach. Wir hatten gerade zwei Whisky bestellt, er hatte die Geschichte über die Zigeunerin beendet, und ich griff nach den Erdnüssen, die in der Schale vor mir lagen.

»Und das alles hat sie dir an jenem Tag im Sommer 1961 einfach aus der Hand gelesen?«, fragte ich meinen Vater.

»Ja. Ist es nicht unglaublich erschreckend, wie viel diese alte Zigeunerin wusste?«

»Sie hat Kitsas Geburt vorausgesagt«, antwortete ich trocken.

Mein Vater schaute wieder hinaus aufs Meer. Ein Schiff näherte sich dem Hafen. »Ich wusste damals nicht, wovon sie sprach, als sie sagte, dass etwas mit dem Kind nicht stimmen würde und dass es sich selbst viele Fragen stellen würde. Obwohl sie so viel über mein Leben wusste, habe ich das nicht ernst genommen.« Er machte eine Pause. »Glaubst du, Kitsa stellt sich tatsächlich viele Fragen?«

»Sie ist vierzehn Jahre alt. Es wäre überraschend, wenn sie es nicht täte«, antwortete ich ein bisschen altklug.

»Nein, du Dummkopf! Das meine ich nicht.« Mein Vater zog an seiner Zigarette und pustete den Rauch zur Seite. »Wie würdest du euer Verhältnis beschreiben?«

Ich hörte die Frage und war nun selbst etwas überrascht. Die Überraschung lag darin, dass ich mir diese Frage bis zu diesem Tag nie selbst gestellt hatte.

»Unser Verhältnis?«, fragte ich zurück, um mir ein bisschen Gedankenspielzeit zu verschaffen. »Kitsa ist meine Schwester«, sagte ich.

Mein Vater lächelte. Ich glaube, ich hatte ihm die richtige Antwort geliefert. Unbewusst zwar, aber in seinem Gesicht spiegelte sich eine Freude wider, die sich wie die Schatten der strahlenden Sonne zwischen seine vielen Falten setzte. »Dann hat die Zigeunerin also auch in diesem Punkt recht gehabt«, sagte er leise. Er hob sein Glas und ich stieß meins dagegen. Ich spürte das Eis im Whisky an meinen Lippen.

»Weißt du«, sagte mein Vater, »ich war nicht der Erste, und ich bin bestimmt nicht der Letzte, der seine Frau betrogen hat. Bin ich stolz darauf? Nein. Bin ich stolz auf meine Tochter? Ja! Gibt es etwas Schöneres, als dass meine Familie diese Situation akzeptiert und lieben gelernt hat? Nein!« Er nahm wieder einen Schluck aus seinem Glas und griff nach einer der dicken schwarzen Oliven, die die Kellnerin zusammen mit der Schale Erdnüsse gebracht hatte.

Ich schaute ihn an. »Warst du dir damals eigentlich sicher, dass wir so auf deinen Brief reagieren würden?«, fragte ich.

Vom Meer zog wieder dieser Fischgeruch auf. Ein alter, verrosteter Kahn legte am Hafen an, Rauch pfiff dunkelgrau aus einem der Rohre neben der Kajüte, der Kapitän winkte einen Hafenarbeiter herbei, der das Boot mit dicken Seilen am Kai festzurrte. Das Boot trug den Namen »Kyriaki«. Kyriaki ist ein weit verbreiteter Name in Griechenland. Kitsa ist die Abkürzung dieses Namens.

»Als ihr entschieden habt, dass Kitsa bei uns aufwachsen darf, habt ihr mir das größte Geschenk gemacht«, sagte mein Vater. »Aber letztlich habt ihr euch selbst ein Geschenk gemacht.«

»Hast du dich je dafür geschämt?«

»Geschämt? Nein. Ich habe sicher viele Fehler gemacht, man kann mir vieles anhängen und das meiste davon ist auch wahr. Aber ich habe deine Mutter immer geliebt. Immer.«

»Warst du überrascht, dass Mama so reagiert hat?«

»Nein, auch das nicht. Deine Mutter und ich – auch wenn das jetzt hochgestochen klingt –, wir waren immer füreinander bestimmt.«

»Und dich hat es nicht gestört, was die Leute sagen?«

»Welche Leute?«, fragte mein Vater irritiert.

»Na, die Leute: Unsere Gäste, unsere Freunde und Verwandten und so weiter.«

Mein Vater lachte.

»Warum lachst du?«, fragte ich.

»Ich erinnere mich nur an einen, Evangelos, der war damals Präsident der griechischen Gemeinde in Karlsruhe und konnte mich nicht leiden, wollte mir eins auswischen. Er quatschte mich eines Mittags im Kreis mehrerer anderen Griechen darauf an, ob die Gerüchte wahr wären, dass ich ein Kind mit einer Deutschen gezeugt hätte. Was wohl in mich gefahren wäre, fragte er.«

»Und? Was hast du ihm gesagt?«

»Ich drehte mich um, ging auf ihn zu und fragte laut und deutlich: ›Was ist? Habe ich das Kind etwa mit deiner Frau gezeugt? Macht dich irgendetwas traurig an der Tatsache, dass es nicht deine Frau war?‹«

»Ach du Scheiße«, entfuhr es mir. »Wie hat der Typ darauf reagiert?«

»Er sagte nichts, war total überrascht. Die anderen starrten mich an. Und da habe ich reinen Tisch gemacht: ›Ja, die Kleine ist meine Tochter. Ende der Diskussion. Sonst noch jemand, dem das missfällt?‹, rief ich in den Raum und das Thema war ein für alle mal erledigt.«

»Du hast noch nie viel Wert darauf gelegt, was andere sagen, nicht wahr?«

Mein Vater schmunzelte. »Alex«, sagte er, »was die Leute sagen, ist gleichgültig. Mir war es schon immer gleichgültig. Und dir sollte es auch egal sein. Es wurde viel über uns erzählt, glaub mir. Aber alles in allem waren die meisten Leute nur neidisch oder eifersüchtig, weil wir als Familie nicht wie andere auseinandergebrochen sind. Wir haben immer zusammengehalten.« Mein Vater warf mir eine Erdnuss zu und zwinkerte mit dem linken Auge. »Wir sind die Stefanidis-Familie«, sagte er lachend und setzte wieder seine Sonnenbrille auf, die er zuvor auf den Tisch gelegt hatte.

Im Sommer 1992 band ein großgewachsener Mann mit kahlrasiertem Schädel vor unserem Lokal ein Wahlplakat an eine der Straßenlaternen. »Rückführung statt Integration« stand darauf, oben rechts prangte das Logo der Republikaner, darunter die Flagge in Schwarz-Rot-Gold. Der Biergarten des »Griechen«, Mittagszeit, war gut gefüllt, aber keiner der Professoren, Richter oder Bundesstaatsanwälte schien sich an dem Plakat zu stören. Die Republikaner hatten uns einen kleinen Gruß geschickt. Als der

Plakatkleber weg war, ging mein Vater mit einer Schere bewaffnet zur Laterne, schnitt die Befestigung durch und warf das Plakat in den Müll. Dann drehte er sich um und sah zu seinen Gästen. Ein paar der Gäste, allen voran Harald Specht, fingen an zu applaudierten. »Bravo, Christo!«, rief Specht. Andere widmeten sich wieder ihrem Mittagessen. Mitte der neunziger Jahre errangen die Republikaner bis zu zehn Prozent bei den Landtagswahlen in Baden-Württemberg.

Hoyerswerda, Rostock-Lichtenhagen, Mölln, Solingen. Die Signale, die Deutschland in die Welt schickte, erinnerten an längst vergangen geglaubte Zeiten. Aber Aufgeben war nicht im Sinne meines Vaters. Im Gegenteil: Mit 53 Jahren nahm er noch einmal einen Kredit über 350 000 Mark bei der Volksbank auf, baute den »Griechen« völlig um und machte daraus wieder die erste Adresse für griechisches Essen in der Stadt. Der Stammtisch wurde aufgelöst, die deutsche Boheme zog wieder ein. Das war 1992, das Jahr, in dem siebzehn Menschen fremdenfeindlichen Anschlägen zum Opfer fielen. Es war aber auch das Jahr, in dem Hunderttausende Menschen in Deutschland auf die Straße gingen und mit Lichterketten gegen Ausländerfeindlichkeit demonstrierten. Viele hatten Artikel 1 des Grundgesetzes auf Transparente gemalt und hielten sie in die Höhe, die Kameras der Fernsehsender zoomten auf die Plakate. Da stand: »Die Würde des Menschen ist unantastbar.« Gänsehaut.

Der Umbau des »Griechen« hatte aus dem einst eher dunklen Restaurant einen hellen Ort gemacht. Der Holzkohlegrill wanderte vom Innenraum des Lokals in die Küche, die Theke von rechts nach links, ein Podest erhob die Hälfte der Tische um eine Stufe. Die Ölgemälde Tonis wurden abgehängt und kamen wie der grüne Flokati in den Keller. Der Teppich von C&A kam auf den Müll, neue, handgewobene Teppiche aus Griechenland wurden ausgelegt, neue Tische, neue Stühle aufgestellt, die Säulen im Innenraum erhielten eine Marmorverkleidung, an den Wänden wurden helle, innen verspiegelte Holzregale montiert und in diesen Regalen standen ausgewählte Weine, kleine Skizzen griechischer Inselhäfen und alte Schwarz-Weiß-Fotos Thessalonikis.

Die Glasfront des »Griechen« blieb, nur mit dem Unterschied, dass man sie jetzt im Sommer öffnen konnte. Schiebetüren. Der neue »Grieche« bekam ein freundlicheres Gesicht. Obwohl, das stimmt so nicht ganz. Das Gesicht des »Griechen« blieb unverändert: Es war immer noch jenes kleine »Griechen«-Männchen, das einst Toni entworfen hatte. Nur dass es jetzt nicht mehr überall zu sehen war. Nicht an der Glasfront, nicht auf dem Holzkohlegrill und auch nicht an den Leuchten (die neuen Lampen waren in die Decke eingelassen). Das »Griechen«-Männchen blieb aber weiter auf den Servietten, es blieb auf der Visitenkarte, und es lächelte auf jeder Seite unserer Speisekarte, die mittlerweile mehr als 120 Speisen zählte, allein vierzig Vorspeisen. Alles hausgemacht. Alles zu vernünftigen Preisen. Alles wie früher.

Und »Der Grieche« brummte wie zu besten »El Greco«-Zeiten. Wir waren zwei Wochen im Voraus ausgebucht. Mittags und abends. Wenn der Plan meines Vaters aufgehen würde, wären wir in vier bis fünf Jahren wieder schuldenfrei.

Die neunziger Jahre gelten als Jahrzehnt der Spaßgesellschaft. Und wenn ich mich recht entsinne, waren die Neunziger auch für meine Eltern, Edda, Kitsa, Ari und mich die sorgenfreiesten. Nach dem Umbau des »Griechen« waren meine Eltern so glücklich wie seit Jahren nicht mehr, sie umarmten sich grundlos während der Arbeit, klar, sie stritten, aber sie küssten sich danach wieder. Edda fand sich immer besser in unserer Familie zurecht. Sie übernahm die Buchhaltung des »Griechen«, kündigte sogar ihre alte Arbeitsstelle in einer Firma, die Operationsbesteck herstellte, und begann im Restaurant zu arbeiten. Sie lernte Griechisch, Kitsa natürlich auch. Ari heiratete 1993 seine Jugendliebe Sofia, im gleichen Jahr kam mein Neffe Christoforos zur Welt. Ich machte 1995 Abitur, hielt meine langweilige Abi-Rede und begann in Heidelberg Germanistik, Politik und Soziologie zu studieren.

Für Jorgo aber wurden die Neunziger ein besonderes Jahrzehnt. Unter der Woche schuftete er im »Griechen«, fast sechzehn, siebzehn Stunden am Tag, er hatte die Rolle meines Vaters übernommen, der nur noch selten abends ins Restaurant kam. Er begrüßte die Gäste per Handschlag, setzte sich zu ihnen an die Tische, fragte sie, was sie bewegt. Er umarmte sie zum Abschied und wünschte ihnen »Kali Nichta!«, Gute Nacht. Nur an den Wochenenden raste Jorgo über die A5 in Richtung Mannheim, Frankfurt oder Köln. Er nahm alle möglichen Arten von Aufputschmitteln, um zweieinhalb Tage in Clubs und Diskos durchfeiern zu können, und kam Sonntag nachts oder auch Montag morgens ausgelaugt vom Feiern zurück. Er lebte zwei Leben, eins im »Griechen« und ein anderes am Wochenende. In Jorgo schlummerte seit Jahren ein Gefühl, das er weder mit mir noch mit Ari, geschweige denn mit meinen Eltern besprechen wollte. Er hatte jahrelang gegen dieses Gefühl angekämpft. Er hatte sich jahrelang vor diesem Gefühl gefürchtet. Manchmal hat er sich dafür auch geschämt. Aber er hat es nie offen angesprochen. Er hielt es geheim, verlagerte es ins Wochenende, jene Zeit, in der er tun und lassen konnte, was er wollte. Zu groß war seine Sorge, wie mein Vater darauf reagieren könnte. Zu groß schien die Hemmung, es sich selbst offen einzugestehen. Dabei war es Ari und auch mir schon seit Jahren klar: Jorgo liebte Männer.

Heute hört sich das fast merkwürdig an, wenn ich schreibe, dass es für Jorgo eine schwierige Zeit war. Aber Jorgo war der Erstgeborene. Der Älteste. Er hatte von meinem Vater immer wieder gesagt bekommen, dass er unser Vorbild sein sollte, dass Ari und auch ich mich nach ihm richten würden. Und Jorgo wollte meinen Vater unter keinen Umständen enttäuschen. Seine ganze Jugend war darauf ausgerichtet, meine Eltern stolz zu machen. Als er 1980 mit fünfzehn Jahren aus Griechenland kam, lernte er innerhalb weniger Monate Deutsch, er besuchte die griechische Schule, machte sein griechisches Abitur und arbeitete schon damals fast täglich im Restaurant. Er arbeitete und arbeitete und vergaß dabei, dass er eigentlich noch zu jung war, um Verantwortung zu übernehmen. Er war noch zu jung, um sich über seine Gefühle und Neigungen im Klaren zu sein. Vielleicht hat ihn mein Vater damals einfach überfordert.

In vielen Gesprächen, die Jorgo und ich seit Mitte der Neunziger geführt haben, erzählte er mir, wie er sich gegen das Gefühl, von Männern fasziniert zu sein, sträubte. Er wollte es sprichwörtlich nicht wahrhaben. Er ging mit Kumpels, die nichts von seinem Innenleben wussten, in Striptease-Bars. Nur um den Schein zu wahren. Er ging in Bordelle. Und fast immer war er danach gezwungen, eine Lüge zu erzählen: Wie »geil die eine Tänzerin« war, oder wie »scharf« die andere. Potenzgeprotze. Angeberei. Gelächter unter jungen Männern. Witze über Schwule, die »bei diesen Titten – kannst du dir das vorstellen?! – keinen hochkriegen«, gehörten natürlich auch dazu. Alle diese Erfahrungen führten dazu, dass Jorgo dachte, er wäre nicht »normal«.

Im Februar 1996 hatte Jorgo meinen Vater überredet, für ein halbes Jahr nach London fahren zu dürfen. Offiziell, um besser Englisch zu lernen. Er hatte sich in eine Sprachschule eingeschrieben, aber eigentlich war das Ganze nichts anderes als eine Flucht. Jorgo flüchtete vor seinem ersten Leben, dem Leben als Hetero im »Griechen«. Am Abend zuvor hatte er Ari und mir im »Griechen« erzählt, dass er sich jetzt sicher sei, schwul zu sein. Ari und ich schauten uns an und mussten lachen. »Ja, und?«, fragte Ari.

»Wie? Und?«, fragte Jorgo zurück. »Seid ihr nicht …?«

»Was? Schockiert?«, fragte Ari lächelnd.

»Ja, so was in der Art.«

»Nö«, antwortete ich.

»Nein«, antworte Ari. »Das wussten wir doch schon längst.«

Ari und ich sahen uns gegenseitig an, nickten mit dem Kopf,

sprangen aus unseren Sitzen und fielen über Jorgo her, der zwischen uns auf einem Hocker saß. Der eine sprang ihm auf den Rücken, der andere auf die Brust, wir drückten und küssten ihn, fielen alle drei vom Hocker und hörten erst auf ihn zu kitzeln, als er vor Lachen nicht mehr atmen konnte. Nach einer knappen Minute lagen wir völlig platt zu dritt auf dem Boden und schauten zur Decke. Ich schaute auf mein Hemd, die beiden oberen Knöpfe waren ab.

»Scheiße, ihr Idioten habt mein neues Hemd zerrissen. Mama wird durchdrehen.«

Jorgo und Ari blickten zu mir herüber. Ari grinste. »Und Jorgo? Hat dich das jetzt angemacht, gleich von zwei Typen verprügelt zu werden?« Dann fing er an, laut zu lachen. Jorgo fing an zu lachen. Und auch ich lachte. Wir lagen auf dem Boden neben dem Stammtisch und lachten. »Ich liebe euch«, sagte Jorgo mitten ins Gelächter. Und Ari sagte: »Jetzt werd nicht gleich sentimental!« Und wieder begannen wir zu lachen.

Am nächsten Morgen fuhr ich Jorgo zum Flughafen nach Frankfurt. Er saß auf dem Beifahrersitz. Wir erinnerten uns an den gestrigen Abend und grinsten vor uns hin. Kurz vor Heidelberg fragte mich Jorgo: »Glaubst du, ich sollte es Vater sagen?«

Ich blickte zu ihm hinüber. »Natürlich!«, sagte ich. »Was denn sonst? Willst du es dein ganzes Leben als Geheimnis mit dir herumtragen?«

»Aber er wird denken, dass das nicht normal ist. Du kennst ihn doch.«

»Hey, wir leben in den Neunzigern«, sagte ich. »Was ist in den Neunzigern schon *normal*?«

Jorgo schien über meine Frage nachzudenken.

»Frag jeden Physiker oder Philosophen, den du findest: Jeder wird dir sagen, dass so etwas wie die Kategorie *normal* nicht existiert. Jeder Mensch ist anders. Und ein *normaler* Mensch existiert schon mal gar nicht«, sagte ich.

Jorgo schaute mich an, als würde ich von grünen Männchen sprechen.

»Was willst du damit sagen?«, fragte er höflich.

Ich verstrickte mich tiefer in meine banale Theorie. »Schau mal«, sagte ich, »in Europa können wir uns nicht einmal auf die Größe von Gurken oder Bananen einigen. Einige halten lange Gurken für *normal*, andere eher kurze. Es gibt kleine, große, leicht und stark gekrümmte Bananen, aber keine *normalen* Bananen. Verstehst du, worauf ich hinaus will?«, fragte ich – mittlerweile ein bisschen unsicher geworden, ob meine Beispiele auch wirklich den Kern der Sache trafen.

Jorgo grinste. »Schon gut, hab verstanden«, sagte er. »David Bowie ist nicht Boy George.«

»Jetzt hast du's kapiert«, sagte ich belustigt. »Freddie Mercury ist nicht George Michael.«

Jorgo lachte.

»Alfred Biolek ist nicht Rosa von Praunheim«, fiel ihm ein.

»Yves Saint Laurent ist nicht Karl Lagerfeld«, antwortete ich.

»Hape Kerkeling ist nicht Dirk Bach«, sagte Jorgo. »Aber Rock Hudson könnte ein bisschen Liz Taylor gewesen sein, oder?«, fragte er.

»Hm«, überlegte ich. »Vielleicht. Vielleicht ist Helmut Berger auch ein bisschen Senta Berger.«

Wir schauten uns gegenseitig an und mussten schon wieder lachen.

»Ich werde dich das nächste halbe Jahr vermissen«, sagte Jorgo.

»Ich dich auch, großer Bruder«, sagte ich.

Frankfurter Flughafen. Endstation.

Knapp eine Woche nachdem Jorgo abgeflogen war, erhielten meine Eltern einen langen Brief aus London, in dem mein großer Bruder ihnen mitteilte, dass er Männer liebte.

Jorgos Auszeit in London bedeutete für Edda, Ari und mich Überstunden. Na ja, mich in dieser Reihe aufzuzählen, ist vielleicht ein bisschen hochgegriffen. Aber: Ich arbeitete zumindest jedes Wochenende im »Griechen«. An einem Samstagabend, gegen Mitternacht, Ari und ich wollten gerade das Lokal schließen, tauchte plötzlich eine Gruppe von Leuten auf. Sie kamen von einer Lesung und fragten, ob sie eventuell noch etwas zu essen bekommen könnten. In der Mitte der Gruppe stand Gregor Gysi.

»Unsere Küche hat leider schon seit einer Stunde geschlossen«, sagte Ari. »Aber ich kann ihnen ein paar kalte Vorspeisen servieren, wenn sie möchten.«

Einer aus der Gruppe machte einen Schritt auf Ari zu. Er flüsterte: »Wissen Sie denn nicht, wer das ist?«

Ari sah mich an und grinste. Natürlich kannte er Gysis Gesicht aus dem Fernsehen. »Nein«, flüsterte er zurück. »Weiß er denn, wer ich bin?«

Der Mann wich kopfschüttelnd wieder zurück und Gysi selbst ergriff das Wort. Vielleicht war ihm die Warterei zu viel geworden. »Na, ist doch prima, dann essen wir eben kalte Vorspeisen, oder?«, fragte er in die Runde und ging auf einen der Tische zu. Ari grinste. »Sehr gern.«

Da meine Mutter schon zu Bett gegangen war, richtete ich in der Küche die Vorspeisenteller zu. Drei Vorspeisenteller für je zwei Personen. Ari machte die Getränke. Gysi bestellte einen trockenen Athos, rot. Der kalte Vorspeisenteller im »Griechen« war ein Klassiker: Zwei Esslöffel Zaziki, zwei Esslöffel Tarama (Fischeiercreme), zwei Esslöffel Melizanosalata (Auberginencreme), zwei Esslöffel Chtipiti (Schafskäsecreme), zwei mit Reis gefüllte Weintraubenblätter, acht Oliven, vier Peperoni (mittelscharf), zwei fingerdicke und fingerlange Stück Fetakäse, ein hart gekochtes Ei geviertelt und ein Glas Ouzo mit Eis. Zubereitungszeit: Fünf Minuten. Wenn meine Mutter es zubereitete. Bei mir dauerte es an diesem Abend etwas länger. Aber Gysi schien das nicht zu stören.

Geduldig wartete er auf mich und den Vorspeisenteller. Da er sich an den Tisch gleich neben der Theke gesetzt hatte, konnte er Ari beim Getränkeeinschenken zusehen.

»Seit wann haben Sie dieses Restaurant?«, fragte er interessiert.

»Es gehört meinen Eltern«, antwortete Ari brav. »Sie haben schon in den frühen Siebzigern ihr erstes griechisches Lokal eröffnet. Das hier haben wir seit vierzehn Jahren, seit 1982.«

Gysi nickte anerkennend. »Ich liebe griechisches Essen«, sagte er.

Ari brachte die Getränke. Zwei Pils, eine Coca-Cola, zwei Mineralwasser und einen roten Athos. »Jamas!«, sagte Ari.

»Jamas!«, rief auch Gysi.

»Wissen Sie, warum Herr Gysi heute in Karlsruhe ist?«, fragte der Flüsterer von vorhin meinen Bruder.

»Nein, keine Ahnung«, antwortete Ari wahrheitsgemäß.

»Kennen Sie die PDS?«, schaltete sich Gysi ins beginnende Gespräch.

»Ja, das ist die Nachfolgepartei der früheren SED«, sagte Ari. »Zu uns kommen viele Bundesanwälte zum Essen«, fügte er hinzu.

»Bundesanwälte?«, fragte Gysi irritiert.

»Ja, die arbeiten hier ja alle um die Ecke.«

»Ah, verstehe«, sagte Gysi.

»Genau«, sagte Ari und konnte sich ein Grinsen nicht verkneifen.

»Und warum reden die mit Ihnen über die PDS?«, wollte Gysi wissen.

»Nein, nein, das haben Sie falsch verstanden«, sagte Ari, als ich gerade die Vorspeisenteller hereintrug. »Die reden nicht über die PDS. Die reden über Sie.«

Ich stellte die Vorspeisenteller in die Mitte des Tisches und legte jedem der sechs Gäste einen leeren Teller sowie einen Löffel zum Schöpfen vor die Nase.

»Äh, danke«, sagte Gysi zu mir, wandte sich aber gleich wieder meinem Bruder zu. »Wie meinen Sie das, die reden über mich?«

»Was man halt so redet.«

»Aha«, sagte Gysi. Er lachte. »Die Bundesanwaltschaft redet also über mich«, sagte er lächelnd in die Runde. Der Flüsterer lachte am lautesten über Gysis ironischen Unterton.

»Wissen Sie«, sagte Gysi zu Ari, »heute wird viel und meistens schlecht über die DDR geschrieben und gesprochen. Aber nicht alles in der DDR war wirklich schlecht.«

Ari verdrehte die Augen. »Das glaube ich Ihnen. Guten Appetit«, sagte er und wollte sich schon wegdrehen.

»Zum Beispiel war die Kindererziehung und -betreuung in der DDR so geregelt, dass sowohl Väter als auch Mütter arbeiten gehen konnten.« Die Gruppe nickte einmütig.

Auch Ari nickte. Er hatte aber keine Lust, sich jetzt in eine politische Diskussion verwickeln zu lassen. »Ich hoffe, Ihnen schmeckt unser Vorspeisenteller«, sagte er.

»Ja, ja, ganz ausgezeichnet«, sagte Gysi und sein Flüsterer wiederholte: »Ja, prima! Ansonsten hätten wir Herrn Gysi ja auch nicht zu Ihnen gebracht.«

»Kennen Sie eigentlich das ›Griechenhaus‹ in Leipzig?«, fragte Gysi.

Ari schüttelte den Kopf.

»Aha, sehen Sie. Die Griechen haben eine lange Tradition in Deutschland, ihre Geschichte beginnt nicht erst mit dem Anwerbeabkommen mit Westdeutschland 1960. Die geht weit zurück bis ins 17. Jahrhundert.«

Interessiert reckten die anderen der Gruppe die Köpfe. »Ach?«, sagte der Flüsterer.

»Jaja«, sagte Gysi. »Die Griechen waren schon immer ein wanderlustiges Völkchen, deshalb sind sie ja auch über die ganze Welt verstreut. Aber nach Deutschland, damals hieß das noch Heiliges Römisches Reich, kamen sie schon Ende des 17. Jahrhunderts. Es waren hauptsächlich griechische Kaufleute, die Handel betrieben und das ›Griechenhaus‹ in Leipzig gründeten. Um 1700 fanden dort – soweit ich weiß – auch die ersten griechisch-orthodoxen Gottesdienste statt. An der Universität Leipzig promovierten schon damals rund 25 Griechen im Jahr. Auch Goethe lernte viele griechische Kommilitonen kennen.«

»Das wusste ich nicht«, sagte Ari.

Gysi schmatzte zufrieden, er hatte dieses geschlossene Lächeln im Gesicht, das man von ihm aus dem Fernsehen kennt. Gysi zeigt keine Zähne, wenn er lächelt, er presst die Lippen regelrecht zusammen und sieht dann mit den nach oben zeigenden Mundwinkeln aus wie ein Teletubby.

»Im 19. Jahrhundert wurde der Sohn des Kaufmanns Georgios Karagiannis, Theodor von Karajan, von Kurfürst Friedrich August III. für seine Tätigkeit in der Textilindustrie geadelt«, sagte Gysi und machte bewusst eine kurze Pause, bevor er hinzufügte: »Ein Nachfahre dieses Theodors war Herbert von Karajan.«

Mein Bruder war sichtlich beeindruckt. Nicht wegen Gysi. Er dachte an unseren Vater, der zum Verdruss vieler unserer Gäste immer behauptet hatte, dass Herbert von Karajan ein »halber Grieche« sei, was diese wiederum nicht glauben wollten.

»Leider zogen die meisten der Leipziger Griechen nach der Teilung Deutschlands nach Frankfurt am Main«, sagte Gysi, um einen Schlusspunkt unter seine Anekdote zu setzen. »Aber wenn Sie mal in Leipzig sind, lassen sie es sich nicht entgehen, das Griechenhaus.«

Ari lächelte Gysi an. »Mach ich«, antwortete er.

»Und was die Bundesanwaltschaft betrifft«, fuhr Gysi fort, »bestellen Sie einen lieben Gruß, ja?«

Jetzt musste Ari lachen. »Sie sind gar nicht so übel«, fasste Ari seinen Eindruck von dem fast glatzköpfigen Mann zusammen.

Der Flüsterer schaute Ari mit zusammengekniffenen Augen an. In seiner Welt kam das wohl einer Majestätsbeleidigung gleich.

Gysi aber lachte. »Danke, ich nehme das als Kompliment auf.«

Von den vielen Politikern, die wir im »Griechen« bedient hatten, gehörte Gysi zu den sympathischsten.

Im September 1996 kehrte Jorgo aus London zurück. Ari und ich holten ihn am Flughafen ab.

Für meine Mutter war Jorgos Brief zwar eine Ernüchterung, er bedeutete, dass sie von ihm keine Enkelkinder erwarten durfte, aber insgeheim fühlte sie schon seit langem, dass er mit sich kämpfte. Als wir zu dritt den »Griechen« betraten, wartete sie schon vorne am Stammtisch. Jorgo sah ihr in die Augen, meine Mutter öffnete ihre Arme so weit sie konnte, ging die wenigen Schritte schnell auf ihn zu und drückte ihn so fest sie konnte. Es war ein lustiges Bild, denn meine Mutter ist gut zwei Köpfe kleiner als Jorgo, der zudem noch einen großen Backpacker-Rucksack trug, so dass ihre Umarmung von der Seite aussah, als würde ein kleines Mädchen einen Riesen knuddeln. Mein Vater stand hinter der Theke und machte sich gerade einen Kaffee. Seitdem er den Brief gelesen hatte, erwischte ich ihn manchmal, wie er in Lexika aus meinem Bücherregal stöberte. Wenn ich dann fragte, was er suchte, sagte er: »Bin nur neugierig.« Dass sein ältester Sohn Männer liebte, machte ihm sichtlich zu schaffen. Meine Mutter dagegen, die ihr Gesicht gegen Jorgos Brust presste, schien so etwas zu sagen wie »Du kannst tun und lassen, was du willst, du wirst immer mein Sohn bleiben«. Genauer war es in diesem Moment nicht herauszuhören, ihre Nase lief, weil sie weinte. Jorgo drückte sie noch tiefer in seine Arme. Es war wohl ein gutes Gefühl, von ihr umarmt zu werden.

»Wie war's in London?«, fragte mein Vater, als gäbe es kein anderes Thema, das über allen schwebte.

»Gut«, sagte Jorgo etwas überrascht.

»Komm, setz dich, wir wollen reden.«

Mein Vater nahm am Stammtisch Platz. Meine Mutter ließ ihren Ältesten los, Jorgo schnallte den Rucksack ab und setzte sich.

Jetzt war also die Zeit für das große klärende Gespräch gekommen, dachte er sich. Er wirkte unsicher und neugierig zugleich. Auch Ari und ich setzten uns, meine Mutter machte hinter der Theke allen Kaffee. Wir warteten gespannt darauf, was mein Vater nun sagen würde.

»Seit wann wisst ihr zwei eigentlich davon?«, fragte mein Vater Ari und mich. Sein Blick schien ernst, er zündete sich eine Zigarette an.

Ari und ich mussten schon wieder lachen. »Schon eine ganze Weile«, sagte Ari.

»Und warum habt ihr nichts gesagt?«, bohrte er nach.

»Weil wir dachten, das wäre Jorgos Job. Er sollte es dir sagen, wenn er dazu bereit war«, sagte ich.

»Aha«, sagte mein Vater.

»Und ich war bis jetzt noch nicht dazu bereit«, sagte Jorgo.

Eine kurze Pause entstand, in der sich sowohl Ari als auch Jorgo eine Zigarette anzündeten. Meine Mutter stellte uns allen einen Kaffee vor die Nase. Für Ari mit einem Stück Würfelzucker und einem Schuss Milch. Für mich zwei Stück Würfelzucker und ein Schuss Milch. Für Jorgo drei Stück Würfelzucker und viel Milch. Dann nahm auch sie am Stammtisch Platz, der jetzt voll besetzt war.

Mein Vater schaute sie an. Dann blickte er wieder zu Jorgo. Wir hatten nach dem Brief aus London nie zusammengesessen und über dieses Thema geredet. Aber es war offensichtlich, dass sich mein Vater die letzten sechs Monate viele Gedanken gemacht hatte, die nun in seinem Kopf umherschwirrten. Es schien, als versuchte er sie zu ordnen.

»Bist du enttäuscht von mir?«, fragte Jorgo. Diese Frage lag ihm schon länger wie ein Stein im Magen, er fühlte, wie sie jetzt auch unter seinen Fingernägeln brannte. Er ballte seine Hände zu Fäusten.

Mein Vater hörte die Frage, nahm einen Schluck aus seiner Kaffeetasse und neigte den Kopf zur Seite. In seinen Mundwinkeln war der Ansatz eines Lächelns zu sehen. Aber er hielt dieses Lächeln zurück.

»Enttäuscht?«, fragte er. »Wie könnte ich von dir enttäuscht sein? Du bist ein Prachtexemplar eines Sohnes. Ich bin nicht enttäuscht. Ich mache mir Sorgen.«

»Sorgen?«, fragte Jorgo. »Was für Sorgen?«

Mein Vater blickte zu seiner Frau, er seufzte. »Toni«, sagte er.

»Toni?«, wiederholte Jorgo. Er verstand erst auf den zweiten Blick. »Du meinst: Aids? Du hast Angst, dass ich mich anstecke?«

Mein Vater nickte. Auch meine Mutter schaute besorgt. Anscheinend hatten die beiden schon über das Thema gesprochen.

»Aber Papa«, sagte ich, »Aids ist ein Virus, das jeden erwischen kann, auch Heteros. Es ist keine Schwulenseuche.«

»Ich weiß, ich weiß, das hab ich mittlerweile auch gelesen. Aber das Risiko …«, er brach den Satz ab.

»Das Risiko ist immer noch höher als bei anderen«, schloss meine Mutter den Satz ab.

Jorgo schien eine Last von den Schultern zu fallen. Jene unsichtbare Last, die er seit vielen Jahren trug. Denn er stand auf, hatte ein Grinsen von einem Ohr zum anderen und umarmte zuerst meine Mutter und dann meinen Vater. Er drückte sie so fest an sich, dass meine Eltern kaum Luft bekamen. Jetzt ließ mein Vater das erste Lächeln zu. Seine Mundwinkel stießen in seine Wangen und bildeten rechts wie links kleine Grübchen.

Jorgo setzte sich wieder. »Ihr braucht euch wirklich keine Sorgen zu machen. Ich kenne mich aus, ich passe auf mich auf. Wirklich.«

»Wirklich?«, fragte meine Mutter.

»Wirklich«, antwortete Jorgo.

Meine Mutter wischte sich Tränen aus den Augen. Mein Vater zündete sich die nächste Zigarette an. »Gut«, sagte er. »Also, erzähl mal, wie war es in London?«

Ari und ich blickten uns an, als hätten wir uns verhört.

»Wie? Das war's?«, fragte Ari etwas unzufrieden.

»Warum? Was hast du erwartet?«, erwiderte mein Vater. »Die Inquisition?«

»So etwas in der Art«, antwortete Ari belustigt. »Du könntest ihn zumindest einmal ein ›Arschloch‹ nennen, weil er sich damit so lange Zeit gelassen hat«, witzelte Ari und stieß Jorgo mit dem Ellbogen in die Rippen, was der sofort als Aufforderung verstand, Ari mit der flachen Hand auf den Hinterkopf zu hauen.

Mein Vater lachte. »Ihr seid alle drei Arschlöcher«, sagte er. »Jeder von euch hätte schon viel früher mit uns darüber reden sollen.«

Meine Mutter deutete eine Ohrfeige an. »Nenn die drei nicht ›Arschlöcher‹, das sind meine Jungs!«

»Ist ja schon okay«, sagte mein Vater. »Schon okay.«

Aus dem großen klärenden Gespräch war ein Plausch geworden. Jorgo erzählte von den teuren Mieten, den vielen kreativen Menschen, die er kennengelernt hatte, der chaotischen U-Bahn. Er erzählte, dass er bald wieder hinfahren würde, weil er sich ein bisschen in London verliebt hatte.

Ich bemerkte, wie mein Vater ihm aufmerksam zuhörte. Zuhören war ja eigentlich nicht seine Stärke. Aber er sah Jorgo nicht nur an, er studierte ihn geradezu. Nach ein paar Anekdoten, die Jorgo zum Besten gegeben hatte, fragte er: »Hast du dort jemanden kennengelernt?«

Jorgo konnte sich ein Grinsen nicht verkneifen. »Ich habe viele Leute kennengelernt«, antwortete er.

»Du weißt schon, was ich meine.«

»Nein, hab ich nicht. Warum fragst du?«

Mein Vater nahm den letzten Schluck aus seinem kalt gewordenen Kaffee. Er machte sich nicht nur Sorgen wegen Aids, er sorgte sich auch um etwas anderes.

»Wir müssen also nicht damit rechnen, dass du den »Griechen« bald verlässt?«

Jetzt verstand Jorgo. Ari und ich schauten ihn an.

»Nein«, sagte Jorgo. »Ich bleibe euch noch eine Weile erhalten.«

1998 endete die Ära Kohl. Der Mann, den viele nur als Übergangskanzler gesehen hatten, war zum Rekordkanzler geworden. Seit ich denken konnte, seit es den »Griechen« gab, regierte er Deutschland, sechzehn Jahre. Toni nannte ihn früher immer die »Birne aus der Pfalz«, eine Reminiszenz an Hans-Peter Briegel, der die »Walz aus der Pfalz« genannt wurde. Toni hatte aber nicht mehr miterlebt, wie Kohl die beiden deutschen Staaten zusammenführte. Der »ewige Kanzler« war damit schon zu Lebzeiten ein Denkmal. Seine Ablösung kam vielen jungen Menschen in meinem Alter einem Putsch gleich. Zum ersten Mal erlebte ich, wie Demokratie funktionierte. SPD und Grüne kamen an die Regierung. Gerhard Schröder und Joseph Martin Fischer, jener Fischer, der meiner Mutter im Januar 1980 einen Abschiedskuss auf die Wange gedrückt hatte, als die Polizei die kleine Privatfeier im »Zorbas« beendete und einer der Gäste die Polizisten »Bullenschweine« genannt hatte. Keine Sorge, auch investigative Recherchen haben ergeben: Es war *nicht* Joschka Fischer.

Die CDU kürte Kohl nach der Wahlniederlage einstimmig zum Ehrenvorsitzenden. Helmut Kohl konnte sich demnach auf einen Lebensabend freuen, in dem er nur noch gefeiert werden würde. Dachte er. Nur ein Jahr später kam heraus, dass er illegale Parteispenden angenommen hatte. Er gab alles zu, verweigerte es aber, die Namen der Spender zu nennen. »Wenn jemand zu lange an der Macht ist, denkt er, er stünde über dem Gesetz«, sagte mein Vater zu Harald Specht. Specht nickte. Die beiden saßen am Stammtisch, ich saß daneben.

Mein Vater war zwar neugierig auf die neue Regierung aus SPD und Grünen. Besonders auf die Grünen. Aber seine Neugier wich bald kühler Ernüchterung. Die als Pazifisten gestarteten Wein- und Bierchentrinker mit den bunten Klamotten aus dem »Zorbas« entschieden sich im März 1999 für einen Krieg gegen Serbien. »Ohne UN-Mandat«, wie mein Vater nicht müde wurde zu betonen. Es war das erste Mal, dass er über die Grünen schimpfte. Und er war damit nicht der Einzige.

Aber während für viele der Spendenskandal um Kohl und der Kosovo-Krieg die bestimmenden Themen des Jahres 1999 waren, stellte ich mir – mittlerweile vierundzwanzig Jahre alt – immer wieder eine andere Frage.

Anfang 1999 dachte ich zum ersten Mal – mehr heimlich als öffentlich – darüber nach, dass es vielleicht gar keine schlechte Idee wäre, die deutsche Staatsbürgerschaft anzunehmen. Ich erzählte meinem Vater nichts davon, besorgte mir im Karlsruher Bürgerbüro die nötigen Unterlagen und hätte eigentlich nur noch die fällige Gebühr bezahlen und unterschreiben müssen (auf einen Deutsch-Test wollte man großzügigerweise seitens des Bürgerbüros verzichten: »Sie studieren ja bereits unsere Sprache«, sagte der Sachbearbeiter), als sich in Hessen ein bis dahin noch relativ unbekannter CDU-Politiker namens Roland Koch mit einer – wie ich fand und auch heute noch finde – perfiden Idee, die Gunst der hessischen Wähler für die anstehende Landtagswahl sicherte. Es waren nur noch wenige Wochen bis zur Wahl. Koch lag deutlich gegen den SPD-Kandidaten Hans Eichel zurück. Eichel hatte in den vergangenen Jahren in Hessen eine ordentliche Politik betrieben, er hatte mehr Lehrer und Polizisten eingestellt, auf die Themen Bildung und Umwelt gesetzt, er hatte die Finanzen des Landes im Griff, sachpolitisch war ihm aus dem Lager der Konservativen nichts vorzuwerfen.

Auf Bundesebene organisierten zu dieser Zeit aber die Regierungsparteien aus SPD und Grünen ein neues Staatsbürgerschaftsrecht, es sollte das alte »Blut und Erde«-Gesetz von 1913 ablösen und fast zwei Dritteln der in Deutschland lebenden Ausländer – also auch mir – die Annahme der deutschen Staatsbürgerschaft ermöglichen. Ich war begeistert. Zwar still und heimlich, aber immerhin. Endlich, dachte ich, was spricht jetzt noch dagegen, Deutscher zu werden? Auch auf dem Papier?

Auf Bundesebene sprach nichts dagegen. Nur auf Landesebene. Roland Koch zettelte eine Unterschriftenaktion gegen die sogenannte doppelte Staatsbürgerschaft an. Er baute in Wiesbaden, Frankfurt, Fulda, Kassel und allen anderen Orten Hessens kleine Stände auf, an denen Zettel auslagen, auf denen man gegen die doppelte Staatsbürgerschaft und damit gegen die Gesetzesänderung auf Bundesebene unterschreiben konnte. Es war Kochs letzte Chance, den Ausgang der hessischen Landtagswahl zu beeinflussen. Und er spielte seinen letzten Trumpf voll aus. Er sprach davon, dass die Ausländer durch das neue Gesetz einen Vorteil erhalten würden, er fragte, ob das im Sinn der Deutschen sei, er schürte Ressentiments. Alte Ressentiments. Jene Ressentiments, die in Deutschland schon früher auf fruchtbaren Boden gefallen waren. Er spielte die ausländische Bevölkerung gegen die deutsche Bevölkerung aus. Es war ein leicht zu durchschauendes Spiel. Das altbekannte Spiel.

Und was machten die Hessen? – Sie rannten ihm die Bude ein. »Wo kann ich gegen Ausländer unterschreiben?«, lautete die meistgenannte Frage. An jedem Stand unterschrieben Tausende den Wisch, Hunderttausende. Und nicht nur das: Während Eichel brav auf seine politischen Erfolge verwies, auf die Erfolge des Landes Hessen, sprach der narbige Koch auf Veranstaltungen nur noch von Ausländern, die den Deutschen auf der Tasche lägen, und einem Gesetz, das sie jetzt auch noch übervorteilen würde. Ausländer, die dann zu deutschen Staatsbürgern werden würden, könnte man nicht mehr so leicht in die ursprüngliche Heimat abschieben, sagte Koch. Und er wurde erhört.

Am Wahlabend, ich saß mit ein paar Kommilitonen in einer Heidelberger Altstadtkneipe, errang er den vor ein paar Wochen noch für unvorstellbar gehaltenen Sieg für die CDU. Koch war so beseelt von seinem Erfolg, dass er sich als Wortführer der »schweigenden Mehrheit der Deutschen« sah.

Zwar warfen ihm führende Medien einen populistischen und größtenteils inhaltsleeren Wahlkampf vor, aber das änderte nichts an der Tatsache, dass die Hessen nicht nur an den aufgebauten CDU-Ständen im Land, sondern auch in der Wahlkabine »gegen Ausländer« unterschrieben hatten.

Die meisten meiner Kommilitonen schauten an jenem Abend entsetzt auf den Bildschirm. Auch ich hatte das eigentlich für unmöglich gehalten. Diese alten fremdenfeindlichen Parolen reißen doch heute niemanden mehr vom Hocker, dachte ich. Ich dachte, dass sich Deutschland in den Neunzigern geändert hatte. Ich dachte an die Anschläge auf Asylantenheime, an ausländerfreie Zonen im Osten, ich dachte an die Menschenketten Anfang des Jahrzehnts, und ich dachte an meinen Vater. »Du wirst bald merken, dass du in diesem Land immer ein Ausländer bleiben wirst, ein Zaungast, über den man die Nase rümpft«, hatte er während des Holland-Deutschland-Spiels bei der WM 1990 gesagt. Aber ich hatte nichts darauf gegeben. Ich dachte, er läge falsch.

Als einer meiner Kommilitonen den Fernseher mit dem Satz »Kommt, lasst uns dieses niederschmetternde Ergebnis mit ein bisschen Whisky betäuben« ausschaltete, wusste ich, dass mein Vater vor über neun Jahren recht gehabt hatte. Die »schweigende Mehrheit« der Deutschen war immer noch gegen Ausländer.

Am nächsten Tag schickte ich meine bereits ausgefüllten Einbürgerungsunterlagen an das Karlsruher Bürgerbüro zurück. Aber statt meiner Unterschrift schrieb ich unten rechts in die leere Zeile in Großbuchstaben: »ROLAND KOCH«.

Der Antrag wurde abgelehnt. Die Begründung lautete: Unterschrift stimmt nicht mit den Personenangaben in den Bewerbungsunterlagen überein. Typisch deutsch, dachte ich und musste schmunzeln. Ich war zwar traurig, dass ich so kurz vor dem Ziel noch einen Rückzieher gemacht hatte, aber mir war seit der Landtagswahl in Hessen klar: Ich will gar kein Deutscher werden. Ich bleibe lieber Grieche.

Für den »Griechen« hatte Kohls Abwahl, die neu gebildete Regierung, der Kosovo-Krieg und Kochs Unterschriftenaktion keine unmittelbaren Auswirkungen. Zwar hatten meine Eltern ihren Schuldenberg von 350 000 auf knapp 100 000 Mark reduzieren können, aber der Plan meines Vaters von 1992, in vier, fünf Jahren völlig schuldenfrei zu sein, war schiefgegangen. Das lag einerseits daran, dass die Einnahmen mit der Zeit wieder abnahmen, und andererseits daran, dass meine Eltern begonnen hatten, unser Haus in Thessaloniki aufzustocken. 1999 war aus dem einst einstöckigen Häuschen mit drei Zimmern ein vierstöckiges Gebäude mit jeweils drei Zimmern geworden. Stolz zeigte mein Vater unseren befreundeten Gästen, Brigitte und Ehrfried, Harald Specht, Karl Baumann oder Alois Schmidt Fotos. »Für jedes Kind ein Stockwerk«, sagte er und lächelte. 1999 wurde mein Vater sechzig Jahre alt. Vielleicht war er in diesen Momenten froh, dass die Prophezeiung der Zigeunerin – er würde entweder als reicher oder als armer Mann sterben – die bessere Wendung zu nehmen schien. Aber auch mit dieser Einschätzung lag er nicht ganz richtig.

Drei Jahre nach dem »klärenden Gespräch, das zum Plausch geworden war«, offenbarte Jorgo meinen Eltern, das er den »Griechen« verlassen würde. Ich war damals schon in Toronto, Kanada, Auslandsstipendium. Jorgo hatte in der Zwischenzeit jemanden kennengelernt: Volker. Er hatte sich in Volker verliebt, sagte er. Und er wolle mit ihm zusammenziehen. Nach Köln.

Meine Eltern reagierten gefasst. »Irgendwann wäre dieser Tag ohnehin gekommen«, sagte meine Mutter zu meinem Vater. »Wir sollten uns für ihn freuen.«

»Und wer nimmt Jorgos Stelle hier ein?«, fragte mein Vater.

Zwar war ihm bewusst, dass meine Mutter recht hatte. Ihm war aber auch bewusst, dass Jorgos Fehlen einen Einschnitt im »Griechen« bedeuten würde. Bisher hatten sich Jorgo, Ari und Edda die Arbeit geteilt, wobei Jorgo als Aushängeschild funktionierte. Die meisten Gäste kamen wegen ihm. Die meisten Gäste liebten es, sich mit ihm zu unterhalten. Jorgo konnte – im Gegensatz zu meinem Vater – gut zuhören, er war immer gut drauf, hatte immer einen Scherz auf Lager und interessierte sich ernsthaft für die Problemchen eines jeden. Ari war – gelinde gesagt – Jorgos Gegenteil. Er interessierte sich nicht dafür, ob Karl Baumann Stress mit seiner Frau hatte. Oder ob sich Brigitte und Ehrfried gut verstanden. Ari war so routiniert im Umgang mit unseren Gästen, dass seine Routine manchmal in Gleichgültigkeit überging. Edda dagegen hatte ihren eigenen Kundenstamm, vor allem Gäste, die es toll fanden, dass eine »echte Karlsruherin« in einem griechischen Restaurant arbeitete. Ums kurz zu machen: Nach Jorgos Weggang fielen die Einnahmen allmählich um gut dreißig bis vierzig Prozent. Es war der Anfang vom Ende des »Griechen«.

Der Niedergang des »Griechen« – die Jahre 1999 bis 2009

Am 11. September 2001, gegen Viertel vor drei, saß ich mit Ari gerade am Stammtisch des »Griechen«. Die Mittagspause hatte begonnen, wir tranken einen Kaffee, rauchten und spielten Tavli, also Backgammon. Das Telefon klingelte.

Wenn Ari und ich Tavli spielen, halten sich Glück und Pech, Trauer und Freude, Spaß und Ernst und manchmal auch Krieg und Frieden so etwa die Waage. Es geht nicht nur darum, ein glückliches Händchen beim Würfeln zu haben. Man muss vor allem seine Steine so geschickt verschieben, Positionen und wichtige Schnittpunkte besetzen, um seinem Gegenüber das Leben so schwer wie möglich zu machen. Wer seine Steine taktisch klug ins Ziel manövriert, kann auch einen übermächtig erscheinenden Gegner zur Weißglut und schließlich zur Verzweiflung bringen. Ari war schon immer besser im Tavlispielen als ich. Er war der übermächtige Gegner, die Tavli-Supermacht. Wenn die Würfel es ihm erlaubten, spielte er Katz und Maus mit mir, er demütigte mich, wo er nur konnte. Er lachte mich aus, wenn ich meine Steine mal wieder falsch gelegt hatte, und ließ mich manchmal lange zappeln, um am Ende brutal zuzuschlagen. Ich war für Ari ein leichter Gegner. Ari war so etwas wie die USA im Tavli, ich war vielleicht der Irak. In seinen Augen war ich kein echter Gegner, nur ein Spielball für die Mittagspause.

Ich nahm das Telefon ab.

»Taverne ›Der Grieche‹, guten Tag?«

Kurz bevor ich den Hörer abnahm, würfelte ich einen Fünferpasch. Jeder andere Wurf hätte meine Niederlage bedeutet, die zwei Fünfer retteten mich punktgenau ins Ziel, die Supermacht blickte entsetzt auf das Spielbrett. Ich drehte Ari eine lange Nase.

»Was macht ihr gerade?«, fragte mein Vater am anderen Ende der Leitung.

»Oh, nichts Besonderes«, sagte ich mit einem breiten Grinsen im Gesicht, »ich habe deinem mittleren Sohn gerade eine Lektion in Sachen Tavli erteilt.«

Ich hörte meinen Vater kurz lachen. Als er etwas sagen wollte, brach die Leitung ab. Ich schaute auf das Display des Telefons. »Netz überlastet«, stand da. Ich wählte seine Nummer. Wieder blinkte dieselbe Angabe auf dem Display. 15:25 Uhr.

»Was ist, wer war dran?«, fragte Ari.

»Papa«, sagte ich. »Aber die Verbindung ist abgebrochen.«

»Er wird schon wieder anrufen«, sagte Ari. »Setz dich, wir spielen noch eine Partie.«

Der Nahe und der Mittlere Osten und auch die Staaten um den Persischen Golf waren für die USA schon immer von zentraler Bedeutung. Hauptsächlich wegen des Öls. Allein im Irak lagern knapp neunzig Prozent der verbliebenen Erdölvorkommen weltweit. Als Saddam Hussein Anfang der neunziger Jahre das kleine Kuwait überfiel, hat er nicht damit gerechnet, dass die USA ihn deshalb verurteilen würden. Er dachte, er bringt seine Steine in Stellung, baut seine Vormachtstellung in der Region aus. Er wollte als Sieger aus dem Wettstreit mit dem Erzfeind Iran hervorgehen. Und er war überzeugt, seine Handlungen stünden im Einklang mit der US-Außenpolitik in der Region, denn er galt als enger Verbündeter. Aber Saddam Hussein war nur ein Spielball der Amerikaner. Wie viele vor ihm. Die US-amerikanische Außenpolitik in der Region ist historisch gesehen ein Zickzack-Kurs. Die USA haben nie eine geradlinige Strategie verfolgt, außer der, dass sie den Zugang zum Öl nicht verlieren wollten. Während des Kalten Krieges unterstützten amerikanische Behörden, in erster Front die CIA, unterschiedliche militante Gruppierungen in den Ländern des Mittleren Ostens – je nach politischer Wetterlage mal die einen, mal die anderen. Die einzige Konstante war und ist die kontinuierliche Unterstützung Israels. Auch Osama bin Laden galt lange als Verbündeter der USA, speziell der CIA. Die USA haben jahrzehntelang ihre Steine in der Region nach Belieben gesetzt. In Saudi-Arabien, im Irak. Sie diktierten die Regeln, das Spiel lief nach ihrem Gutdünken. Sie ließen ihre Verbündeten manchmal lange zappeln, sie demütigten ihre Gegner, sie schlugen eiskalt und brutal zu, wenn es für sie von Vorteil schien. Sie nahmen wenig Rücksicht. Warum auch? Sie waren die Supermacht.

Beim Tavli sollte man möglichst jede Position mit zwei Steinen besetzen. Besetzt man sie nur mit einem Stein, kann der Gegner diesen Stein aus dem Spiel werfen, und dann beginnt das Spiel wieder von vorne. Ari hatte mich in der zweiten Partie in die Enge getrieben. Nur eine Fünf und eine Sechs hielten mich am Leben. Und tatsächlich, ich würfelte eine Fünf und eine Sechs. »Das gibt's doch nicht!«, rief Ari, als das Telefon wieder klingelte. Ich hatte ihm, der Tavli-Supermacht, einen zweiten Hieb versetzt.

»Taverne »Der Grieche«, guten … oh, hallo Papa! Du glaubst nicht, was ich eben … Was?! Du nimmst mich auf den Arm, … das kann doch nicht …«

»Was ist denn?«, fragte Ari.

»Wir kommen gleich!«

»Was ist denn?«, fragte Ari noch mal.

Ich legte den Hörer auf.

»Das World Trade Center ist gerade eingestürzt«, antwortete ich.

»Was!? Welches World Trade Center?«

»Na welches wohl?! Das in New York! Ein Flugzeug ist reingeflogen.«

»Du verarschst mich«, sagte Ari.

»Nein, das hat Papa gerade gesagt. Und auch in den zweiten Turm ist ein Flugzeug gekracht. Er sitzt wie gebannt vor dem Fernseher und versucht seit einer halben Stunde, uns zu erreichen.«

Fünf Minuten später saßen wir mit unserem Vater vor dem Bildschirm. Immer wieder wurde der Einsturz des südlichen Turms eingeblendet. Aus dem nördlichen Turm quoll dicker grauer Rauch. Aus der Ferne war es nicht genau zu erkennen, aber es schien, als würden Menschen aus den Fenstern springen. Wir trauten unseren Augen kaum.

Passierte das gerade tatsächlich?

Um 16:29 Uhr stürzte auch der zweite Turm ein.

Blankes Entsetzen. Von einer weiteren Maschine war die Rede. Das Pentagon, sagte der Nachrichtensprecher. Wir schalteten um auf CNN. Auch aus dem Pentagon in Washington D.C. quoll dicker grauer Rauch. Keine Frage, die USA wurden angegriffen. Oben rechts stand es Weiß auf Rot: »America under Attack«.

Ich erinnerte mich daran, wie ich mit ein paar Kommilitonen während meines Auslandsstudiums in Kanada nach New York gefahren war und auch die Twin Towers besucht hatte. Die Gebäude waren gewaltig, ich war damals sehr beeindruckt. Jetzt aber stand ich fast unter Schock. Was hatte das Ganze zu bedeuten? Und wie würden die USA darauf reagieren?

Obwohl mein Vater die Anschläge verurteilte, war er sofort der Meinung, dass sie in enger Verbindung mit der US-amerikanischen Außenpolitik der vergangenen Jahrzehnte standen. »Es war nur eine Frage der Zeit, bis sich die Araber rächen«, sagte er, ohne uns anzuschauen, die Augen starr auf den Bildschirm gerichtet.

Tavli ist ein wunderbares Spiel. Wenn Ari und ich unsere Urlaube zusammen in Griechenland verbrachten, saßen wir oft stundenlang am Strand, tranken Frappé und spielten. Zwischendurch stürzten wir uns in die Wellen. Dann ging es weiter.

Gerade im Nahen Osten ist Tavli ein sehr beliebtes Spiel. In Israel, Palästina, im Libanon, in Jordanien, Syrien, in Ägypten, im Irak, im Iran sitzen die Menschen zu zweit vor dem Brett und lassen die kleinen Würfel gegen die Holzbande klackern. Den ganzen

Tag. Oft schauen andere bei einer Partie zu, sie freuen sich mit dem Gewinner und haben gute Ratschläge für den Verlierer. Als die Flugzeuge ins World Trade Center rasten, sah man auf den Straßen von Damaskus bis Teheran, wie sich Menschen über die Anschläge freuten. Sie tanzten und verbrannten die US-Flagge. Zum ersten Mal seit dem Angriff der Japaner auf Pearl Harbor war die Supermacht USA auf eigenem Boden empfindlich getroffen worden.

Es war ein perfider, hinterhältiger Angriff. Ein paar junge Männer, die den Märtyrertod nicht scheuten, hatten amerikanische Flugzeuge entführt und sie in Waffen verwandelt. Die Strategie der Al-Qaida bestand nicht darin, bestimmte Positionen in der Heimatregion mit Waffengewalt zu erobern. Die Strategie bestand darin, ihre Steinchen im Feindesland in die Luft zu sprengen, an Orten, wo bis dahin niemand damit rechnete: Bahnhöfe, U-Bahnstationen, Bushaltestellen, Jahrmärkte. Madrid, London, Bangkok, Jakarta. Al-Qaida hatte das Spiel neu erfunden, die Regeln geändert. Ab dem 11. September war auch den Militärberatern im Pentagon und in Langley klar, dass es in diesem Krieg nicht auf riesige Flugzeugträger ankam.

Wenn die neunziger Jahre das Jahrzehnt der Spaßgesellschaft waren, wich im darauffolgenden Jahrzehnt der Spaß dem Ernst. Die USA zogen in den Krieg: in Afghanistan, im Irak. Und die Verbündeten, allen voran Großbritannien, zogen mit. Auch Griechenland und Deutschland sind mit NATO-Truppen in Afghanistan präsent. Alle waren sie auf der Suche nach Osama bin Laden. Gefunden haben sie ihn bis heute nicht.

Wenn ich heute mit Freunden über den 11. September spreche, fallen mir als Erstes dennoch nicht die einstürzenden Türme ein. Ich denke an den ehemaligen SPD-Verteidigungsminister Peter Struck, der sich mit dem Satz zitieren ließ, »Deutschlands Freiheit wird am Hindukusch verteidigt«. Ich hatte bis dahin noch nie etwas Dümmeres von einem Politiker gehört. Nicht mal von Franz Josef Strauß.

Und ich denke an die beiden Tavli-Partien, die ich damals gegen Ari gewonnen habe. Der 11. September war in unserer Tavli-Historie eine Art Wendepunkt. Seitdem nimmt mich Ari nämlich als Gegner ernst. Aber wenn ich es mir genau überlege: Vielleicht war Ari nie die Supermacht im Tavli, für die ich ihn hielt. Und sehr wahrscheinlich war auch ich nicht der Irak. In unserem Spiel ging es nie wirklich um Krieg und Frieden. Vielleicht waren wir nur zwei Jungs, die auf die Frage: »Wo wart ihr eigentlich, als die Türme fielen?«, immer nur dieselbe Antwort geben können. »Wir saßen im »Griechen«, es war Mittagspause, wir rauchten, tranken Kaffee – und spielten Tavli.«

Nach den Anschlägen gab es allerdings auch im »Griechen« kaum ein anderes Thema als den Krieg gegen den Terror. Die meisten lobten das »Nein« Gerhard Schröders zum Irak-Krieg. Harald Specht, Brigitte und Ehrfried zum Beispiel. Nur Alois Schmidt, mittlerweile pensioniert und ebenfalls von Stuttgart nach Karlsruhe gezogen (»Da ist man im null Komma nichts im Schwarzwald oder in den Vogesen!«), wünschte »das ganze Pack mit den Turbanen« zum Teufel. Das Thema war oft ein Streitpunkt zwischen ihm und meinem Vater. Und irgendwann, es war kurz nach der Abwahl der rot-grünen Regierung 2005, kam es unter anderem auch deshalb zum Bruch zwischen den beiden.

Alois Schmidt saß am Stammtisch, kariertes Sakko, grellbunte Krawatte, und hatte wie immer ein Pils seines ehemaligen Arbeitgebers vor sich stehen. Ich stand hinter der Theke, mein Vater saß Schmidt gegenüber. Er trank einen Metaxa. Die beiden diskutierten über Gerhard Schröders Auftritt nach der Wahl. Schröder wollte am Abend zuvor nicht einsehen, dass er knapp verloren hatte, und attackierte Angela Merkel, die ihn ansah, als spreche Schröder Chinesisch.

»Was hast du eigentlich gewählt?«, fragte Schmidt meinen Vater.

Der blickte ihn verständnislos an. »Ich? Hast du vergessen, dass ich Grieche bin?«

»Wie? Du darfst hier gar nicht wählen? Du lebst doch seit …, seit wann lebst du eigentlich in Deutschland?«

»Seit 1963, zweiundvierzig Jahre.«

»Und du hast hier immer noch kein Wahlrecht?«

»Nein«, antwortete mein Vater. Ich sah ihm an, dass er eigentlich gar keine Lust auf eine Diskussion mit Schmidt hatte. Er hatte sich nur an den Stammtisch gesetzt, weil Schmidt alleine dort saß. Und jetzt bereute er es.

»Na ja«, sagte Schmidt. »Ich bin froh, dass diese Pfuscher von Rot-Grün endlich von der Bildfläche verschwinden. Das war in den letzten Jahren ja nicht mehr mit anzusehen. Diese vermaledeite Agenda 2010, Hartz IV und so weiter. Das ist doch Schrott.«

Mein Vater blickte Schmidt an und nickte. Da hatte Schmidt recht, dachte er.

»Und dann ist dieser Schröder unseren amerikanischen Verbündeten ja auch noch in den Rücken gefallen, indem er sie nicht im Irak unterstützt hat.«

Mein Vater antwortete auch diesmal nicht.

»Ich weiß, ich weiß«, sagte Schmidt, »du hältst die Araber für die armen Schweine, die immer benachteiligt wurden und sich jetzt dafür rächen. Aber ich sage dir, das sind alles gottlose Gesellen. Die scheren sich doch einen Dreck um ein Menschenleben.«

Jetzt wurde es meinem Vater doch zu bunt.

»Wie viel Pils hast du schon getrunken?«, fragte er.

»Erst zwei, warum?«, fragte Schmidt.

»Ich dachte, du wärst schon betrunken bei dem Blödsinn, den du redest«, antwortete mein Vater.

»Blödsinn?! Die lassen doch ihre Mitmenschen in Fußballstadien steinigen und ihre Frauen nur in diesen Burkas auf die Straße. Die sind es doch, die sich grundlos an Bushaltestellen und Bahnhöfen in die Luft sprengen, um sich mit siebzig Weibern im Paradies zu vergnügen.«

»Grundlos?«, zischte mein Vater zurück. »Glaubst du, irgendein Mensch auf dieser Welt sprengt sich selbst grundlos in die Luft?«

»Jetzt fang bloß nicht wieder an, die Scheiß-Araber zu verteidigen!«, sagte Schmidt wütend. »Man könnte fast meinen, du wärst selbst einer.«

Zornig sah mein Vater seinem Gegenüber ins Gesicht. Er schluckte seinen Ärger mit ein bisschen Metaxa runter.

Aber Schmidt ließ nicht locker.

»Schließlich haben die uns angegriffen, nicht wir sie.«

»Uns? Wen meinst du mit *uns*?«, fragte mein Vater mit zusammengekniffenen Augen.

»Na uns, die Amis, New York.«

Mein Vater holte tief Luft. Er seufzte. »Schmidt, halt die Klappe«, sagte er. »Du hast dein Leben lang Bierverträge mit Gastronomen ausgehandelt und anscheinend nebenbei nie ein Buch aufgeschlagen.«

»Jetzt schwing du dich hier nicht zum Allwissenden auf. Was weißt du schon?«

»Ich weiß zum Beispiel, dass die USA nur deshalb in den Irak einmarschiert sind, weil sie scharf auf das Öl dort sind. Sie haben die versammelte UNO angelogen. Rumsfeld, Powell, Cheney. Ich weiß auch, dass sie in den vergangenen Jahrzehnten die Menschen im Iran, im Irak, in Jordanien, Ägypten und vielen anderen Ländern der Region gegeneinander ausgespielt haben. Sie haben ihnen Waffen geliefert und ihnen dann die Frage gestellt, warum sie diese Waffen einsetzen. Sie haben militanten Gruppen – auch bin Laden – Killeraufträge erteilt und sich dann vor die UNO gestellt und die ausgeführten Aufträge aufs Schärfste verurteilt. Sie haben sich in fremden Ländern wie Imperialisten aufgeführt und dafür die Quittung erhalten. Punkt. Aus. Basta.«

Mein Vater stand auf und wollte gerade sein Metaxa-Glas spülen, als Schmidt sagte: »Dann gehörst du also auch zu diesem Pack, das sich freut, wenn unsere Soldaten in Afghanistan sterben?«, fragte er zynisch.

Mein Vater drehte sich um und zeigte ihm den Vogel. »Du bist ein Arschloch, Schmidt«, sagte er.

»Arschloch?« Schmidt machte eine Pause. »Jetzt hör mal gut zu, Freundchen«, erwiderte er. »Ich habe dich zu dem gemacht, was du heute bist. Wo wärst du denn ohne mich? Ich habe dir die Gaststätten angeboten, dir eine Chance gegeben, und du wirst dich gefälligst dankbar dafür zeigen. Ist das klar?!«

Das Verhältnis zwischen Alois Schmidt und meinem Vater war nie so eng wie zwischen meinem Vater und unseren anderen deutschen Freunden: Brigitte und Ehrfried, Harald Specht, Karl Baumann, von Toni ganz zu schweigen. Es war immer ein geschäftliches Verhältnis gewesen. Mein Vater vertraute Schmidt nicht. Er konnte den Grund nicht klar benennen, es war bisher nur ein Gefühl.

»Ich habe dir etwas zu verdanken?« Mein Vater lachte säuerlich. »Mach, dass du nach Hause kommst, sonst schmeiße ich dich raus.«

Schmidts Kopf war rot angelaufen. Er hatte kaum noch Haare auf dem Schädel, und die Farbe korrelierte herrlich mit seiner Krawatte. »Komm, Alois, ist gut jetzt«, sagte ich. »Wie wär's, wenn ihr das ein anderes Mal besprecht?«

Schmidt schaute mich böse an.

»Ohne mich hättest du deinen Sohn doch gar nicht auf die Universität schicken können«, schrie Schmidt. Anscheinend hatte sich in den vergangenen Jahren einiges in ihm angestaut. Die Brauerei, für die er fast vierzig Jahre gearbeitet hatte, schenkte ihm zum Abschied eine goldene Nadel, die er immer am Revers trug. Er zog sie heraus und hielt sie meinem Vater unter die Nase. »Siehst du das? Vierzig Jahre meines Lebens habe ich Leuten wie dir, Griechen, Italienern, Türken, Spaniern, Jugoslawen und Chinesen geholfen, und jetzt stehst du da und spuckst mir ins Gesicht?«

»Noch habe ich dir nicht ins Gesicht gespuckt«, sagte mein Vater kühl. »Aber wenn du es darauf anlegst …« Mein Vater war einerseits sichtbar wütend, unterdrückte aber seinen Zorn, weil er insgeheim Mitleid mit Schmidt hatte. Anscheinend kam Schmidt nicht damit zurecht, nicht mehr gefragt zu sein, er kam nicht damit zurecht, nicht mehr gebraucht zu werden. Mit seinem Rentnerdasein kam er nicht zurecht.

Schmidt fuhr sich mit der Hand über seine Krawatte. Er wippte auf den Zehen und spitzte die Lippen. Ich hatte so eine Ahnung, dass er jetzt etwas sehr Dummes sagen würde.

»Ihr Araber, Türken oder Griechen seid doch alle gleich«, rief er.

Mein Vater ging einen Schritt auf ihn zu, Schmidt wich einen Schritt zurück. »Komm, dir liegt etwas auf der Zunge, ich kann es dir ansehen, sag, was du sagen willst«, schnaubte mein Vater.

»Jeder weiß doch, dass du dir damals Tonis Erbe unter den Nagel gerissen hast, um dein Lokal umzubauen. Du bist auch nicht besser als jeder andere. Du hast Toni nur ausgenutzt.«

Mein Vater ließ auf einmal die Schultern hängen. Er hatte mit einer weiteren üblen Beleidigung gerechnet, aber nicht damit. Er drehte sich zu mir um und sah mir in die Augen. Ich konnte die Enttäuschung in seinem Gesicht buchstäblich ablesen. Schmidt wippte immer noch. Ich befürchtete, dass mein Vater jetzt ausrasten, Schmidt eins überbraten, ihn mit einem Kopfstoß sämtliche Knochen im Gesicht brechen würde. Aber mein Vater ging einfach an Schmidt vorbei, öffnete die Tür und sagte: »Alois, ich will dich hier nie wieder sehen.«

Schmidt wirkte überrascht, stoppte zu wippen. Er sah zunächst zu mir, dann zu meinem Vater. Er räusperte sich, legte die Hand auf seinen Mund und sagte: »Christo, das war nicht so gemeint.«

»Verschwinde«, sagte mein Vater in einem für ihn sehr unüblich ruhigen Ton. »Und trau dich ja nie wieder hierher. Wenn du hier noch einmal auftauchst, dann gnade dir Gott.«

Schmidt senkte den Kopf, strich sich über seine Krawatte – und ging. Mein Vater knallte die Tür hinter ihm zu. Es war das letzte Mal, dass ich Alois Schmidt gesehen habe.

Mein Vater sah ihm nach. Er wirkte traurig. Schmidt ging zur Straßenbahnhaltestelle und rieb sich die Stirn mit einem Taschentuch.

Manchmal, dachte ich damals, muss man vielleicht doch etwas gegen aufkommende Gerüchte tun oder sagen. Denn es ist durchaus möglich, dass sie dich einholen, diese Gerüchte, und eines Tages mitten ins Gesicht treffen. Ohne Vorwarnung. Und dann ist es schwierig, einen kühlen Kopf zu bewahren.

Als ich meinen Vater fragte, welche Gründe der Niedergang des »Griechen« hatte, stand er aus seinem Wohnzimmersessel auf, ging ans Fenster und winkte mich herbei. Er zeigte mit dem Finger auf den Berliner Platz und zählte: Zwischen 1993 und 2005 hatten im Umkreis von dreihundert Metern sieben Dönerbuden und vier China-Imbisse eröffnet. Dann antwortete er leise mit einem Sprichwort: »Die vielen ›Vater unser‹ langweilen nach einer gewissen Zeit auch den Priester.« Er lächelte. Es war ein verkrampftes, erzwungenes Lächeln.

»Bis vor ein paar Jahren hat das Land Baden-Württemberg an seine Angestellten ja auch noch Essensmarken verteilt. Die Professoren und Verwaltungsangestellten der Universität kamen deshalb fast täglich zu uns. Als das Land auch daran sparte, ist unser Mittagsgeschäft – wie du weißt – zusammengebrochen.«

Mein Vater stand immer noch am Fenster. »Wir hatten früher auch viele Gäste, die von außerhalb kamen: aus Rastatt, dem Pfinztal, Bruchsal, der Vorderpfalz«, sagte er. »Die kamen später natürlich nicht mehr zwanzig, dreißig Kilometer gefahren. Die gingen bei ihrem Griechen um die Ecke essen, ist doch klar.« In den Achtzigern und Neunzigern und auch in den ersten Jahren des neuen Jahrtausends hatten viele griechische Restaurants geschlossen, aber noch mehr haben aufgemacht. In Karlsruhe gibt es heute etwa vierzig griechische Lokale.

Mein Vater nannte die Einführung des Euro als einen der Gründe, die steigende Arbeitslosigkeit, die sich ausbreitende Armut. Er nannte Jorgos Weggang.

»Wir haben versucht, die Mittagspause abzuschaffen. Ein Jahr lang hatten wir nicht einmal Mittagspause. Erinnerst du dich noch?« Ich stand neben ihm und nickte. »Aber auch das änderte nichts.« Er machte eine Pause, runzelte die Stirn, als gäbe es unendlich viele Gründe. »Wir haben die Speisekarte erweitert. Keine Veränderung.«

»Erinnerst du dich an Thomas Maurer?«, fragte er mich.

»Thomas Maurer? – Nö, wer ist das?«

»Du erinnerst dich nicht an den Namen, aber sicher wirst du dich erinnern, wenn du sein Gesicht vor dir sehen würdest. Thomas kam in den Neunzigern sehr oft in den »Griechen«. Er war Musiker im Kammerorchester der Stadt, spielte mehrere Instrumente. Ein Freiberufler. Er trug immer einen alten Indiana-Jones-Hut.«

»Ah, jetzt erinnere ich mich«, sagte ich. »Ein kleiner, hagerer Typ mit Glatze, der immer freundlich lächelte und Lammfleisch mit gebackenen Kartoffeln bestellte.«

»Genau der. Thomas war nie ein reicher Mann, aber er war ein großzügiger Mensch. Er gab immer mindestens fünf Mark Trinkgeld.«

»Ja, daran erinnere ich mich auch. Was ist mit ihm?«

»Ich glaube, es war 2006 oder 2007, als ich ihn am Marktplatz getroffen habe. Er spielte Geige, vor ihm lag der alte Hut. Im Hut lagen ein paar Münzen, 50 Cent, 20 Cent, ein Euro.«

»Wie? Der hat auf der Straße gespielt?«

»Ja. Ich ging auf ihn zu und fragte: ›Hey, was machst du hier?‹ Er grinste mich an. ›Hab meinen Job verloren, Christo. Und irgendwie muss das Geld ja reinkommen, nicht wahr?‹ – Ich tippte mir auf die Stirn. ›Aber du bist doch ein exzellenter Musiker. Du musst doch nicht auf der Straße spielen‹, sagte ich. ›Komm mit, lass uns etwas trinken gehen.‹ Er lächelte, packte seine Geige weg, und wir gingen etwas trinken. Dann erzählte er mir, wie er seinen Job beim Kammerorchester verloren hatte, wie er angefangen hatte zu trinken, seine Wohnung nicht mehr bezahlen konnte, wie seine Freundin weggelaufen war. Er sagte, er wohnt jetzt bei Freunden.«

»Scheiße, das wusste ich gar nicht«, antwortete ich.

»Wie ihm erging es vielen in den letzten Jahren, Alex. Die Zeiten haben sich geändert. Deutschland ist nicht mehr das gelobte Wohlstandsland der sechziger Jahre. Wie Thomas konnten sich viele unserer früheren Gäste ein Abendessen im ›Griechen‹ einfach nicht mehr leisten. Sein Niedergang war auch unser Niedergang.«

Mein Vater setzte sich wieder in seinen Sessel. »Ich erinnere mich auch an ein Gespräch, dass ich mit Harald darüber hatte. Das muss im Mai 2007 gewesen sein, wir hatten gerade unseren Biergarten renoviert, einen neuen Zaun aufgestellt, Blumen, neue Stühle und Tische, neue Sonnenschirme – alles blau-weiß. Specht und ich saßen an einem der Tische draußen, jeder hatte ein Glas Whisky vor sich stehen, wir sprachen über die hohe Arbeitslosigkeit.« Das Gespräch der beiden verlief in etwa so:

Specht sagte: »Christoforos, wir leben doch in guten Zeiten, warum regst du dich so auf?«

»Was tun wir? Leben in guten Zeiten? Du weißt nicht, wovon du redest, mein Freund!«

»Warum? Was ist das Problem?«

»Das Problem? Ich sehe, wie unglücklich die Menschen sind. Früher kamen sie in mein Restaurant und tranken und aßen und lachten. Sie blieben den ganzen Abend, und nachts sind sie fröhlich nach Hause getorkelt, die Frau oder Freundin im Arm, die Kinder im Schlepptau. Und heute? Heute kommt ein Pärchen, sucht zwanzig Minuten einen Tisch aus, obwohl kein Mensch im Lokal ist, sitzt da dann zu zweit wie verloren, trinkt gemeinsam ein Glas Coca-Cola, isst gemeinsam von einem Teller Gyros und geht nach dreißig Minuten wieder.«

»Ach so. Du meinst, du verdienst nicht genug?«, fragte Specht mit einem Grinsen.

»Was? Nein, du Dummkopf! Mir geht's doch nicht um meine Einnahmen. Mir geht es um die Mentalität, um die Gefühlslage der Menschen, die in diesem Land hart arbeiten und sich trotzdem nichts leisten können. Verstehst du?«

»Aber sie können sich doch etwas leisten: Sie kommen in dein Restaurant und essen und trinken. Vielleicht nicht so viel wie vor zwanzig, dreißig Jahren. Aber immerhin. Es gibt Länder, da können sich die Leute keinen Restaurantbesuch leisten. Worauf willst du eigentlich hinaus?«

»Wir leben nicht in guten Zeiten, Harald. Wir leben in Zeiten, in denen die Menschen Angst haben. Noch nie hatten die Menschen so viel Angst wie heute. Schau sie dir doch an! Kein Übermut, keine Lebensfreude. Als würden sie sich vor etwas fürchten.«

»Sich fürchten? Vor was denn?«, fragte Specht jetzt etwas ernster.

»Sie haben Angst vor dem Verlust, Harald.«

»Verlust? Christo, du sprichst in Rätseln.«

»Sie haben ständig Angst, ihren Lebensstandard zu verlieren, das zu verlieren, was sie haben. Ihre Arbeit. Mensch, das ist doch nicht so schwierig zu verstehen!«

»Nicht schon wieder diese Diskussion. Ich weiß, du bist ein Idealist, von der schlimmsten Sorte. Aber selbst du musst doch mittlerweile zugeben: Der Kapitalismus ist das beste Wirtschaftssystem, das es gibt. Außerdem: Wir leben in einem freien Land. Die Arbeitslosenquote liegt klar unter zehn Prozent. Gut, es könnte besser sein, aber nichts ist perfekt«, erwiderte Specht.

»Wer hat dir denn eingetrichtert, dass der Kapitalismus das beste System ist?«, fragte mein Vater mit einem ironischen Unterton.

»Das zeigt die Geschichte, Christo. Hall-o-oh! Der Kommunismus ist gescheitert. Übriggeblieben ist der Kapitalismus. Klarer Punktsieg. Ende der Diskussion.«

Mein Vater griff sich an den Kopf. Er lachte.

»Findest du wirklich, wir leben in einem gerechten Land?«

»Ja, natürlich«, antwortete Specht.

»Warum macht dann ein Unternehmen, ich rede nicht von Banken, sondern von mittleren und großen Unternehmen. Warum entlassen die Leute, obwohl sie am Jahresende einen Gewinn erwirtschaften?«, fragte mein Vater.

»Na ja, viele Unternehmen formulieren vor Jahresfrist ein Ziel, und wenn sie das nicht erreichen …«

»Und wenn sie das nicht erreichen, entlassen sie Mitarbeiter, ja? Weil auf dem Papier ein bestimmtes Ziel nicht erreicht worden ist, ja? Das nennst du ein gerechtes Wirtschaftssystem?«

»Ja, so ist es. Jeder Unternehmer hat das Recht, sein Unternehmen so zu führen, wie er es für richtig hält. Da können wir ihm doch nicht reinreden. Immerhin gibt er vielen Menschen Arbeitsplätze.«

»Du verteidigst also diesen Unternehmer, der – sagen wir – letztes Jahr einen Gewinn von einer Milliarde Euro gemacht hat und dieses Jahr nur 500 Millionen. Und er nennt den niedrigeren Gewinn als Grund für die Entlassung von Tausenden von Mitarbeitern.«

»Wenn ein Unternehmen seine Ziele nicht erreicht, muss es eben sparen, um seine Ziele wenigstens nächstes Jahr zu erreichen.«

»Siehst du! Du sprichst von einer groben Ungerechtigkeit, als wäre es das Normalste der Welt. Du bist gehirngewaschen, oder wie man das nennt.«

»Gehirnwäsche nennt man das, Christo!« Specht musste grinsen. In all den Jahren hatte er viele Diskussionen mit meinem Vater geführt. Und er wusste, wie sich sein griechischer Freund in Rage reden konnte. Er wusste, wie übertrieben mein Vater manchmal die besprochenen Sachverhalte darstellte. Er mochte es sogar, wenn sein Freund für etwas Partei ergriff und dieses Etwas dann bis zum Schluss verteidigte, als ginge es um sein Leben. Mehr noch: Harald Specht beneidete ihn manchmal sogar darum. Für meinen Vater existierten keine Grautöne. Entweder etwas war weiß. Oder es war schwarz. Dazwischen gab es für meinen Vater nichts. Auch diesmal war er von seiner Ansicht felsenfest überzeugt. Specht versuchte dennoch, ihn ein bisschen zu bremsen.

»Jetzt gehst du aber zu weit, Christo!«, sagte er.

»Zu weit? Warum denn? Ein Beispiel: Ein Mann arbeitet seit fünfzehn Jahren bei einer Firma, er hat eine Familie gegründet, ein, zwei, vielleicht drei Kinder wurden geboren, er hat Pläne gemacht, sie mit seiner Frau durchgespielt, hunderte Male, sie wollen nicht ihr Leben lang Miete zahlen, überall wird ihnen in der Werbung vorgegaukelt, wie schön es ist, ein eigenes Haus zu besitzen. Kannst du mir folgen, Harald?«

»Bin ganz bei dir, Christo. Erzähl weiter.«

»Gut, also: Der Mann hat 100 000 Euro gespart, um ein Haus zu kaufen. Er kauft das Haus, verschuldet sich um weitere 200 000 Euro bei der Bank. Der Traum wird wahr, das eigene Haus, die Mutter hat seit kurzem einen Teilzeitjob angenommen. Alles läuft prima, sie bezahlen ihre Raten, die Zinsen. Und irgendwann, fünfzehn Jahre später sind es nur noch 80 000 Euro Schulden, aber die Firma, bei der er beschäftigt ist, teilt ihm mit, dass er die Knöpfe im Kontrollraum nicht mehr drücken muss, diese Arbeit macht jetzt ein Computer oder von mir aus ein kleiner Chinese, der vor drei Jahren zwangsumgesiedelt wurde. Man sagt dem Familienvater also, dass er nicht mehr gebraucht wird. Und nach einiger Zeit kommt das Unvermeidliche: Das Ersparte reicht nicht mehr, um die Raten zu zahlen, die Familie rutscht ab in Hartz IV. Wie soll er jetzt, mit fünfzig Jahren, das Haus, die Bank bezahlen, wie das Essen auf den Tisch bringen, ganz zu schweigen von der Ausbildung seiner Kinder? Was macht dieser Familienvater jetzt? Ich frage dich. Was macht der jetzt?«

»Er hat keine guten Aussichten«, sagte Specht. »Das ist wahr.«

»Keine guten Aussichten, ja. So kann man das ausdrücken. Wäre es ihm zu verdenken, wenn er jetzt, nachdem er sieht und versteht, dass sein ganzes Leben den Bach runtergeht, all die Jahre harter Arbeit, des Sparens, des sich Zurücknehmens umsonst waren, wäre es ihm zu verdenken, wenn er sich zwei automatische Waffen kauft, in die Vorstandsetage des Unternehmens stürmt und alle Anzugträger mit fünfzig Kugeln niedermetzelt?«

»Jetzt übertreib doch nicht gleich so.«

»Ja, aber die Bank wird zu ihm kommen, ihn höflich, vielleicht sogar mit einem freundlichen Lächeln fragen, ob er die Raten weiterzahlen kann. Er wird nur antworten: Wie? Und dann wird sich die Bank das Haus ansehen, es schätzen. Wert 350 000 Euro. Aber natürlich zahlt nun keiner diese 350 000, denn jeder weiß, das wird es billiger geben. Bei der Zwangsversteigerung. Die Geier warten schon, da gibt es dann vielleicht noch die eine oder andere Absprache, und geboten werden höchstens 150 000, vielleicht 180 000 Euro. Nach Abzug der noch fälligen Schulden, Zinsen und Zinseszinsen, bleiben dem Mann 90 000 Euro. In etwa der Betrag, mit dem er angefangen hat. Wenn er Glück hat, wohlgemerkt. Fünfzehn Jahre hat er für nichts gearbeitet, für nichts gelebt, für nichts. Das ist die Grundidee des entfesselten Kapitalismus, den du verteidigst und wie wir ihn in den letzten Jahren erleben.«

»Wenn man dich so reden hört, könnte man meinen, eine Revolution stehe bevor«, sagte Specht.

»So ist es. Endlich hast du's kapiert. Wir leben in einem sozial ungerechten Land, Harald. Punkt. So, jetzt ist die Diskussion beendet. Willst du noch einen Whisky?«

»Ja, schenk ein«, sagte Specht.

Mein Vater saß in seinem Sessel und lachte, nachdem er sich an diese Diskussion mit Harald Specht erinnert hatte. »Harald ist ein guter Kerl«, sagte er.

»Also ist der entfesselte Kapitalismus schuld, dass der »Grieche« irgendwann schließen musste?«, fragte ich und fühlte bereits, dass es eine blöde Frage war.

»Nein, du Dummkopf!«, sagte mein Vater nach einer kurzen Pause. »Natürlich haben auch wir viele Fehler gemacht. Irgendwann haben wir den »Griechen« nicht mehr als unser Wohnzimmer betrachtet, es war ein Arbeitsplatz geworden. Routine. Wir haben uns irgendwann einfach nicht mehr so für unsere Gäste interessiert, wie wir das früher getan haben. Vielleicht eher unbewusst. Aber ein Gast merkt das schnell. Sehr schnell.«

Mein Vater seufzte, nahm die Fernbedienung in die Hand und schaltete den Fernseher ein. Ich glaube, er war traurig über den Gedanken, den er gerade ausgesprochen hatte. Er blieb auf RTL hängen. Die Sendung hieß »Raus aus den Schulden«. Nach wenigen Minuten, Peter Zwegat schrieb gerade Einnahmen und Ausgaben einer überschuldeten Familie auf ein Clipboard, sagte mein Vater: »Schau dir das an. Die Menschen sind so verzweifelt, dass sie alle Hemmungen fallen lassen und öffentlich ihren Bankrott, ihre Ausweglosigkeit erklären.«

»Und du schaust dir das auch noch an«, sagte ich trocken.

Mein Vater überlegte kurz. »Weißt du, früher bist du in ein Restaurant oder in eine Kneipe gegangen, um andere Menschen zu treffen, dich auszutauschen, vielleicht einem Freund von deinen Problemen zu erzählen. Heute kommt das Fernsehen zu dir nach Hause und fragt dich nach deinen Problemen. Die Zeiten haben sich geändert.«

Ich erinnere mich an viele verrauchte Abende und Nächte, in denen wir im »Griechen«, unserem ehemaligen Wohnzimmer, saßen. Draußen war es dunkel geworden, wir hatten das Licht gedämmt, der Geräuschpegel, zuvor noch ein Geschirr- und Glasgeklimper und Stimmengewirr gespeist aus Gesprächen an mehreren Tischen, war der Feierabendruhe gewichen. Der schönste Moment im Leben eines Wirtes ist diese Ruhe nach einem Abend voll besetzter Tische. Beruhigend auch: Die Einnahmen stimmen. Mit den verbliebenen Gästen gerät man in ein Gespräch, die Beine schmerzen ein bisschen, man zieht die Schuhe vielleicht aus, aber irgendein Glas wartet immer darauf, mit Wein oder Whisky gefüllt zu werden. Draußen heult eine Polizeisirene, aber hier drinnen ist alles friedlich. Man fühlt den Puls im Fuß pochen, loslassen, gute Nacht.

An einem Abend, an dem auch Thomas Schäuble, Baden-Württembergs damaliger Innenminister zu Gast war, hatten wir noch einen prominenten Zuflüsterer. Der US-Schauspieler Scott Glenn drehte in der Nähe einen seiner schlechteren Filme, er hatte sein gegrilltes Lammfilet mit grünen Bohnen schon verdaut und fragte, ob wir uns denn als Deutsche fühlen würden. »In Amerika ist jeder Amerikaner«, sagte er. »Wieso ist das hier nicht so?« Thomas Schäuble zahlte (trockener Weißwein, 2,50 Euro) und ging.

Mein Vater, der des Englischen in etwa so mächtig ist wie George W. Bush der Friedenspolitik, liebt solche Fragen. Sie sind offen gestellt, man kann weit ausholen und in der Antwort etwa vierundfünfzig andere Themen streifen, die es seiner Ansicht nach wert sind, diskutiert zu werden. Scott Glenn wusste also nicht, was er tat. Er drehte sich eine Zigarette nach der anderen und lauschte den Worten meines Vaters, die ich übersetzte. Immer wieder neu produzierte Rauchfäden zogen zur Decke und lösten sich auf. Zwei Flaschen Whisky standen auf dem Tisch, dazu ein Kühlbecher mit Eiswürfeln, ein paar Pistazien, Nüsse. Mein Vater erzählte von

»Adenauer«, seinem ersten Vermieter in Deutschland, er erzählte von Hoyerswerda und vom Stammtisch in seinem eigenen Lokal. Er erzählte aber auch von jungen Deutschen, die ein viel unverkrampfteres Verhältnis zu Ausländern hätten als die ältere Generation. Glenn hörte aufmerksam zu und schüttelte den Kopf.

Die Stimmung war ernster geworden, als es der Pegelstand der Whiskyflaschen zuließ, also forderte mein Vater Glenn dazu auf, englische Wörter aufzuzählen, die nicht aus dem Griechischen stammen. Der Deal: Sollte er fünf von zehn Begriffen aufzählen können, die nicht griechisch sind, müsste er sein Abendessen nicht bezahlen. Glenn versagte auf der ganzen Linie, nannte »problem«, »climate«, »architecture« und einige andere etymologisch einwandfrei griechischstämmige Wörter und entschuldigte sich am Ende mit einem müden Lächeln dafür, »nur ein dummer Amerikaner« zu sein. Mein Vater nahm ihn zum Abschied in den Arm. Er steckte Glenn in ein Taxi und sich eine Zigarette an; und sah dem abfahrenden Taxi lange hinterher. Draußen rauchte er seine letzte Zigarette zu Ende. Dann schloss er das Lokal ab.

Wir haben nie wieder etwas von ihm gehört. Von Scott Glenn, meine ich. Das geschieht einem Wirt übrigens recht oft: Man spricht stundenlang mit einem Gast, den man nicht kennt, wühlt unerwartet in tiefsten Gefühlen und sieht den Gast vielleicht erst ein Jahr oder zwei Jahre später wieder – oder nie mehr.

Am nächsten Tag stand in den »Badischen Neuesten Nachrichten«, dass Thomas Schäuble bei uns zu Gast gewesen war. Schäuble ließ sich mit den Worten zitieren: »Ein nettes Lokal, auch wenn man mich nicht besonders beachtet hat.«

Der letzte Tag – 20. Mai 2009

Mein Vater ist jetzt siebzig Jahre alt, aber immer noch ein impulsiver, jähzorniger, grundehrlicher Grieche, wie er bei Nikos Kazantzakis im Buche steht. Er liebt es, Geschichten aus seinem Leben zu erzählen. Ich liebe es, ihm zuzuhören. Das ist für mich Griechenland.

Wenn er spricht, wirbelt er die Wörter mit seinen Händen durch die Luft, fängt sie wieder ein und tippt sie dir mit seinen Fingerkuppenstumpen der rechten Hand auf die Brust, Wort für Wort.

Wenn mein Vater eine Zigarette anzündet, macht er ein Gesicht, als ob ihm die ganze Welt dabei zusieht. Ich habe oft versucht, ihn zu kopieren, habe die Zigarette zwischen die Lippen gelegt, das Feuerzeug halbhoch und ein bisschen schräg vor die Brust gehalten, den Kopf leicht gesenkt, zur Seite geneigt, und gehofft, es würde seine global anmutende Wirkung entfalten. Ich habe den Rauch durch die Nasenlöcher und parallel aus dem Mund fließen lassen; ich habe Zeige- und Mittelfinger nach dem Lungenzug in Victory-Haltung verharren lassen und alles dafür getan, dass ich authentisch wirke, ein bisschen wie Helmut Schmidt, nur eben greek style – es hat nicht die erhoffte Wirkung gezeigt. Während mein Vater ein Raucher-Denkmal ist, war ich nur der Junge, der spät mit dem Rauchen anfing. Als das Rauchverbot in Gaststätten erlassen wurde, hat mein Vater unsere Gäste einfach weiter rauchen lassen.

Ich schaue zu meinem Vater auf und sehe einen alt gewordenen Mann, sein Haar ist ergraut, seine Zähne in einem deutschen

Labor konstruiert, seine Haut blass. Aber die vielen kleinen Muttermale in seinem Gesicht verleihen ihm immer noch etwas Jungenhaftes. Besonders wenn er grinst und sich die Muttermale zwischen die vielen Falten legen, die er sich im Laufe seines Lebens angelacht hat.

Am 20. Mai 2009, einem Mittwoch, war der letzte Tag des »Griechen«. Kein großes Fest war geplant, wie es vielleicht früher üblich gewesen wäre. Die meisten Stammgäste meiner Eltern, die seit Beginn der siebziger Jahre in den »Griechen« kamen, waren entweder schon vor Jahren aufs Land gezogen oder gestorben. Und dennoch: Obwohl mein Vater den Termin für die Schließung des »Griechen« so gut es ging geheimhielt, war dieser Tag ein Tag des großen Wiedersehens. Der Laden war so gerammelt voll wie schon lange nicht mehr.

Viele Stammgäste, die sich von früher kannten, trafen sich wieder, sprachen über die gute, alte Zeit, die Siebziger, die Achtziger. Herr Mayer von der Volksbank war da, Harald Specht und seine Frau Irene, Karl Baumann, Rolf, der Automatenspieler, Mustafa, der Gemüsehändler, ein paar Journalisten der »Badischen Neuesten Nachrichten«, Ehrfried und Brigitte schenkten meinen Eltern einen verwackelten Videofilm, den sie in den Siebzigern bei sich im Garten gedreht hatten: Er zeigt meinen Vater, schmal und mit Schnurrbart, meine Mutter mit aufgestecktem Haar, uns Kinder, die mit den Onkel Nikos, Charalambos und Kostantinos Ball spielen und jede Menge lachende Gesichter beim Grillen. Wehmut kam auf. Die Musik wurde aufgedreht. Und mein Vater, der wirklich nur selten sentimental wird, hatte Tränen in den Augen, die er schnell wegwischte.

Onkel Charalambos, der Anfang der siebziger Jahre meinem Vater das Geld für die Ablöse und die Renovierung des »El Greco« geliehen hatte, war bereits Mitte der achtziger Jahre an Knochenmarkkrebs gestorben.

Onkel Kostantinos, der als ältester Bruder immer schützend

seine breite, raue Hand über meinen Vater hielt, starb 1996 an Magenkrebs.

Onkel Nikos starb 2008 an Darmkrebs.

Ein Jahr später starb auch Onkel Sokratis. Natürlich an Krebs.

Ich hatte ja erwähnt, dass man bei uns in der Familie entweder an gebrochenem Herzen oder an einer der Krebsvariationen stirbt. Mein Vater hat mit meiner Mutter an seiner Seite eine Frau, die ihn vor dem ersten immer beschützt hat, weil sie ihn genauso liebte wie er sie. Trotz aller Probleme. Wegen des Krebsrisikos geht mein Vater jedes Jahr zu Vorsorge. Er schaute auf das Video von Brigitte und Ehrfried, und vielleicht lief bei ihm in diesem Moment auch ein Film ab, der Film seines Lebens. Er wirkte gedankenverloren. Erst der Lärm holte ihn wieder zurück.

Harald Specht verlangte lautstark eine Rede. Ehrfried und Brigitte schrien: »Rede! Rede!« Am Ende war es ein ganzer Chor. Mein Vater stand hinter der Theke und strich sich über den Mund. Er drehte die Musik erst leiser, schließlich auf lautlos. Ein paar Sekunden herrschte absolute Ruhe.

»Liebe Freunde«, sagte er und lächelte, »was soll ich jetzt noch große Reden halten? Ihr wisst doch schon alles über mich.« Es schien, als würde er kurz überlegen. »Einige von euch haben mich vorhin gefragt, ob ich nach all der Zeit in Deutschland überhaupt noch Grieche bin. Eine gute Frage, wie ich finde.« Er machte eine lange Pause. »Ihr werdet vielleicht lachen, aber ich habe mich nie als Xenos, also als Fremder, in Deutschland gefühlt. Warum? Weil ich schon als Kind überall der Xenos, der Fremde war.« Mein Vater schaute auf meine Mutter, die neben ihm stand. Sie nickte. »Im Waisenhaus war ich fremd, in Thessaloniki war ich fremd, in Deutschland war ich auch fremd. Das Fremdsein steckte schon immer in mir drin, ich habe das nie anders gekannt. Gerade die letzten vier, fünf Jahre frage ich mich aber immer wieder, was jetzt am Ende aus mir geworden ist: Bin ich noch Grieche? Oder doch schon Deutscher? – Trotz all der Widrigkeiten, die mir begegnet sind: rassistische Vermieter, unfreundliche Sachbearbeiter auf den Behörden, trotz der Tatsache, dass deutsche Truppen meinen Vater töten ließen. Muss ich heute all das nicht hinten anstellen, zum Ende meines Lebens einen Strich ziehen, wie man so schön sagt, mal Bilanz ziehen?« – Er machte wieder eine Pause und schaute in die Runde. Als ob er in den Gesichtern seiner Gäste, seiner Freunde und seiner Familie nach der Antwort suchte.

»Siebenundvierzig Jahre meines Lebens habe ich in diesem Land verbracht, vier Kinder in die Welt gesetzt, die in Deutschland aufgewachsen sind, hier leben.« Jorgo, Ari, Kitsa und ich standen da wie aufgereiht, als er auf uns zeigte. Wir schauten uns gegenseitig an und mussten lachen. »Deutschland ist unsere Heimat. Klar, ich schalte immer noch den Ton des Live-Kommentars aus, wenn ich Fußball im Fernsehen sehe, weil die deutschen Kommentatoren keine Ahnung haben, was sie da eigentlich reden. Aber dennoch, ich will euch das zum Abschluss sagen, weil es mir auf der Seele brennt: Ich verdanke diesem Land mein Leben.«

Applaus brandete auf.

Mein Vater hob seine Hände. »Danke, dass ihr alle gekommen seid. Das bedeutet uns allen sehr viel.«

Er nahm meine Mutter in den Arm und küsste sie. Wieder Applaus, langer Applaus. Brigitte weinte, Ehrfried hielt sie fest. Ich sah ins Lokal. Alle waren aufgestanden und applaudierten. Die Pärchen hielten sich in den Armen.

Und da war er wieder, dieser Hund meiner Erinnerung. Der letzte Tag des »Griechen« ist in meiner Erinnerung das Bild der sich umarmenden Pärchen. Mein Vater und meine Mutter, Ehrfried und Brigitte, Horst und seine damalige Freundin, Irene und Harald Specht – und all die anderen. Ist das nicht ein komisches Abschiedsbild?, dachte ich. Ein griechisches Lokal voller Gäste, in dem sich lauter erwachsene Menschen umarmen?

Manchmal, wenn ich träume, sehe ich mich Teller mit Gyros, Moussaka oder einem Zanderfilet von der Küche an die Tische tragen, auf meiner dunkelblauen Schürze steht in weißen Buchstaben »Der Grieche«, ich sehe mich an den Tischen unserer Gäste sitzen und über Deutschland diskutieren, ich sehe meinen Vater an einem anderen Tisch laut fluchen, weil er sich über Politiker ärgert, ich sehe nickende und manchmal auch ungläubige Gesichter ihm gegenüber. Ich sehe meine Brüder Jorgo und Ari, wie sie miteinander scherzen, weil Kitsa hinter der Theke gerade ein Pils verzapft hat. Ich sehe meine Mutter, wie sie aus dem Küchenfenster lugt und zufrieden schaut, weil Edda ihr lächelnd zunickt und unseren Gästen ihr Essen schmeckt. Manchmal träume ich vom »Griechen«.

Unser Wohnzimmer war nie eine geschlossene Gesellschaft, eher der Traum einer offenen, und mittendrin spielte sich die Geschichte meiner Familie ab, die als Gastarbeiterfamilie kam und zur gastgebenden Familie wurde.

Mit der Ablöse der beiden irakischen Brüder haben meine Eltern hauptsächlich die noch fälligen Schulden abgetragen. Viel ist davon nicht übrig geblieben. Ihre Rente ist mickrig, sie wohnen in der Karlsruher Innenstadt in einer Dreizimmerwohnung. Zur Miete.

Mein Vater ist beim Erscheinen dieses Buches einundsiebzig, meine Mutter wird wenig später sechsundsechzig Jahre alt. Unser Restaurant war nur drei Tage im Jahr geschlossen. Zwei Tage an Weihnachten und am Neujahrstag. Kein wöchentlicher Ruhetag, kein Betriebsurlaub. Vierzig Jahre Leben.

Ich solle nicht die gleichen Fehler machen wie er, hat mein Vater mir im Jahr 2004 im Café am Aristotelous-Platz in Thessaloniki gesagt. In einem für ihn ungewohnt ruhigem, ernstem Ton, fast beiläufig. Die Sonne schien, das Schiff mit dem Namen »Kyriaki« hatte wieder abgelegt.

»Wann hat das ein Sohn je seinem Vater ernsthaft versprechen können?«, fragte ich ihn.

Er nickte, lächelte und bestellte noch zwei Whisky bei der Kellnerin. »Du bist kein Dummkopf, Alex«, sagte er. »Mach was aus deinem Leben.«

Söhne und Väter: Entweder ahmen Söhne ihre Väter nach, oder sie wollen genau das Gegenteil ihrer Väter sein. Ich für meinen Teil war schon immer ein Kopierer. Ohne je wirklich an das Original heranzureichen.

Danke

Manchmal, wenn mein Vater Geschichten aus seinem Leben erzählte, saßen Jorgo, Ari, Kitsa und ich ihm gegenüber. Mal staunend, mal etwas irritiert. Meistens schmunzelnd. Draußen war es dunkel geworden, auf manchen Tischen standen noch leere Gläser, die letzten Gäste waren eben gegangen. Das sind jene Momente, die wir alle vermissen.

Die Idee zu diesem Buch geht zurück auf viele dieser Momente: verrauchte Gespräche Mitte und Ende der neunziger Jahre am Stammtisch des »Griechen«. Nachts um halb zwei.

Mein Dank gilt also diesen Momenten und den Menschen, die sie miterlebt haben: Mama, Papa, Jorgo, Ari, Kitsa, Christoforos Stefanidis jr., Edda – und Oma Theodora.

Danke, Tanten und Onkel: Konstantinos, Nikos, Eleonora. Danke, Eleni, Ilias, Sokratis, Despina, Takos, Anastasia, Kostas, Tatika, Simela, Charalambos, Charis, Jorgos.

Danke, Steffen. Für deine ruhige, besonnene Art.

Danke, Felix. Für deine Unterstützung.

Danke, Diana. Für deine schnellen, präzisen, lobenden und tadelnden Anmerkungen. Und für deinen festen Glauben an die Idee.

Danke, Se! Für deine Geduld, für deine Küsse abends um acht und morgens um vier ... na ja, du weißt schon. Für alles, ϰαρδουλα μου. Σ'αγαπω.

Außerdem danke ich folgenden Menschen. Sie haben zwar nicht direkt am Buch mitgearbeitet, aber sie haben – jeder auf seine Weise – ihren Anteil daran:

Militiadis Vlachos, Ioannis Karawassis, Alfonso Mautone, Volker Scherer, Daniel Schwarz, Antonio Mautone, Silia Martuscelli, Cristina Oprean, Tobias Haberl, Bastian Obermayer, Dominik Wichmann, Alexandros Alexandridis, Stavros, Jorgia, Paraskevi, Panagiotis Amoiridis, Ilias und Soula Chaitidis, Panagiotis Tsikoudis – und »Mama Hedi«. DANKE.